手をひいても なおついてこない子の手をひこう
話しかけても なお話さない子に語りかけよう
笑いかけても なお笑わない子にほほえみかけよう

とびらのことば

ある児童養護施設で本書の編者が目にした言葉です。子どもの育ちや育てに携わる者すべてが心に留め置く精神として、とても含蓄があります。この詩の作者を手を尽くして探しましたが、残念ながらみつけ出すことができませんでした。この詩が、子どもと保育者へのエールとなることを願い、掲載をご容赦いただき、みなさんに捧げたいと思います。

教育・保育カリキュラム論

【シリーズ知のゆりかご】田中亨胤　三宅茂夫　編

……イメージを学びの翼に……

みらい

執筆者一覧（五十音順　○は編者）

赤木　公子（梅花女子大学）……………………………………第7章
柏　　まり（佛教大学）……………………………………………第8章
小林みどり（佛教大学）……………………………………………第9章
佐藤　和順（佛教大学）……………………………………………第3章
多田　琴子（神戸常盤大学）………………………………………第5章
田中　珠美（長崎純心大学）………………………………………第6章
○田中　亨胤（岐阜聖徳学園大学短期大学部）………………プロローグ
福山多江子（東京成徳短期大学）…………………………………第11章
○三宅　茂夫（神戸女子大学）………………………………第1章、第2章
山本　淳子（大阪キリスト教短期大学）…………………………第10章
和田真由美（姫路大学）……………………………………………第4章

装丁：マサラタブラ
本文デザイン：エディット
イラスト：照喜名隆充

はじめに

　現代は、社会の変動も大きく、将来を見通すことの困難な時代となり、子どもの育ちや育てに関する環境も大きな変革期を迎えています。そうしたなかで世界は、「持続可能な社会」をみすえ、今日の、さらに将来の社会のあり方を模索しています。このような混迷する状況のなかで生き抜く人間の育成において、その重要な役割が教育や保育に求められています。こうした教育や保育への期待の高まりと、社会の多様化に応じた教育や保育の多様化が求められる状況であるからこそ、あらためて人格形成に寄与する教育や保育の営みの再構築が求められます。その重要な手がかりとなるのが「カリキュラム」です。

　編者たちには、これまでの教育・保育研究、保育者養成、保育者の再教育、教育・保育現場での指導・実践経験から、さらに確かで深い専門性のある保育者養成・教育をめざしたいという強い思いがあります。乳幼児を対象とする教育・保育にはそれなりの特性があります。しかし、教育学、学校教育学、保育学がこれまで取り組んできた研究と実践の蓄積、知見、智恵が、幼児教育や保育の実践にどれだけ生かされているのでしょうか。また、このたびの幼稚園教育要領や保育所保育指針等の改訂（定）の背景にある学校教育・保育を一貫させた「資質・能力」の育成が、学びの連続性として園・所・校種間の連携において具体的に求められています。したがって、保育者にも、専門家として他校種の教師たちと教育や保育について専門的な知識や用語をもって、深く語り合うことが必要となります。

　以上の点から本書では、可能な範囲で教育学やカリキュラム研究などの知見を積極的に取り上げました。難解な部分もありますが真の専門職となるために、指導される先生方の工夫と付言をもって丁寧にご指導いただければ幸いです。

　本書は、保育者になる時にも、保育者になってからも使える本を念頭に編集しました。執筆は幼児教育・保育をはじめ子どもに関する研究、保育者養成、保育現場などに精通された気鋭の先生方に特にお願いしました。教育・保育の専門書であり、実践のための指導書・参考書であり、保育者をめざす人のための教科書となるものと自負しております。保育に携わる方や保育を志す方々に「いい保育者になりたい」「いい保育がしたい」と思うきっかけになり、そのための学びの糧として役立つことができれば、これほどの幸せはありません。

2019年春

編　者

本書の使い方

・はじめにガイドのご紹介

このテキストの学びガイドの「ピー」と「ナナ」です。
2人がさまざまなところで登場します。
ひよこのピーはみなさんにいつも「子どもの声」が聞こえるように、
だるまのナナは学習でつまずいても「七転び八起き」してくれるようにと、
それぞれ願っています。2人をどうぞよろしく。

①イメージをもって学びをスタートしよう。

章のはじまりの扉ページはウォーミングアップです。イメージを膨らませつつ、学びの内容の見通しをもって学習に入るとより効果的です。あなたならではの自由な連想を広げてみよう。

②ふりかえるクセをつけよう。

紙面にメモ欄を設けています。思うように活用してください。

大切だと思ったことや感じたことを書き込んでください。あなたの学びの足跡となります。

ふりかえりメモ：
....

③自分から働きかけるアクティブな学びを意識しよう。

本書の演習課題は「ホップ→ステップ→ジャンプ」の3ステップ形式です。このスモールステップを繰り返すことによって、アクティブラーニング（「主体的な学び」「対話的な学び」「深い学び」）の充実をめざします。

ホップ
主体的にタネをまこう
まずは箇条書きでよいので、自分の考えや調べたことを書いてみましょう。これが学びの芽となります。

ステップ
対話的に芽を育てよう
ホップで書いたものをもとに、みんなと話し合ってみましょう。

ジャンプ
深めて花を咲かそう
ホップとステップで育てたアイデアや考えを、文章にまとめたりして、実りあるものにしましょう。

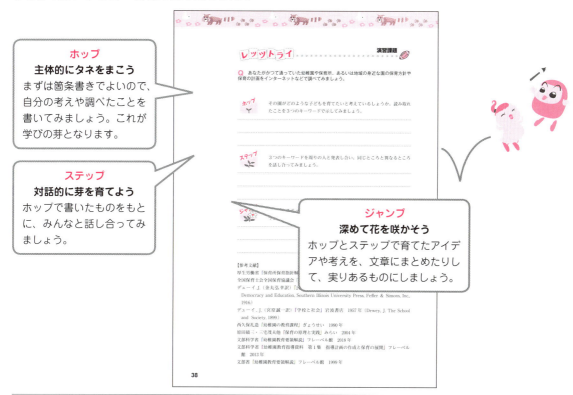

●エピソード（事例）について

本書に登場するエピソード（事例）は、実際の例をもとに再構成したフィクションです。登場する人物もすべて仮名です。

目　次

はじめに

本書の使い方

本書の構成の特徴
保育者の願いが、大きな計画（教育課程、全体的な計画）からしだいに日々の計画の具体的な保育へと落とし込まれていく様子がよくわかるように工夫しました。

プロローグ　カリキュラムを考える　14

第1部　計画の理論

第1章　総論　－教育・保育に大切なこと－……………………………22

第1節　教育とは　24
1．教育課程・全体的な計画を考える前に　―日々の保育から―　24
2．教育の役割　24
3．コミュニケーション過程としての教育　25
4・保育に取り入れてほしい視点　－広い視野からの教育観・保育観を築く－　26

第2節　保育の意味世界　28
1．保育の意味　28
2．保育の基本　30

第3節　保育のしくみ　32
1．保育の構造　32
2．保育における「領域」の考え方　34
3．指導計画について　36

●演習課題　38

第2章　よりよいカリキュラムを構想するために………………………40

第1節　カリキュラム構造と保育改善　42
1．カリキュラムについて　42
2．顕在カリキュラムの構成要素　44
3．カリキュラムに潜む問題と改善への視座　44

第2節　保育の方法と技術　48
1．保育者の役割と専門的技術　48
2．保育の技術とは　48
3．保育技術の要件　49

第3節　環境構成と活動想定の視点　51

1．環境や活動・内容の考え方　51
2．環境構成　53
3．活動の考え方　55

●演習課題　57

第3章　保育所保育指針等をもとに考える……………………………60

第1節　保育所保育指針、幼稚園教育要領、幼保連携型認定こども園教育・保育要領の内容および社会的背景　62

1．保育所保育指針等の意味　62
2．保育所保育指針等の改定（訂）の背景　63

第2節　保育所保育指針等のポイントと共通点　64

1．保育所保育指針の構成　64
2．保育所、幼稚園、認定こども園は日本の幼児教育施設　65
3．乳幼児から18歳までを見通した「資質・能力」の育ち　67

第3節　保育所保育指針における保育の目標と計画の基本的な考え方　67

1．保育の目標の基本的な考え方　67
2．保育の計画の基本的な考え方　69

●演習課題　71

第4章　教育課程・全体的な計画の編成・作成………………………72

第1節　教育課程・全体的な計画の必要性　74

1．集団保育の全体像を示すもの　74
2．計画を作成する5つの意義　75

第2節　教育課程・全体的な計画の構成要素　77

1．「教育目標」「スコープ」「シークエンス」「ユニット」　77
2．子どもの姿をいかにとらえるか　78

第3節　教育課程・全体的な計画の編成・作成の基本　79

1．各園による編成・作成　79
2．関連法規の理解　80
3．教育目標・保育目標の明確化　80
4．期の設定　81
5．子どもの発達の見通しと「ねらい」の組織化　81
6．実態の把握　81

7．保育の実践（計画と実施）　82
　　8．反省・評価のフィードバック　82
　第4節　教育課程・全体的な計画の編成の手順　83
　第5節　指導計画とのつながり　84
　●演習課題　85

第5章　指導計画（長期的・短期的）の作成　……………………… 86

　第1節　指導計画の必要性　88
　　1．指導計画立案の意味　88
　　2．指導計画の種類　89
　第2節　生活の連続性　90
　　1．子どもの生活　90
　　2．保育者の仕掛け　－泥団子づくりを例に考える－　91
　第3節　子どもの育ちに即した指導計画の作成　93
　　1．子どもの実情理解　－縦断的記録と横断的記録－　93
　　2．「育とうとしているもの」「育つもの」「育てたいもの」　95
　　3．フレームの理解　95
　　4．保育者の願い　99
　●演習課題　100

第6章　指導計画の作成で配慮することと 保育を柔軟に展開するポイント ……………… 102

　第1節　指導計画を作成する際に気をつけること　104
　第2節　乳児保育の実施に関わる配慮事項　104
　　1．発育・発達に応じた保健的な対応　105
　　2．成育歴の違いに留意した特定の保育者の応答的な関わり　105
　　3．職員間の連携や嘱託医との連携および専門性を生かした対応　105
　　4．保護者支援　106
　第3節　1歳以上3歳未満児の保育の実施に関わる配慮事項　106
　　1．感染症に関わる保健的な対応　106
　　2．探索活動が十分にできる環境　106
　　3．自発的な活動　107
　　4．職員間の協力　107
　第4節　3歳以上児の保育の実施に関わる配慮事項　108

1．「幼児期の終わりまでに育ってほしい姿」をふまえた指導　108
　　2．活動時間の保育計画への位置づけ　109
　　3．総合的な指導　110

第5節　保育を柔軟に展開するために　110
　　1．子どもとの関わり方・見方　110
　　2．保育活動の考え方　110
　　3．主体的・対話的で深い学び　111
　　4．教材の工夫　112
　　5．発達に応じた柔軟な対応　113

●演習課題　115

第7章　カリキュラム・マネジメントと保育の評価　116

第1節　保育の記録および省察　118
　　1．保育実践の道を拓く記録と省察　118
　　2．子ども主体の記録　119

第2節　保育士および保育所の自己評価　123
　　1．2つの対象からなる自己評価　123
　　2．保育士等の自己評価について　123
　　3．保育所の自己評価について　124
　　4．第三者評価　125

第3節　カリキュラム・マネジメント　－保育の質向上に向けた改善の取り組み－　126
　　1．カリキュラム・マネジメントとは何か？　126
　　2．カリキュラム・マネジメントの実施　128

第4節　生活と発達の連続性をふまえた「要録」　131
　　1．幼稚園幼児指導要録について　131
　　2．保育所児童保育要録について　132

●演習課題　133

第2部　計画の実際

第8章　計画の実際①　保育所（0〜3歳）……………………… **136**

第1節　創意工夫する保育の展開　**138**
1．実情に応じて子どもにふさわしい生活を　**138**
2．保育所の実情に応じた全体的な計画　－全体的な計画の実例－　**138**
3．子どもの発達の連続性に留意した保育の計画　－年間指導計画の実例－　**143**

第2節　指導計画と保育の実際　**154**
1．子どもの生活の連続性に留意した保育の計画　－月・週案の実例－　**154**
2．子どもの発達の実情に応じた保育の計画　－個別の指導計画の実例－　**155**

●演習課題　**162**

第9章　計画の実際②　幼稚園（3〜6歳）……………………… **164**

第1節　幼児期にふさわしい生活の展開　－教育課程から年間指導計画へ－　**166**
1．幼稚園の実情に応じた教育課程の編成　**166**
2．子どもの育ちと年間指導計画　**169**

第2節　指導計画と保育の実際　**176**
1．生活の連続性と月・週の指導計画　**176**
2．日の指導計画と子どもの体験・学び　**181**
3．記録と評価　**181**

第3節　預かり保育の指導計画　**183**
●演習課題　**185**

第10章　計画の実際③　認定こども園……………………… **186**

第1節　認定こども園の特徴　**188**
1．認定こども園の機能　**188**
2．認定こども園の教育・保育の内容を表現するための計画　**191**

第2節　指導計画と保育の実際　—さまざまな子どものいることの長所を生かす—　**193**
1．指導計画の考え方　**193**
2．指導計画と保育の実際　**197**
3．保育の評価と指導計画の改善　**199**

●演習課題　**201**

第11章　計画の実際④　異年齢児保育 …………………………… 202

第1節　異年齢児保育の意義　204
1．異年齢児保育の実施形態の種類　204
2．異年齢児保育の長所　204
3．異年齢児保育の課題　207

第2節　異年齢児保育の計画の実際　208
1．幼稚園における異年齢児保育の指導計画　208
2．保育所における異年齢児保育の指導計画　215

第3節　異年齢児保育の指導計画作成のまとめ　218
●演習課題　221

索引　222

プロローグ　カリキュラムを考える

　わが国では、学習指導要領、幼稚園教育要領、保育所保育指針等を包括する概念として、「カリキュラム」（curriculum）が用いられています。「カリキュラム」の訳語が「教育課程」です。

　2008（平成20）年告示の保育所保育指針では、「保育課程」が「教育課程」と同義の概念として示されました。幼稚園の場合は「教育課程」、保育所の場合は「保育課程」がそれぞれに用いられていました。幼稚園教育要領および保育所保育指針等が2017（平成29）年に改訂（定）され、保育所の「保育課程」は「全体的な計画」として示されることになりました。少し難しいかもしれませんが、これからカリキュラムについて説明をしていきます。

1. カリキュラムは「教育装置」

　カリキュラムは、これまでに、学校教育においては、教科・領域の構成、学習内容の単元、学年配当などにかかわる学習内容のスコープ（scope：範囲）とシークエンス（sequence：配列）としてとらえられてきました。このような受けとめは、今も基本であり、尊重されています。

　2つの軸から構成されるカリキュラムを、その機能的な構造体であるとするならば、カリキュラムは「教育装置」（educational device）です。学校・園（幼稚園・保育所・認定こども園）における子どもの教育・保育と育ちを方向づけ、具体的な実践の展開を進め、子ども一人一人の「最善の利益と幸せ」に基礎づけられた育ちへの責任性を担保する装置です。この意味において、いかなるカリキュラムであるのかは、学校・園をはじめ、国の責任には重いものがあります。

カリキュラムには責任が伴うものです。

2. 教育・保育は「文化的麻薬」

　教育・保育は、「文化的麻薬」（cultural drug）といわれることもあります。かつて、ヴェーバー（Weber, M.）＊1 は、教育の幻想と現実に隠された意味世界に、教育の社会的機能としてこのような概念を想定していたと思われ

＊1
マックス・ヴェーバー（1864－1920）はドイツの思想家です。社会学や経済学、宗教学に大きな業績を残しました。名著『職業としての学問』をはじめ、教育者と生徒の関係や、学びのあり方について鋭い考察を行っています。

ます。「麻薬」は医療として適切に処方されるならば、「薬」としての効果・効能を発揮します。「麻薬」を民間の私的な用い方を一人歩きさせれば、健康を害する「毒」となります。

　「教育・保育」や「カリキュラム」には、良くも悪くもこの麻薬効果が潜在しています。速効的であるよりも遅効的な効果として表れます。教育・保育によって刷り込まれた私たちの社会的・文化的体質は、容易には組み替えることが難しいのです。「教育・保育」は無意識のうちに洗脳的効果を発揮します。その責任において、教育・保育やカリキュラムには格別の配慮が求められるのです。

教育・保育が麻薬？一瞬びっくりしますね。

3. 幼児期のカリキュラムのアカウンタビリティ

　教育・保育とその不可分にあるカリキュラムには、子どもの育ちに対するアカウンタビリティ（accountability：説明責任）が潜在的にも顕在的にも組み込まれることを基本とします。「幼稚園教育の基本」（幼稚園教育要領）や「保育所保育に関する基本原則」（保育所保育指針）には、アカウンタビリティの諸側面が示されています。そのためには、「知性」「感性」「野性」「人間性」「健性」などの諸点の育ちが方向づけられています。これらを発展的にとらえたものが、幼児期に「育みたい資質・能力」（「知識及び技能の基礎」「思考力、判断力、表現力等の基礎」「学びに向かう力、人間性等」）であり、これをもとにした指導において配慮する育ちの姿としての「幼児期の終わりまでに育ってほしい姿」なのです。

　「知性」は、360度の好奇心から取り組まれる教育や学習の展開です。子どもの「不思議」「疑問」「関心」から、「みる」「調べる」「探す」「試みる」「工夫する」「推論する」「比較分析をする」「知を引き出す」などの自発的・意欲的・主体的な学習活動を動機づけることによって、「知らないことをわかりたい」と実感していく思考力の芽生え、知的文化にふれていく学習の姿勢を培っていくものです。

　「感性」は、「美しいもの」「善いもの」「真実なもの」などにふれてさまざまな感動や道徳性・規範意識の芽生えなどの心の動きがあり、その情動的な体感を基に培っていくものです。学習の過程では、「もどかしさ」「喜び」「悲しさ」「悔しさ」「楽しさ」などを実感していくことになります。このようなさまざまな感情や価値とを共振させながらの豊か

子どもは好奇心のかたまりです。

な「知性的な感性」あるいは「感性的な知性」なのです。

「野性」は、「うごめく環境に挑む」「自分に挑む」ことなどにつながる、みなぎる自立心としての姿勢です。子どもの「快活さ」「元気さ」「明るさ」「躍動感」「驚き」「緊張感」「手応え感」などの表情を受けとめて、指示待ちの学習ではなく、自らが取り組む学習心を培っていくものです。

「人間性」は、協同的な学びの環境から、互恵的な関係を構築することです。学校・園での生活を通して、人間関係を学ぶことに学校・園の意味があります。「仲間づくり」「人権感覚」「人間性や人格性」「人間力」「コミュニケーション力」「表現力」「社会性力」「協同性」などの「汎用的能力」の培いです。

「健性」は、造語であるものの、生涯を生き生きしく歩む基盤を培うことです。2005（平成17）年に「食育基本法」が制定され、「食育」が公的にも教育・保育やカリキュラムに組み込まれることになりました。食生活、生活習慣病、環境ホルモン、ストレス環境、基礎体力・運動能力なども日常的な生活課題であり、教育・学習課題となります。

4. 幼児期のカリキュラム展開のストラテジー

カリキュラムの基盤には、子どもの確かな育ち、生涯を生き生きしく粘り強く生きる力が想定されます。この考え方は、園の教育・保育に限定されるものではありません。「教育基本法」に明示されているように、生涯にわたって、あらゆる機会に、あらゆる場所において、学習することのできる学習体系なり教育・保育体系の構築をいかに図ることができるのかが重要であるとされています。「いかに生きるか」「いかに人生を送るか」「いかに人格を磨くか」などに、カリキュラムの基本視座を置くことになります。

その場合に、カリキュラムは、情緒的な"べき論"によるスコープとシークエンスにとどめられるものではありません。カリキュラムの構築や展開の具体的ストラテジー（strategy）においては、医療のストラテジーを援用すれば、「治療」「予防」「増進・促進」の視座が想定されます。

「治療」は、子どもたちの現実を把握し、生活、発達、学習の補完への取り組みです。「○○ができない」「○○が乏しい」など、やや負の側面を課題としたカリキュラムの構成になります。

「予防」は、人格形成や人間形成を組み込んだ生涯発達の観点から、「幼児期に培う・耕す・育む」ことのカリキュラムの構成です。幼児期に閉じこめられたものではなく、子どもたちのこれからにつながる教育・保育・カリキュラムの構成視座です。

「増進・促進」は、子どもたち一人一人に見え隠れする「持ち味」「特色」「個性」

「良さ（善さ）」などを肯定的に受けとめ、カリキュラムに組み込むものです。子どもたち一人一人の存在が大切にされ、教育・保育の「場づくり」「状況づくり」「情況づくり」が構築される視座です。互いが育ち合う指導としての営為を図るカリキュラムになります。

5. 幼児期のカリキュラムは契約書・マニフェスト

園における「教育課程・全体的な計画」（カリキュラム）は、幼稚園教育要領（告示）および保育所保育指針（告示）等に基づきます。いずれも「告示」であることから、法的拘束力があります。カリキュラムは、法律的・公的な性格を有しており、それゆえに幼稚園や保育所等における教育・保育の責任性は厳しく問われることになります。カリキュラムが具体化される「指導計画」において、「日の指導計画」に基づく日々の教育・保育の実践にあっても同様です。「カリキュラム」「指導計画」は、幼稚園および保育所が公示する「契約書」あるいは「マニフェスト」（manifesto）と考えられます。幼保連携型認定こども園においても同様です。

カリキュラムは、法律的・公的な位置づけが明確であることから、編成されたカリキュラムは、開示・公表されるものです。カリキュラムの管轄部局への提出、「幼稚園要覧」や「保育所要覧」の作成、ホームページなどにおけるカリキュラムの概略の紹介などによります。カリキュラムとそれに基づく「指導計画」や教育・保育の実践展開は、密閉化されるものではありません。公立や私立を問わず、教育・保育は公的であることを基本とします。

6. 幼児期のカリキュラムの多重構造

カリキュラムは、園における教育・保育の羅針盤です。その様式には、いずれの園においても共通する定型的な部分もあれば、それぞれの園に固有な部分もあります。カリキュラム、そして「指導計画」に用いられる様式には、それぞれの園における教育・保育の考え方が組み込まれています。建学の理念・精神、教育・保育の基本方針、指導者の教育・保育観、子ども観、発達観、生活観などが書き込まれて表されます。カリキュラムあるいは指導計画には、

「みえないカリキュラム」もあるんだね！

ふりかえりメモ：

記述内容としてとりまとめられた可視化されたみえる部分（visible）と、記述内容の奥底に隠されたみえにくい部分（invisible）を一体化したものとして、編成・作成されているのです。

このように、カリキュラム・指導計画は、多重な構造から構成されています。同様なことは、教育・保育の実践展開においても把握されるところです。

7. 幼児期のカリキュラムの変遷の軌跡

幼児期のカリキュラムは、わが国においても、その歴史的変遷があります。カリキュラムとしての歴史は長く、紀元前の古代ギリシャやローマにまでさかのぼります。今日のような学校教育としてのカリキュラムが飛躍的に発展していくのは、公教育の機関として学校が制度化されていく20世紀からとなります。

これまでにカリキュラムは、その考え方や様式などにおいてさまざまなものが開発されてきました。長い時間軸（過去・現在・未来）で受けとめれば、その時々の社会変化や社会的価値観などを顕在的にも潜在的にも反映させるものとなっています。それでいて不易な視点もあります。教科の構造、学力観、教育方法（教授－学習過程）、学習内容などにおいて、カリキュラムは柔軟な文脈性でもってその変遷を示しています。カリキュラムの変遷を俯瞰するとすれば、保守と進歩の両極を揺れながらの、「振り子モデル」としての軌跡があります。幼児教育・保育における、この振り幅は、小学校や中学校に比べれば狭いものなっています。子どもの視点に重点を置きながら、カリキュラムが構築されてきたと考えられます。今後もこのような重点の置き方でもって、幼児期のカリキュラムは生成的・発展的に開発されていくことになるでしょう。

8. 学校教育・カリキュラムのイノベーションと課題

幼児期のカリキュラムには、未来志向の観点から、さまざまな課題が山積しています。小学校をはじめとする諸学校も視野に入れた課題としては、「保・幼・小の連携」といった学校間教育連携、食育、危機管理の教育、国際標準教育、国際通用教育、学力向上教育、情報リテラシー（literacy）[*2]教育などがあります。

このほか、生涯学習体系としての学校教育、「生きる力」を培う教育、ジェンダー（gender）教育、特別支援教育と個別教育、環境教育、キャリア（career）教育、教育評価とPDCA（Plan/Do/Check/Action・Act）、道徳

[*2] 情報リテラシーとは、「情報及び情報手段を主体的に選択し活用していくための個人の基礎的な資質（情報活用能力）」（臨時教育審議会第二次答申 1986年より）。

教育、表現力教育、汎用的能力形成の教育、規範意識の教育、協同性を培う生活・教育展開など、カリキュラムのイノベーション（innovation）については、枚挙に暇がありません。これらの多くは、幼児期の教育・保育においても、カリキュラム構築の根幹に位置づけられる課題でもあります。

9. 幼児教育・保育のカリキュラムに求められる課題

　幼稚園教育要領および保育所保育指針等に示される、カリキュラムに基づく実践に具体化される課題や視座を拾いあげるとすれば、次のようなものが把握できます。

○人間形成、人格形成の教育・保育
○学校教育体系としての幼稚園教育
○遊びを通した教育・保育
○子どもの自発性・意欲・主体性を促す教育・保育
○生きる力の基礎を培う教育・保育
○入園から修了に至るまでの長期的な視野からのカリキュラム構築
○「幼児期にふさわしい生活の展開」の教育課程・全体的な計画
○さまざまな体験を積み重ねる生活と保育展開のカリキュラム
○生活習慣の自立
○情緒の安定を基盤にした生活と保育の展開
○子どもの視点に立った環境づくり
○約束、きまりなどの規範意識を培う生活と保育
○道徳性の芽生えを培う教育・保育
○人との信頼関係の構築
○多様な感情や価値の体感による生活の確立
○自尊感情や自己肯定感による自己発揮
○協同的な遊びや生活によるカリキュラム構築
○環境による思考力の芽生えを培う生活と保育
○生活における「聞く」「話す」などのコミュニケーション能力の形成
○豊かな言語文化・媒体の環境配慮
○表現する過程を広げたり、深めたりする生活や保育
○学びの筋道をつくる生活と保育
○生涯の健康につながる心と体の発達
○食習慣の形成に重点を置く保育
○園と家庭や地域とのつながり
○「預かり保育」「長時間保育」の導入とカリキュラム構築
○異年齢児との交流カリキュラム
○子育て支援センターとしての役割・機能の発揮と強化

○自然にふれる機会を配慮した生活や保育の展開
○地域の資源の利活用による教育・保育
○園の教育・保育と小学校などの教育との接続・連携
○特別支援学校との連携による障害のある子どもの指導
○保育所における「養護」と「教育」との一体的な保育
○保育者の柔軟な指導スタンス
○子どもの発達や生活状況に応じた教育・保育
○教育・保育の評価システムの構築（マクロ・ミクロのPDCAシステム）
○医療的・看護的ケア体制による子どもの健康・衛生に関する維持・増進・対応
○保育者の専門職者としての職能形成と研修

　本書の各章では、上記に示した課題をはじめ、園におけるカリキュラムとしての基本的かつ重要なる課題を提示し、具体的な実践につながる諸点が詳説されています。幼児期のカリキュラムに関する最新の情報や知見が盛り込まれています。この点では、解説に重きを置くテキストにとどまるものではなく、カリキュラム開発とその視座を論究する学術的研究書としてまとめられています。

【参考文献】
田中亨胤『幼児教育カリキュラムの研究』日本教育研究センター　1994年
田中亨胤監修　金岩俊明・田中亨胤・和田真由美『教育課程論』近大姫路大学　2011年
田中亨胤・佐藤哲也編著『教育課程・保育計画総論』ミネルヴァ書房　2007年
田中耕治編『よくわかる教育課程』ミネルヴァ書房　2009年
田中耕治・水原克敏・三石初雄・西岡加名恵『新しい時代の教育課程　第3版』有斐閣　2011年
井上孝之・小原敏郎・三浦主博編『知のゆりかご　つながる保育原理』みらい　2018年
古橋和夫『子どもの教育の原理　保育の明日をひらくために』萌文書林　2018年

第 1 部　計画の理論

第1章
総論 －教育・保育に大切なこと－

 **エクササイズ**　　自由にイメージしてみてください

保育・幼児教育の「領域」と、小学校教育以降の「教科」とはいったいどこが違うのだと思いますか？

第1章 総論 －教育・保育に大切なこと－

この章のまとめ！

学びのロードマップ

- 第1節
  カリキュラムや計画を考える前に、そもそも教育とは何かについて説明します。

- 第2節
  保育の意味について説明します。そもそも保育とは何をめざしていくものなのでしょうか。

- 第3節
  保育のしくみについて説明します。計画も含めた保育の全体像をつかんでください。

この章の なるほど キーワード

■**コミュニケーションとしての教育**…教育・保育とは、子どもに「生きること」を伝えていく広い意味でのコミュニケーションといえます。したがって、どのような人に育ってもらいたいかという「ねがい」がスタート地点となります。

良い計画を作成するには土台となる良い方針が必要です。じっくり考えていきましょう。

第1節 教育とは

　プロローグを受けて、この総論ではさらに教育課程・全体的な計画の具体的な編成・実施に必要な、実践の核となる理論についてさまざまな視点から論じていきます。

1. 教育課程・全体的な計画を考える前に　―日々の保育から―

　教育課程や全体的な計画について考える前に、教育や保育（以下、保育とする）は何をめざして行われるものなのかを明らかにする必要があります。
　保育者は、刻々と変化し育ちゆく眼前の子どもへの保育に熱心に取り組んでいます。子どもの最善の利益、現在・未来の幸福を求めて、子ども個々の成長や発達の実態をとらえ、それに懸命に応じようと日々努力しています。保育を行ううえで、保育者たる者には「子どもの要求に応じ」「子どもを主体として」「子どもに学び」などの事項が重視されることは周知のことです。
　反面で、日々子どもとの目先の関わりに終始し、子どもの将来や人生を、生涯学習としての視点からみることに欠ける保育の現状が散見されます。
　それらは保育の研修会や研究会、園内研修などにおける内容や研究保育の反省会などにも表れています。保育者は、保育活動の現象面（活動の具体的な内容や方法など）については関心が高いのですが、保育の社会的役割を広くとらえ、子どもたちをどのような人間（人類、国際人、国民、市民などとして）に育んでいくのかといった、人間観や保育観などについて議論する機会は稀少であると思われます。保育者がその時々の子ども個々の成長や発達を願い、計画的な保育が実施されるべきことは疑うべくもありません。果たしてそれのみでよいのでしょうか。子どもたちは、やがて将来の人類やわが国を担う人間となっていくことから、さらに社会的・大局的な視点からの保育の位置づけが問われます。

2. 教育の役割

（1）教育の意味

　社会的・大局的な視点から、教育の役割について考えてみましょう。ここでいう「教育」とは、学校教育（広い意味でここでは「保育」も含む）のみならず家庭教育から社会教育までをも含めたものを意味します。
　そもそも教育の役割は、後継者を生活の基盤である集団の成員と成すための手段でした。その集団が家であれば、跡継ぎや家内の一員として生きてい

第1章 総論 －教育・保育に大切なこと－

くための基本的な生活のしつけや訓練、集落であれば労働・生産のための技術や集団生活上のルールや禁忌などを教え、伝えることです。また、集団が社会や国家と拡大すれば、それらの存続を目的にした政治思想や概念、公序良俗に必要な社会規範・法令、言語、経済活動につながるさまざまな知識や技能を修得させることが教育の役割となります。教育の使命は、時代や国家のありよう、文化性などによって変化するものの、家庭から学校、社会、国家までもが一貫性をもって、集団の目的に応じた次世代の担い手育成のための教育が実施されることが望まれます。これらに、地域や学校・園の間での連携や次世代育成の理念がつながっていきます。

教育は次世代の担い手を育てることが目的です。

（2）学校（園）教育の意義

学校教育の究極の目的は、人間の成長や発達、学習（体験や経験なども含めて）と、生活している社会をいかに関係づけていくのか、というところにあります。わが国では日本国憲法により、国民は平等に個人や集団としての人間の成長・発達が保障されるべきとされています。近年の社会構造の急速な変化や複雑化、価値の多様化などによって、個人の成長発達をどのように社会的な発展との相互関係でとらえていくのか、その視点が揺らいでいる状況にあるといえます。

3. コミュニケーション過程としての教育

（1）学校教育の使命と価値規準

デューイ（Dewey, J.）[*1]によれば、「生きる」ことそれ自体が、自らが環境へ働きかけ自己を更新していく過程であり、教育はその直接的・具体的な手段とされます。教育とは、社会で生活し生きることで、周囲のさまざまな環境と関わり、社会の好ましい担い手として生涯にわたって学び発展していく過程と解釈できます。学校とても、子どもが具体的な生活経験のなかでさまざまな事象（人やものなど）との関わり（コミュニケーション）を通して、生きることを学ぶ場所なのです。

学校教育の価値は、そこでの教育が学習者（子ども）にどこまで生涯を通した成長・発達への欲求を生み出し、それを実際に有効に価値づけるための手段を提供できるかにあります。学習者に学びへの「内発的な動機」[*2]をいかにもたらし、それを具現化するための手段を提供できるかです。生涯にわたって役立たない知識や技能などの教育内容に価値をおくべきではないのです。学校での学びは、主知的[*3]・抽象的で、現実の問題解決や生活を真

＊1
デューイ（1859－1952）はアメリカの哲学者・教育思想家。子どもを学習の主体ととらえ、新教育運動を理論的に支えました。主著に『学校と社会』（1899年）、『民主主義と教育』（1916年）などがあります。

＊2
自分の内面から意欲がわきあがることです。好奇心や探究心、興味や関心によってもたらされます。その反対が「外発的な動機」です。義務、賞罰、強制などによって行動させられることです。

＊3
感情や意思（情意）よりも知性や理性の働きに優位を認める立場。

に豊かにすることにつながらない知識の集積ではなく、環境とのコミュニケーションによる生活体験を重視するなかで、「生きて働く力」の修得に重きが置かれるべきなのです。

（2）コミュニケーションとしての教育

　デューイは、社会という共同体では、共生に必要となる共通項（手段）を伝達するにとどまらず、その過程で人間の存在意義や絆、道徳的・哲学的・宗教的・思想的な理念に至るまでを、コミュニケーションによって共有するとしています。広い意味で教育も、"生き方を伝えるコミュニケーション行為"ととらえることができます。

　この考え方から保育を見直してみると、幼稚園教育や保育の「基本」が周囲の環境との関わり（コミュニケーション）に依拠している点にも共通する考え方であることが理解できます。たんに知識や技術の修得をめざす以上に、その過程で子どもが周囲の人やものとの関わりから得られたことを、自らの生き方に織り込んでいくことがねらいとされているのです。ここで得られるものとは、「知識や技能の基礎」となるもののみらず、学ぶ喜びや楽しさ、学び方、そして個の存在価値をふまえた集団への帰属意識などです。

　たとえば、子どもがハサミの使い方を学ぶことは、目の前の紙を切るための道具の使い方を学ぶことにとどまりません。その後の生活場面での問題解決を応用的・創造的に展開していくことで生活範囲を広げ、活動の内容や質を向上させていくことにもつながっていく、いわば"創造的技能"ともいえるものです。そうした道具の使用方法を「教える－学ぶ」行為を通して、人間的なつながりと絆も築かれていきます。結果として、共生により自らの生活を変化向上させる喜びや、集団や社会との結びつきを実感し、その一員としての使命感と誇りをもつ人間へと成長していくのです。

ハサミの使用を通してさまざまなことが学ばれ、さらに生活の豊かさにつながります。

4. 保育に取り入れてほしい視点
　　　―広い視野からの教育観・保育観を築く―

　子どもを取り巻く状況や環境は大きく変化しています。少子高齢化、社会や生活環境、保護者の就労状況、家族構成などの変化により、子どもの「育ち」「育て」に関する課題が顕在化しています。

第1章 総論 −教育・保育に大切なこと−

なかでも、火急的課題となっているのが、待機児童や幼保一体化に関するものです。こうした課題の解決に対して、政府をはじめ多方面からの取り組みが試みられていますが、保育の場においては、第一に子どもの「最善の利益」の保障が優先されなければなりません。決して子どもの「育ち」がないがしろにされてはならないし、これらの課題について保育者も「政府や研究者、経営者・設置者等に任せておけばよい」といった考えではすまされません。

「全国保育士会倫理綱領」*4 から、その理念について学びましょう。

全国保育士会倫理綱領

（利用者の代弁）
6．私たちは、日々の保育や子育て支援の活動を通して子どものニーズを受けとめ、子どもの立場に立ってそれを代弁します。
　また、子育てをしているすべての保護者のニーズを受けとめ、それを代弁していくことも重要な役割と考え、行動します。

---

*4
2003（平成15）年に、全国保育士会と全国保育協議会が採択しました。前文と8か条からなり、前文では、「私たちは、子どもの育ちを支えます。／私たちは、保護者の子育てを支えます。／私たちは、子どもと子育てにやさしい社会をつくります。」と謳っています。

保育者は、常に子どもの立場に立って「子どもの声」を代弁していく重要な役割を担っているのです。

昨今では、「地球上に生かされしもの」をテーマとした教育を展開しようとする流れがあります。20世紀は「科学の時代」といわれ、人間はめざましいテクノロジーの進歩により、物質的に豊かで便利な生活を手に入れました。その結果として、自然や生態系の破壊、異常気象等、地球規模での危機的状況は確実に深刻さを増しています。乳幼児期から、周囲の環境と関わり親しみながら、地球上の「生きとし生けるもの」として「共存・共生」していこうとする態度を育んでいくことも大切です。

保育者は、多くの子どもたちの成長や発達の場に立ち会い、彼らを取り巻くさまざまな人々との生活に立ち会っていくこととなります。子どもの個性的実態をふまえながらも、社会的な存在として位置づけ、「○○な人間になってほしい」と保育者が理想とする人間像（子ども像）を明確にもつことによって、将来を視野に入れた保育が可能となります。大きな視点（人類や国際的な視点、国民的、地域社会的な視点）に立った保育の位置づけにより、保育者の教育観・保育観の洗い直しを進めてほしいものです。保育者自身が保育の目標をあらためて見直し、それらを反映させた保育活動に専念してほしいと思います。

教育観・保育観を確認しながら、保育を計画する際に留意する主な点を次にあげます。

「子どもの声」を大切にしましょう。

> ①人間学の視点や今日の社会の現状から、求められる人間像は？
> ②今日、保育や教育の社会的な役割とは？
> ③わが園の求める子ども像は？
> ④保育者の人間観、子ども観、教育観・保育観は？
> ⑤個性と社会的な接点から導き出された成長や発達の方向性とは？
> ⑥社会的な視点からの子ども集団の成長や発達の方向性とは？
> ⑦それらを育む保育とは？
> ⑧理想とする子ども像に向かって、保育は明確な目的（ねらい）をもち、計画的に実施されているか？

子どもたちを取り巻いているものを想像してみよう。

第2節　保育の意味世界

1．保育の意味

（1）保育の意義

　幼稚園・保育所・認定こども園（以下、園とする）は、乳幼児期の子どもたちが生涯の人格・人間形成の基礎を培うために、周囲の子どもや保育者、そのほかの人々との生活を通して、生きるための基礎となる資質・能力を身につけ、自己を形成していく場です。生きるための基礎となる力を考える時、「その子らしく生きること（個性化）」と「みなと共に生きること（社会化）」の側面があることに気づきます。そのためには、子どもを一人の人間としての存在のみならず、社会的な存在としての両面から成長や発達の課題をとらえていくことが必要です。

　子どもたちは園生活の全体を通して、保育者や周囲の人々に支えられながら、遊びや生活のなかで多様な人やものなどと出会い、それらとのコミュニケーション（関わり）の過程や結果を自らの成長や発達に置きかえていきます。「何だろう」「やってみたい」「楽しかった」「またやりたい」などの体験により育った、子どもの心の動きである「心情」、自らが取り組もうとする「意欲」、前向きによりよく生きようとする「態度」は学びに向かう力・人間

性等につながり、資質・能力育成のための生涯にわたる生活への健全で前向きな内発的な動機となっていきます。それらは「自立と自信」「創造や問題解決の楽しさ」「学びの楽しさ」「目的のための努力」「困難に対する勇気」「他者との協調や共生」「社会や他者への愛他的貢献」などのさまざまな行動を支える源泉となっていくのです。

（2）保育の目的
①保育のめざすもの

　保育所保育指針などによれば、保育の目的は、さまざまな環境との関わりを通して、養護と教育を一体的に行い、乳幼児の心身の発達を助長することにあります。そのためには、乳幼児期の発達の特性や一人一人の子どもの実態を把握し、成長や発達の課題を明確にし、それにふさわしい計画的な保育が必要となります。

　保育の原点は「子ども」にあり、一人の人間として注意深く理解され、尊重されることからはじまります。子どもは年齢や個人差により未分化な状態であっても、身体、認知、情動・社会性、言葉・コミュニケーションなどは、それぞれの時期の姿としてしっかりと存在しています。保育は、それらの子どもたちの実態に基づいて検討され、計画的に実践されます。

②保育の道筋

　保育が人格・人間形成をめざすことから、成長や発達の道筋である「依存→自立→自律」*5を意識し、実践していくことが求められます。基本的生活習慣の獲得についてみると、これらのことは就学前教育・保育で扱われるのみならず、内容は社会的に発展していくものの小中学校においても身につけるべき生活習慣として、学習指導要領にその指導の必要性や内容が盛り込まれています。

　乳幼児期の基本的生活習慣である食事・排泄・休息・衣服の調節・清潔・整理整頓などについては、他律的な指導を行うにとどまらず、「状況を判断し何をどうすればよいのか」などを自分で考える「思考の自立」、「それをすることで得られる想い」などの感情をもつ「感情の自立」なども発達課題としてとらえることができます。これらの自立の過程が、保育や生活のさまざまな場面で具体的・計画的に育まれていくことが大切です。

*5
「自律（オートノミー）」とは、道徳的に生きる人間の究極的な課題を表します。「自立」は、たとえば自らのことを自らが考え行うことなど、「自律」に向かうための基盤となることを意味します。

2. 保育の基本

（1）環境による保育とは

①環境の意味

保育は「環境」を通して行われることが基本です[*6]。ここでいう「環境」とは、一般的な言葉の意味とは異なり、園の施設・設備、園具や遊具、素材などの物的環境、保育者や仲間などの人的環境、自然物や自然現象などの自然事象、人々の間で生じる社会現象および人工物や人間がつくった社会システムなどの社会事象、雰囲気、時間、空間などといった、子どもを取り巻くありとあらゆる存在のことをさします。

子どもの周囲に存在する環境が、そのままで保育において意味あるものになるわけではありません。保育者が、ただ存在するだけの環境を、関わりの対象としての環境、いわゆる「保育的環境」へと子どもとともに変容させていくことが重要です。これこそが「環境による保育」の鍵となります。子どもの実態を把握し、子どもの成長や発達にとって有意義な環境を理解したうえでの、保育者による意図的に配慮された環境と子どもとの橋渡しが必要となります。子どもそれぞれの興味・関心や能力によって環境に応答的・主体的に関わり、成長や発達の糧となることではじめて保育における「環境」として意味をもつのです。

②環境による保育の意義

子どもが「生きる力の基礎」や「現在を最も良く生き、望ましい未来をつくり出す力の基礎」を培っていく過程の特徴は、直接的・具体的な経験を通して、多様な概念の形成につながる理解が獲得されていくというところにあります。言葉による説明だけでは理解や納得は不十分であるとしても、五感を駆使して、実際に試し、体験することで理解が進むということです。

「生きる力の基礎」とは、「資質・能力」のことをさしています。これは具体的な知識や技能の修得のみを意味するものではありません。子どもの内面的なものの育ちも含まれており、環境に具体的・直接的・主体的に関わる経験によって、はじめて培われていくものです。

> [*6] この考え方は倉橋惣三（1882 ― 1955）の思想に強い影響を受けています。倉橋はわが国の"幼児教育の父"と呼ばれ、大正から昭和にかけて日本の幼児教育をリードしました。「環境構成」については p.51 ～ 56 で詳しく解説しています。

子どもが生涯を通して「学ぶべきもの」を考えます。

第1章 総論 －教育・保育に大切なこと－

（2）環境による保育

①環境構成の考え方

　「資質・能力」を培うには、生活での直接的な環境との関わりを通し、そこから浸みだしてくる原体験（成長や発達の糧となる体験）や感情、意思（情意）の力によらなければなりません。そうしたことから、保育者には子どもの興味や関心などの実態を把握し、環境への直接的・具体的な関わりを重視し、好奇心や探究心を刺激する保育の内容や方法が求められます。

　基本的に子どもには、発達の「自発的使用の原理」が備わっているといわれます。これは、成長や発達により獲得されつつある、あるいはされたばかりの能力を使用し、活動しようする性質のことです。子どもの興味や関心をもった遊びや活動は、その時々の子どもの成長・発達に最も適切なものであると考えられるのです。

②環境による保育となるための重視する事項

　環境による保育を実践するうえで、重視しなければならない事項として、「乳幼児期にふさわしい生活の展開」「遊びを通しての総合的な保育」「一人一人の発達の特性に応じた保育」があげられます[*7]。

　環境による保育は、深い子ども理解と互いの信頼関係が基盤となります。子どもの成長や発達に必要な環境は、保育者が一方的に決定するものではありません。乳幼児期の成長や発達に関する専門的な知識、子ども一人一人の遊びや生活の詳細な観察に基づき、それぞれの時期にふさわしい発達の姿や興味や関心などの子どもの実態を把握し、具体的な成長や発達の課題を明確にしたうえで構成されることになります。

[*7] この3点については、『幼稚園教育要領解説』（文部科学省 2018年）を参照してください。

ふりかえりメモ：

第3節 保育のしくみ

1. 保育の構造

(1) 計画のつながり

　図1-1は、保育のしくみからみた各計画の関係図です。各園の「開設・建学の精神」や「教育目標・保育目標」のつながりを意識し編成された教育課程・全体的な計画は、子どもの園生活における保育の大綱を示したものです。各園の実態、地域の実状により作成された独自のものです。それらは、幼稚園教育要領や保育所保育指針に示されているねらいが、総合的に達成されるように組織された具体的なねらいと内容により編成・作成[*8]されています。「教育課程・全体的な計画」をふまえ保育実践をする際に、さらに具体的に立案されるのが「指導計画」です。

　指導計画は長期の指導計画と短期の指導計画に大別されます。長期の指導計画とは、年、学期、期、月といった長期の発達を見通す計画です。短期の指導計画とは、週や日、時間などの短期の指導計画であり、長期の指導計画がさらに具体化され、実際の子どもの生活の姿に即したものです。

[*8] 幼稚園教育要領では「編成」、保育所保育指針では「作成」という用語が使われていますが、同様の意味を表すので、以下「編成」とします。

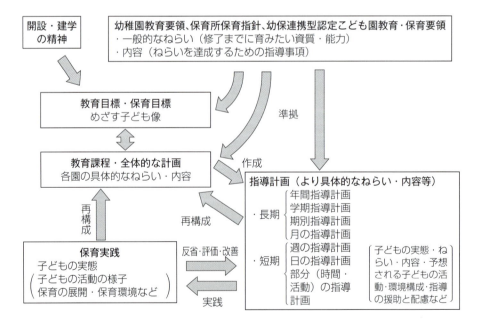

図1-1　保育の計画の関係図

出典：筆者作成

（2）教育目標・保育目標
①教育・保育がめざす人間像

　各園において保育は、それぞれの子どもの実態をふまえて行われますが、その前提には「○○のような人間に育てたい」という、園をあげてめざす理想とする人間像があります。こうした人間像の多くは、生涯的な視点からの人間像を想定しています。

　学校・園には、設置者（団体）によってさまざまな「開設・建学の精神」があります。これは学校・園の創始者（団体）などが、創設期に掲げた「人間観（めざす人間像）」などを表現したものです。施設や学校・園の経営や教育・保育を進めるうえでもっとも核となるものです。保育者は将来的な見通しをもった人間育成の視点をもち、育ちの過程として個々の子どもの実態をふまえつつ、毎日の具体的な生活のなかでそれを具現化していくのです。

②教育目標・保育目標とは

　開設・建学の精神をよりどころとして、「教育目標・保育目標」が掲げられます。これは、園の考える人間観から割り出された、そこでの保育によって育み・培っていく子どもの成長や発達の姿を「子ども像」として表したものです。これらは、教育課程や全体的な計画をはじめ指導計画立案の基盤となります。

　保育現場においては、教育目標や保育目標が必ずしも意識されていないことも多く、形骸化している場合もあります。こうした生涯教育、生涯学習的な視点の希薄さが、将来的な視点の希薄な保育につながる一因ともなっています。「置物」でない、日々の保育に具体的なイメージを明確に提供できるような生きた教育目標や保育目標へと変革していく必要があります。

（3）教育課程・全体的な計画
①教育課程・全体的な計画の意味と編成

　教育課程・全体的な計画はカリキュラムともいわれ、園生活における保育の大綱を示したものです。幼稚園では教育課程、保育所では全体的な計画といい、ほぼ同じ意味合いのものをさし、子どもが入園（所）してから修了までの全期間の園生活での育ちの見通しを示したものです。それらは教育・保育目標をめざして、各年齢（期）ごとのねらい（育みたい資質・能力）や内容（ねらいを達成するための指導する事項）で編成されています。保育活動は、教育目標・保育目標を基盤として、「環境による保育」を基本に、子どもの実態に応じた保育のねらいをたて、内容（活動・環境）や方法を選択し、計画的に実施されます。教育課程・全体的な計画は、その骨組みとなります。

教育課程・全体的な計画の編成の仕方は、「開設・建学の精神」や「教育目標・保育目標」、「幼稚園教育要領」および「保育所保育指針」（この２つは法的に準拠しなければならない）、それまでの実践の蓄積などをもとに、子どもの実態、園や地域の実態に適したものを、創意工夫して全教職員が協力し園長等の責任のもとに編成されます。

②教育課程・全体的な計画の現状と課題

　教育課程や全体的な計画をよりどころとしない保育は、海図のない航海と同じであり、毎日の保育は無計画で場当たり的なものとなる恐れがあります。日々の保育が子どもにとって、今をいかに豊かに生き、生涯という長いスパンでみたときにいかなる意味をもつのかについて、責任ある専門職として検討する必要があります。「何かを経験すれば、たぶん何かが育つだろう」と漠然としていては、真の保育の役割は果たせません。

　教育課程・全体的な計画が、日々の保育を計画する際の骨組みとなるためには、それらを具体的なイメージが提供できるものにしていくために、全教職員がそれぞれの立場や職歴において検討していく必要があります。いわゆる「開かれた教育課程」に象徴されるように、わかりやすく「生きて機能する」教育課程・全体的な計画となるためには、保護者や一般の人がみても「何を目標に保育を考え、どのように計画的に実践するのかが理解できる」ような説明力のある教育課程・全体的な計画として再編成していくことが求められます。

2. 保育における「領域」の考え方

(1) 幼稚園教育要領や保育所保育指針にみられる領域概念

　教育課程や全体的な計画の編成や保育の計画の際に、基盤となるものに幼稚園教育要領や保育所保育指針があります。これらは法的に準拠すべきものであるのみならず、乳幼児期にふさわしい保育を具現化するうえで重要な視座を与える、いわば保育の「教典」とも考えられるものです。幼稚園教育要領や保育所保育指針には、園生活において育つことが期待される「資質・能力」を「ねらい」として、ねらいを達成するための指導事項として「内容」が示されています。「ねらい」および「内容」は、教育については「領域」ごとに記述されています。

　保育における領域の概念は、次の考え方に基づいています。子どもの発達は、いろいろな要素が個別に発達するのではなく、さまざまな発達が相互に絡み合って互いに影響を与え合い、つながり合って展開していきます。子

もを深く理解し、成長や発達の課題を明確にし、保育を計画・実施・評価していくためには、全体的な子どもの発達を一定の枠組み（いわば窓口）をもって理解していく必要があります。そこで、発達を5つの大枠で分類し、5つの領域（「健康」「人間関係」「環境」「言葉」「表現」）を窓口として想定し、示したのです。

（2）乳幼児期における保育の特性から生じた領域概念

　小学校以降の教育では、教科別学習に重点が置かれています。幼児期と同様に育てたい資質・能力である三つの柱をふまえた教育が、小学校以降の教育においても展開されます。また、各教科の学習内容や指導計画は、綿密に系統化されています。幼児教育などにおいても資質・能力の育成に主眼をおき保育が展開されるわけですが、「知識及び技能の基礎」「思考力、判断力、表現力等の基礎」「学びに向かう力、人間性等」としています。これはそれぞれの資質・能力の柱に「基礎」という文言を加えることで、小学校以降で示される柱の基礎となるものであるとしながらも、まったく同じ質のものではないことを示しています。

　保育の目標や「ねらい」は遊びや生活のなかで、ゆるやかな方向性を時間をかけて総合的に育んでいくような「方向目標」です。そうした保育のあり方は、乳幼児期の発達の特性に起因し、領域という概念は、乳幼児期の保育において独特なものです。それゆえに遊びや生活を発達の視点からとらえた保育が重視されるのです。

　1989（平成元）年の大幅な幼稚園教育要領改訂が検討された際には、教科別学習のような幼稚園での教育が問題となりました。園によっては、時間割があったり、特定分野の知識や技能の習得を目的とした保育がみられたりしました*9。いずれも保育の本質から逸脱しており、誤った領域のとらえ方と活動が短絡的に結びついた保育の発想からは、子どもの発達や主体性を重視した保育は実現されません。もちろん遊びを通した総合的な活動ともなりえません。

*9
たとえば、月曜は「表現」として描画指導、火曜は「環境」として数量の学習、ほかにも「言葉」の領域として紙芝居や絵本の時間、「健康」領域として器械運動の指導が実践されるといった具合です。また、幼稚園教育要領や保育所保育指針に示されている「ねらい」や「内容」が、到達度目標として身につけるべき事項や具体的活動内容のチェックリストとして用いられた場合もありました。

遊びにはさまざまな"宝物"が詰まっています。

「遊びを通しての総合的な指導」は大切なキーワードです。

(3) 総合的な活動としての保育

　子どもの発達は、多様な生活の体験によりもたらされ、さまざまな発達の側面が複雑に絡み合い、相互に影響し合いながら展開されます。各領域に整理されている「ねらい」は、園生活の全体を通して、子どもが遊びなどのさまざまな生活のなかで達成に向かうように総合的に指導されます。

　たとえば、「健康」領域について考えると、「ねらい」は身体と心の健康に関するものであり、たんに保育に体操や運動をとり入れることではありません。子どもの遊びや活動を「身体と心の健康」という窓からみると、「人間関係」や「言葉」などそのほかの領域とも深い関わりをもっています。子どもは、基本的な信頼関係を結んでいる人に受容され、見守られることで、はじめて安心して身体や心を動かして生活することができます。子どもは受容的な周囲の雰囲気や仲間との関係により、自主的・主体的に周りの環境と関わり、自己を発揮して遊びや生活をすることができます。関わりを深め、遊びを進めていくには、コミュニケーションとしての言葉での関わりは不可欠なものとなります。

　保育を計画する際には、多岐にわたる発達の視点を想定しながら保育を立案し、子どもの活動を多様な発達の視点から受容・理解・支援・指導していく必要があります。ここに、「遊びを通しての総合的な指導」の理念があります。

3. 指導計画について

(1) 指導計画の意義とねらい

　保育の基本から考えると、指導計画でねらうのは狭い意味での知識や技能ではなく、子どもの主体的な遊びや生活を通して、「資質・能力」を育んでいくことにあります。保育者が立てたゆるやかな保育のねらいに向けて、子どもが環境と主体的に関わりながら「生きる力」の基礎を身につけていくのです。保育者が想定するねらいと子どもの主体性の関係については、とらえようによっては矛盾を感じるかもしれません。

　保育者は子どもが生涯を通して、人間としてよりよく生きるために必要となる「学ぶべきもの」を身につけることを念頭に置きます。保育者は子どもの実態に基づいた主体的な活動を予測しつつ、いかにそれらを保育のねらいに位置づけ練り合わせていくかに熟慮する必要があります。保育の目標やねらいはゆるやかに保持されながらも、あくまでも保育は子どもの主体的な活動を原則とし、指導計画は柔軟に変更や修正が行われることが前提となります。

　指導計画を作成する意義としては、次の8点が考えられます。

> （1）保育者が教育課程・全体的な計画、教育目標・保育目標、長期や短期の指導計画、それぞれの関連性について構造的・組織的に把握できる。
> （2）保育者が保育の基盤となる子どもの実態を整理できる。
> （3）保育者が保育展開の具体的なイメージや予想、見通しをもつことができる。
> （4）保育者が子どもへの具体的で多様な関わりを準備することができる。
> （5）保育者が保育の反省や評価の観点をもつことができる。
> （6）保育者間で保育観や保育のねらい、子どもの実態を共有することで、協力して保育にあたることができる。
> （7）保育研究や研修の際に具体的資料として提示すれば、保育者の専門性の向上に寄与することができる。
> （8）指導計画に保育の反省・評価を位置づけることで、以後の保育づくりのための資料として蓄積できる。

（2）指導計画作成の力をつける

　指導計画は、保育者により子どもの実態から導き出された予想される活動の姿をもとに立案されるものの、実際の保育展開が完全に計画通りに進むことはありません。仮に、保育者の計画通りに保育が進むようであれば、子どもの活動実態を無視した保育か、保育者主導型の保育に陥っていることを危惧しなければなりません。

　こうしたことを含めて、計画作成の難しさを感じるのは、経験の浅い保育者もベテラン保育者も同じことです。次に示す段階をたどりながら、着実に粘り強く、指導計画作成などの保育創造力を身につけていきましょう。

> ステップ1からステップ4は1つの日の指導計画を書くうえにおいても関連しています。指導計画の作成や反省の記録などに関する技能を高めていく過程ととらえてください。

> **指導作成のステップ**
> ステップ1「（とりあえず）作成してみる」
> ステップ2「（自分の経験や知識を）思い出しながら作成してみる」
> ステップ3「（原理性を重視して）考えて作成してみる」
> ステップ4「（創造性を重視して）考えて作成してみる」

 ·· **演習課題**

Q あなたがかつて通っていた幼稚園や保育所、あるいは地域の身近な園の保育方針や保育の計画をインターネットなどで調べてみましょう。

ホップ その園がどのような子どもを育てたいと考えているしょうか。読み取れたことを3つのキーワードで示してみましょう。

………

………

………

ステップ 3つのキーワードを周りの人と発表し合い、同じところと異なるところを話し合ってみましょう。

………

………

………

ジャンプ ホップとステップを経て、現在多くの園ではどのような子どもを育てようとしていると思いますか？あなたの考えを文章にまとめてみましょう。

………

………

………

【参考文献】

厚生労働省『保育所保育指針解説』フレーベル館　2018年

全国保育士会・全国保育協議会「全国保育士会倫理綱領」2003年

デューイ J.（金丸弘幸訳）『民主主義と教育』玉川大学出版部　1984年（Dewey, J. Democracy and Education, Southern Illinois University Press, Feffer & Simons, Inc., 1916.）

デューイ，J.（宮原誠一訳）『学校と社会』岩波書店　1957年（Dewey, J. The School and Society, 1899.）

西久保礼造『幼稚園の教育課程』ぎょうせい　1990年

原田碩三・三宅茂夫他『保育の原理と実践』みらい　2004年

文部科学省『幼稚園教育要領解説』フレーベル館　2018年

文部科学省『幼稚園教育指導資料　第1集　指導計画の作成と保育の展開』フレーベル館　2013年

文部省『幼稚園教育要領解説』フレーベル館　1999年

第1章 総論 －教育・保育に大切なこと－

第2章
よりよいカリキュラムを構想するために

 エクササイズ　　自由にイメージしてみてください

「啐啄同時」という漢字はどのように読むと思いますか？意味はなんだと思いますか？予想してみましょう（答えはこの章のなかにあります）。

第2章 よりよいカリキュラムを構想するために

この章のまとめ！ 学びのロードマップ

- 第1節
カリキュラムの構造について説明します。カリキュラムにはみえるもの（顕在カリキュラム）とみえないもの（潜在カリキュラム）があります。

- 第2節
保育の方法と技術、保育者の役割について基本となることを説明します。

- 第3節
環境構成の基本となる考え方について説明します。

この章の なるほど キーワード

■**潜在カリキュラム**…保育者は自覚のないままに、いわばインフォーマルに子どもに価値観やメッセージを伝えている場合があります。極端な例でいえば、「女の子だから赤色を身につける、男の子だから青色を身につける」といった具合です。これを潜在カリキュラムといいます。

気がつかないうちにやってしまっていたり、言ってしまっていたりすることって、だれしもありますね。

第1節　カリキュラム構造と保育改善

　本章では、カリキュラムや教材など保育ではあまりなじみのない用語が出てきます。むずかしそうに思われるかもしれませんが、これらは小学校以降の教育の世界ではごく一般的な用語です。幼稚園や保育所の生活を終えた子どもたちが出会う学校での教育の基礎理論となるものです。ここには保育にとって重要なヒントがたくさん示されています。

1. カリキュラムについて

　子どもたちが園生活において学ぶものは多様です。それらは保育者により意図的に計画されたり、意識されたりしたものだけではありません。意図しないことや無意識的なものも数多く含まれます。ここでは園生活において、子どもの成長・発達に影響を与えるあらゆる事象の全体を広義にカリキュラムととらえて考えていきます。

（1）カリキュラムの意味

　「カリキュラム」は、ラテン語の「クレレ currere ＝競争路」に由来します。教育課程・全体的な計画はカリキュラムともとらえられます。教育課程・全体的な計画をカリキュラムと同義語として使う考え方もあります。本来のカリキュラム研究の考え方では、教育課程という用語はカリキュラムという概念に包括されるものとなります。カリキュラムという大きなとらえ方があり、そのなかに教育課程・全体的な計画が含まれている、ということです。

　カリキュラム研究の考え方では、学校や園生活において子どもの周囲に存在し、影響を及ぼすすべてのものを構造的にとらえ、園生活や保育活動の評価や改善に役立てていきます。カリキュラムとは教育や保育の文脈において、子どもの周囲に存在するありとあらゆるものすべてをさします。それらは、周囲の環境（人的・物的・自然事象・社会事象・時間・空間・雰囲気など）や保育活動の基盤となる教育課程・全体的な計画、指導計画、それらを編成・立案する根拠や考え方、保育活動を行う保育者の保育観などの考え方、教材や教具、保育者の直接的な言動などと幅広いもののことをさします。

カリキュラムを広い視点でとらえよう。

　カリキュラムは保育観などの違いによってその内容が変わります。「教授」（教え・経験させる側）を主体におけば「学習のコース（a course of study）＝学習経路」となり、「学習」（学ぶ・経験する側）を主体におけば「個人の

学習の履歴」ということになります。

　カリキュラムは実施したら終わりといった類のものではなく、計画から結果までのプロセスにおいてカリキュラムの関係が分析・評価されることで教育や保育の改善に生かされる側面をもつものです[*1]。

（2）カリキュラムの構造

　保育活動は、意図的・計画的に編成されたカリキュラムによって実行されていると思われがちです。そうとは言い切れません。カリキュラムには、直接コントロールできず、客観的に明らかにされない要素によって強く作用される面もあります。カリキュラムは、2つの側面から成立しており、意図的・計画的に編成され、客観的に評価できるカリキュラムの側面を「顕在カリキュラム」といい、コントロールできず客観的に明らかにされない（されにくい）側面を「潜在カリキュラム」といいます。

①顕在カリキュラム

　顕在カリキュラムとは、「顕在（目にみえるかたちをとってあらわれていること）」という言葉が示すように、文章や言葉、事例などにより、わかりやすい・あからさまな・みたり・聞いたりすることのできる客観的に把握できる側面のことです。教育課程や全体的な計画、指導計画や指導案、環境や活動、教材や教具、保育者の保育活動における言葉や行動などの顕在的な部分です。どちらかといえば、フォーマルな「〇〇であるべき」といったニュアンスで表現・理解されており、研修や保育研究などにおいて積極的に取りあげられる側面のことです。

②潜在カリキュラム

　潜在カリキュラムとは、顕在カリキュラムのようにフォーマルな価値づけで説明できない側面です。潜在カリキュラムはヒドゥン・カリキュラムとも呼ばれます（ヒドゥンは英語でhiddenと綴り、「隠れた」という意味）。主に園生活のさまざまな事象や現象を形づくる、みえにくい・わかりにくい潜在性の側面のことです。保育者が「女の子だから〇〇が好き、男の子だから□□が好き」という思い込みをもち、それに無自覚なまま計画を立てていけば保育者自身も知らないうちに子どもたちに影響を与えることになるでしょう[*2]。

[*1] 一方で、カリキュラムにはいくつかの次元があります。計画レベルのものを「意図したカリキュラム」、実施レベルのものを「実施したカリキュラム」、結果レベルのものを「達成したカリキュラム」と区分しています。カリキュラムは実施したら終わりではなく、計画と実施、さらに結果とがつながりからカリキュラムが分析・評価されます。

[*2] 潜在カリキュラムの形成に影響を与える要因は多様です。教師や保育者の成育歴、性格特性、人間観、使命感、宗教観、思想、教育経験、地域性、養成課程での学習や経験、社会情勢や世論、勤務校（園）の教育（保育）方針・理念、保護者からの要請や期待、教師（保育者）集団の序列や考え方、職場の雰囲気、就労観などが挙げられます。潜在カリキュラムは、無意識に形成される場合や、意図的に隠されたかたちで形成される場合もあります。

2. 顕在カリキュラムの構成要素

　日常的に計画・実施したり、見聞きしたりするカリキュラム（顕在カリキュラム）には、4つの構成要素があります。それらは、「教育目標」「スコープ（scope）」「シークエンス（sequence）」「ユニット（unit）」です（表2-1）。

　表2-1に示したカリキュラムの構成要素については、小学校以降での教育活動では日常的に意識されています。保育においてはあまり意識されず、ここに取りあげた名称も一般的ではないものの、カリキュラムの編成や評価の観点としては、重要な指標（目安）となるものです。

表2-1　顕在カリキュラムの構成要素

教育目標	スコープ（scope）
・カリキュラムの根幹となる教育の方針を示す。望ましい・育成する子ども像を表したもの。 ・場合によっては形骸化されやすい。	・カリキュラムの範囲を定める基準、尺度。「"何を"教えるか、身につけさせるか」といった、扱う対象の範囲や広がりを示す。 ・小学校以降の教育では、教科書や教科などをさす。
シークエンス（sequence）	ユニット（unit）
・「"どのような順序"で教えるか、身につけさせるか」といった、扱う内容（教材）や経験の時間的な系列のこと。	・小学校以降の教育では「単元」をさす。 ・保育や授業における主題や題材、活動や教材のまとまりのこと。

わたしたちがこれまで受けてきた授業もこの要素で成り立っています。

3. カリキュラムに潜む問題と改善への視座

（1）効果的なカリキュラムの条件

　子どもたちは保育者の日々の言動のみならず、ものいわぬ面、いわば背中をみて広い意味で価値を形成し、生きる力の基礎を培っていきます。意識的に保育者がそうするわけではないのに、何かしら担任保育者の行動様式や価値観に似通ってくることがよくあります。こうしたことから、カリキュラムの顕在的な側面と潜在的な側面が互いに適切に効果を及ぼし合えるような状況にしていくことができれば、保育の効果は絶大なものとなります。

　たとえば、子どもたちの心や頭のなかで、「先生は○○組のみんなを大切にしている、だから仲間はずれやいじめを絶対に許さない。そして、先生はいつも楽しくやさしくぼく（わたし）の気持ちをわかってくれるし、自分の責任でいろんなことをさせてくれる。園はみんなでわくわくして生活できる（遊ぶことのできる）ところ」と思ってくれているかどうかです。

（2）問題の認識

　ここで大切なのは、顕在・潜在カリキュラムが、それぞればらばらに存在

し機能しているわけではない、ということです。

　保育者は日々の保育を計画し実施するために、幼稚園教育要領や保育所保育指針、教育目標や保育目標、教育課程や全体的な計画を解釈し、子どもの実態を理解し、子どもの成長や発達の課題を導き出し、保育のねらいや目標を明らかにしていきます。さまざまな条件を考慮し、活動や環境を選定・構成し、ふさわしい方法により保育を進めていきます。これらは日々の保育を考え進めていくうえで当然のことで、顕在的なカリキュラムの側面からの手続きのすべてであり、何の疑問も挟み込む余地はないように思われます。

　ここに大きな落とし穴があるのです。保育者が示す顕在的な側面とは裏腹に、知らず知らずのうちに形成されている保育者の日々の何気ない言動や価値づけ、醸し出す雰囲気が与える影響の問題です。潜在カリキュラムがはらむ問題です。保育者が子どもの行動の何を認め、何を褒めるのか。何について注意を促し、時に叱責するか。これらにより、子どものなかの価値はしだいに体系づけられ、生活の動機や目的の方向性となっていきます。そもそも何を保育の内容や活動として取りあげ、どのような方法で保育を行うかについても、保育者の潜在的な側面からの影響を強く受けていることがうかがえます。

　保育の目標やねらいが紙面上では同じような方向性をもっていたとしても、活動の選択や方法について細かくみればクラス（保育者）によって少しずつ異なったものになっています。保育者によっては、暗に子どもに保育者のイメージを押しつけていたり、指示通りに動くことを求めていたりします。別の保育者においては、子どもの創造性や自主性、探求的な態度を推奨します。このように、保育者の保育行動には、同じ保育といえども隔たりがある場合があります*3。

（3）カリキュラム改善のために
①まずは意識することから始まる

　カリキュラムを改善するために必要なことは、ペスタロッチ（Pestalozzi, J.H.）*4のいう「人間愛」や「教育愛」と、保育者自らが謙虚に保育の質的向上や改善をめざす真摯な態度です。時には、保育者がそれまでの自らの行いを振り返り、自身で厳しく糺さなければならない勇気が必要となります。

　上記の心構えをまずもってあげるのには理由があります。潜在的な側面における問題が、

*3
こうした違いは、たとえば模倣や指示を重視した活動・作品づくりや、できばえ中心の活動などを重視した保育と、子どもの発想やイメージを重視した保育などの違いに反映されていきます。さらに、それらの活動を進めるうえで保育者の言葉かけや関わり方の違いも生み出します。前者の保育では「指示・禁止・命令・許可・注意」などが多く、後者では「子どものイメージを膨らませたり・引き出したり・整理できるような言葉かけ」が多くなります。

*4
ペスタロッチ（1746－1827）はスイスの教育家です。孤児や貧民の子どもなどの教育に尽くしました。「初等教育の父」と称されます。基礎的なものから高度なものへという、直観教授を提唱しました。ペスタロッチの教育実践を幼児教育へと応用・展開したのが、かのフレーベル（1782－1852）です。

シュタンツ孤児院のペスタロッチ（『隠者の夕暮・シュタンツだより』岩波書店　1993年）

その保育者の内面的・理念的な問題につながっているからです。保育の省察は保育者自らが気づき、改善すべき問題なのです。それは「あなたがどのくらい子どもを愛し、成長や発達を願っているのか？」といった問いです。ところどころ目にみえるかたちで垣間みることができるかもしれません。さりとて客観的に評価できるものではないし、他者とそれを比べたところでまったく意味のない類のものだからです。自らが律していくしかないのです。

②改善の方法

カリキュラムの改善は、評価活動からはじまります。評価に際しては、問題意識の欠落や評価の観点をもたなければ何もみえてきません。自動車の修理にたとえてみましょう。「自動車が故障して止まった」という現象（出来事）に対して、修理工の頭のなかには、自動車の構造（燃料、電気系統、駆動系統など）に沿った原因の可能性が浮かび、可能性の高いものから順に検証していきます。当然ながら、修理工には自動車の構造に関する知識を基盤とした分析的な目が求められます。保育の改善もこれと同じです。顕在的な側面と潜在的な側面を理解し構造的に評価することで、問題を的確にとらえ改善することができるのです。

顕在カリキュラムについては保育の構成要素に沿って評価を行い、潜在カリキュラムの側面については幅広く点検すべきです。その一部分について「構成要素別保育評価の観点（短期）」（表2－2）に示しました。日々の保育を表のポイントにしたがってチェックしてみてください。

③保育研究などによるカリキュラム改善

カリキュラムの改善には、保育者同士が互いに検証し合うことのできる人間関係、研修組織や機会、保育者自らが保育を顧みることのできる保育研究法の修得が求められます。実践的な保育研究法については、いまだ確立が待たれる状態ですが、子どもと保育者の行動や会話の過程などを分析したり、エスノグラフィー[*5]（観察法）などによる研究法などが用いられています。とくに、子どもと保育者との相互作用を分析する方法では、保育者の保育観などの保育活動において基盤となる部分が、子ども中心か保育者主導であるか、保育者の子どもとの関わり方が受容的であるか指示的であるのかなど、こうした諸点を明らかにすることができ、有効な研究方法と考えられます。

*5
もともとは文化人類学や社会学の分野で中心的に使われる調査研究方法。調査者が対象の集団に加わり、直接観察や聞き取りを行ったり、協同の体験をしたりなどして、深層の意味世界をとらえ記述します。近年、教育学や看護学、心理学など幅広い分野で応用されています。

第2章 よりよいカリキュラムを構想するために

表2－2　構成要素別保育評価の観点（短期）

顕在的側面	潜在的側面
○具体的なねらいや内容について ・子どもの実態（興味や関心、経験、既知、育っているもの、つまずき、生活の特徴、当日の心理状態など）をとらえているか ・長期の指導計画との関連はどうか ・事前の活動との関連はどうか ○環境構成について ・具体的なねらい、内容との関連はどうか ・子どもの生活の流れとの関連はどうか ○活動と保育者について ・環境とかかわる子どもの姿に見通しをもっていたか ・適切な間接的、直接的支援がなされていたか ・環境の再構成などが適切に行われていたか ○反省と評価について ・それぞれの保育の過程で、評価の具体的観点をもっていたか ・総括的な評価の具体的な観点をもっていたか ・次の保育の計画の作成につなげる配慮をしていたか ・保育の計画、実施、反省・評価が系統的に明らかになるよう記録、保存がなされていたか	○クラスの雰囲気について ・明るくあたたかく、民主的で自由な雰囲気であったか ・子ども一人一人が、自らの想いや自分らしさを十分に発揮できる雰囲気であったか 〈年長の子どもの場合〉 ・（可能な範囲で）問題が生じた時、子どもが自分たちで解決しようとする雰囲気があったか ・生活や活動の選択をクラスの多くの子どもたちで考える風土があったか ・（可能な範囲で）子どもたちが相手の立場に立ってものを考える雰囲気があったか ・活動への主体的な行動が評価される雰囲気があったか ○保育者と子どもの関係性 ・子どもが保育者に愛着を感じていたか ・保育者に子どもへの愛情があったか ・保育者が子どもに対して受容的であったか ・保育者が傲慢でなく、子どもの意志や主張、主体性を大切にしていたか ・子どもが保育者からの働きかけに興味を示し、保育者との関係を楽しんでいたか ○子ども同士の関係性 ・子ども同士が、ともに生活することを楽しんでいたか ・仲間はずれや仲間はずしの子どもはいなかったか ○クラスの価値意識 ・向社会的、愛他的[*6]な行動などの望ましい価値を志向する雰囲気があったか ・正当な意味での努力や忍耐などを賞賛する雰囲気があったか ・正義や民主的な自由を志向する雰囲気があったか

出典：文部科学省『幼稚園教育要領解説』（フレーベル館　2018年）および文部科学省『幼稚園教育指導資料　第3集　幼児理解と評価』（チャイルド本社　2010年）の内容を参考に筆者作成

*6
「向社会的行動」（順社会的行動）は、他者に利益をもたらすために自発的になされる意図的な行動のこと。向社会的行動のなかに、より高次の精選された行動として「愛他的行動」があります。
愛他的行動が、社会的公正などの内在化された原則に基づいて行われるのに対し、向社会的行動は、外的報酬への期待や社会的承認への要求などに基づくものも含めています。したがって、幼児・児童を対象とした研究では、向社会的行動の用語を用いられることが多いです（山本多喜司監修『発達心理学用語辞典』北大路書房 1991年）。

ふりかえりメモ：

第2節 保育の方法と技術

1. 保育者の役割と専門的技術

　保育者には、子どものモデル（模範）となるとともに、保育の専門的技術を磨くことが求められます。専門的技術とは、子どもの観察・理解に関する技術、保育の計画に関する技術、環境構成に関する技術、子どもとの直接的な関わりに関する技術などと多岐にわたります。ここで参考になるのが以下に示すルソー（Rousseau, J.J.）[*7]の言葉です。「第一に、生徒が学ぶべきことをあなたがたが指示してやる必要はめったにない。……生徒のほうで、それを要求し、探求し、発見しなければならないのだ。あなたがたはそれをかれの手の届くところにおき、巧みにその要求を生じさせ、それをみたす手段を提供すればいい」[1)]。

　この一節は、指示にしたがわせる式の保育の無意味さ、子どもの主体性に基づく要求、探求、発見の重要性、それに伴う援助者としての保育者の立場や専門的技術の必要性を示しています。

[*7] ルソー（1712-1778）は主にフランスで活躍した啓蒙思想家であり、新教育運動の先駆者でもあります。消極的教育を提唱したことで知られます。子どもは大人とは異質なものであり、人間の発達段階にはそれぞれ固有の意味や価値があることを明らかにしたことから、「子どもの発見者」と呼ばれます。

保育者はいわば「生けるカリキュラム」です。

2. 保育の技術とは

　保育の技術とは、保育者が子どもを理解しながら信頼関係を築き、子どもに対して「承認、共感、励まし、アイデアを出す、手助けをする」[2)]、「幼児の活動が豊かに展開し、体験を確かなものにする」[3)]という直接的・間接的援助として必要な保育者の力量と解釈されます。保育者が保育環境の一部となり、子どもの活動を援助しながら充実を図ることです。子どもが自分の活動を意欲的に展開できるようにするための保育者の関わりが保育の技術です。「決まった方法を用いれば一定の保育の効果を上げられる」といった類のものを意味するのではありません。

3. 保育技術の要件

（1）保育の技術とねらいや内容

　美術教育・教育評価研究の大家であるアイスナー（Eisner, E.）は、「素晴らしいカリキュラムと巧みな授業との出会いが、理想として望まれよう」[4]と述べています。保育の技術は、保育の目標やねらい、内容・活動、環境と密接に結びつくことで、はじめて保育者の指導・援助の方法としての技術といえるのです。保育の卓越した技術の前提には、子どもと保育者が保育をともに創造していく姿勢があげられます。

　このほか、保育技術を考えるうえでの要件となる基本的事項として、「保育者の役割」「指導」の2つがあげられます。

（2）保育者の役割

　『幼稚園教育指導書』（文部省　1989年）では、「保育者の役割」として次の4つを掲げています[5]。

---
①幼児を理解すること　　②幼児との信頼関係を築くこと
③環境を構成すること　　④直接的な援助をすること

　『幼稚園教育要領解説』（文部科学省　2018年）では「保育者の役割」について、以下のように示しています。

---
①幼児が行っている活動の理解者としての役割
②幼児との共同作業者、幼児と共鳴する者としての役割
③憧れを形成するモデルとしての役割
④遊びの援助者としての役割
⑤必要に応じて適切な援助を行う役割

先生の役割っていろいろあるね。

　以上のことから、保育者は子どもにとって人的環境以上の存在であり、保育における重要な役割を担うキーパーソンであることがわかります。

（3）保育における指導

①指導の意味

　「指導」という言葉によくないイメージをもっている人も多いのではないでしょうか。かつて「指導」が、保育者主導型の注入保育と結びつき批判されたこともあります。

2000（平成12）年の幼稚園教育要領の改訂では、保育者の適切で積極的な指導の必要性が強調されました。これは保育者が子どもに主導的・指示的な保育をするということではありません。指導のもつ本来の意味に立ち返り、無責任な放任に陥ることなく積極的な役割を担うべきということなのです。『幼稚園教育指導資料　第1集　指導計画の作成と保育の展開』（文部科学省　2013年）では、指導を次の4つの内容として説明しています[6]。

> ①幼稚園生活の全体を通して幼児の発達の実態を把握して一人一人の幼児の特性や発達の課題をとらえる。
> ②幼児の行動や発見、努力工夫、感動などを温かく受け止めて認めたり、共感したり、励ましたりして心を通わせる。
> ③幼児の生活の流れや発達などに即した具体的なねらいや内容にふさわしい環境をつくり出す。
> ④幼児の展開する活動に対して必要な助言・指示・承認・共感・励ましなど、教師が行う援助のすべて。

　保育は、保育者が子どもたちを一方的に管理・統制したり、直接知識や技術を伝達することではありません。子どもたちの活動の方向をまさに"指さし導き"続けながら、子どもたち自身の全身全霊で発見させ、選び、学びとらせていくという行為です。指導とは文字どおり保育者が子どもを「指さし導く」ことなのです。この「指さす」という行為は、2つの特性をもっています。

　第一の特性は、学ぶべき（経験すべき）ものを限定して示すことで、ほかのものから際立たせ、わかりやすくし、興味や関心の対象としていくことです。第二の特性は、さされた対象から一定の距離を置き、対象を相手にさし示すことです。指さすもの（学んでほしいこと、経験してほしいこと、目的）があり、それを一定の距離をもって間接的にさし示し（指導し）、子どもが自らそれに挑戦・試行しながら接近し、目的を達成する。その過程で、子どもは自らが達成したという満足感、成就感をもつということなのです。そのため、子どもたちにとってさし示すものには、魅力がなくてはならないし、わかりやすいさし方でなければなりません。同時に、保育者は子どもによってさまざまな接近の仕方があることに考慮します。時に子どもが道に迷ったりすれば手を差し伸べることもありますし、疲れれば応援する必要もあります。

②子どもの学びへの支援

　指導と子どもの主体的な活動は、相反するもののように思われるかもしれ

ません。そうではありません。子どもの自ら学ぼうとする意欲や関心、主体的な活動の進展や継続は、彼らの知的好奇心を誘発し、刺激していく保育者の関わりなしには深まらないこともあります。保育とは、保育者がねらいをめざして、環境や活動などを媒介に言葉かけなどの"プレゼンテーション"を駆使し、子どもの頭や心に呼びかける"パフォーマンス"なのです。その呼びかけに応えて、子どもが能動的に選びとり、学びとる活動を展開することができるのです。この「呼応の一致」「啐啄同時（そったくどうじ）」を成立させるところに指導の本質があります。じっと待つことも、間をとることも、見守ることも、それらはすべて保育者の指導の範囲内のことです。「あえて、何もせず、気づかせることに全力をあげる」という逆説的な考え方を含めて、保育者の指導の概念を正しく確立する必要があります。

> **注目ワード　啐啄同時**
>
> 鳥が孵化するとき、ヒナが卵の殻を内側からつつくのを親鳥が感じとり、外側から同時につつくことから生まれた言葉です。転じて、教える者と教わる者の呼吸がぴたりと合うことを意味します。

第3節　環境構成と活動想定の視点

1. 環境や活動・内容の考え方

（1）環境を教材としてとらえ直す

　ここでは、保育者の環境づくりの際に基盤となる考え方をより深く理解するために、「教材」をキーワードに環境をとらえ直します。

　保育においては馴染みのない言葉です。教材とは、大人（教師）と子ども、あるいは子ども同士がつくりだす教育関係のなかに登場し、教育の媒介となるすべての文化財をさすものとされます[7]。ここでいう文化財とは、たんに人間がつくったもののみならず、自然事象・社会事象などを含めた人間が生活のなかで見たり、感じたりするようなすべてのものを含むと考えられます。保育のねらいを達成するために選択される材料（環境や活動）のことをさし

ます。このように、教材の定義は、保育における環境の考え方と重なり合う部分が多くあるのです。

(2) 教材観に学ぶ環境や活動のあり方

　小学校以降の教育と保育とでは、ねらいや内容、方法とするものが異なる部分もあります。しかし、保育における望ましい環境や活動などのあり方について、小学校教育における教材観から重要な示唆を得ることができます。それは、保育のねらいを達成するために最も適切な材料（環境や活動・内容）があり、それを選択することで保育は無理なく展開され、成果を上げていくことができる、ということです。

教材の機能[8]

①教科内容の具現化としての教材
②生徒の診断材料としての教材
③教材による学習課題の提示
④学習内容の教示・定着化の手段としての教材

→

保育に置き換えてみると…

①保育のねらいを達成するための環境や活動・内容
②活動の姿を通して、子どもの成長や発達などの実態を把握するための診断材料
③環境や活動により、取り組む課題に気づかせる
④保育のねらいを直接提示したり、定着化させる

(3) 教材観に学ぶよい環境や活動の素材

　子どもの心に働きかける環境や活動・内容を構想するうえで、次の「よい教材となる素材」は参考となります。特定のねらいに対して適切な教材を選定していきます。素材とはその教材となる以前の状態をさします。
　素材を選ぶうえで、重要なのは次の3点です[9]。

①具体性
　　子どもの生活、学習経験や体験に根ざした素材を活用していること。
②直観性
　　見る・聞く・触れるなどの五感を使って理解できる素材を創造していること。
③意外性
　　子どもたちの今までの常識を覆すような素材が提示されていること。

　子どもに学んでほしい、身につけてほしい、経験してほしい内容などにつ

第2章 よりよいカリキュラムを構想するために

いて考える時、子どもが既にそれをどこまで経験し、どのような感じ方や知り方などをしているのかといった「既知」を把握することが基盤になります。子どもがそれまでの具体的な既知を基盤に、全身を使った未知への挑戦から生じる新鮮な驚きに気づき、多様な興味を喚起させるような環境や活動・内容が必要となります[10) 11)]。保育者が環境づくりや活動、内容を考える段階で、子どもがどのように多様な解釈（つまずきをも含み込んで）を予想しながら、保育の計画ができるかが重要なポイントとなります。

2. 環境構成

（1）環境構成の意味

 エピソード 雨上がりの砂場に行ったら…

水道工事などに使用されるいくつかの塩化ビニールのパイプや、子ども1人では扱いにくいおよそ2～3メートルの雨樋が、雨上がりの砂場の周囲に置いてありました。登園した子どもはそれらをみつけ、砂場で山をつくる際にトンネルにしたり、パイプや雨樋を組み合わせて高架道路に見立てて遊んでいます。その後、何人かの子どもが加わり高架道路に水溜まりの水を汲んできては流しはじめました。しだいに子どもの人数は増え、遊びは子どもたちの協同によりダイナミックなものへと変化していきました。

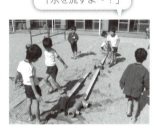
「水を流すよ～！」

砂場の近くにパイプや雨樋を置いたのは、もちろん保育者です。こうした事前の環境構成が、子どもの活動への興味や関心の度合い、参加する子どもの数、活動の規模などに影響を与えていることは確かです。その影響は、子どもの活動への心情・意欲・態度、協力、子ども同士のコミュニケーション、子ども各自の工夫など、資質・能力の育ちにとって有意義な活動となるための意味をもつものであったといえます。同じ砂場の活動であっても、保育のねらいが違えば、環境構成も異なります。ねらいが入園当初の子どもや年少児に対する個人的な活動を重視したものであれば、プリンのカップや砂場セットなどが目につく場所に置かれるはずです[*8]。

（2）環境構成の考え方と留意点

保育者が環境構成を行う際に考えることは、保育の具体的なねらいや内容

*8
このエピソードでは、物的環境づくりが中心ですが、ほかにも人的環境や自然事象や社会事象、雰囲気、時間、空間など多岐にわたる環境があり、それぞれが複合的につながり合って環境をつくっています。保育者が環境を考える時には、たんに「子どもの好きなものを用意すれば活動が活発になる」といったものではなく、さまざまな視点から検討してほしいと思います。保育者の願い、保育のねらい、その時々の子ども（個人・集団）の行動や感じ方などの実態、季節・天候、活動の見通し、保育者や友だちとの関わり、などです。

に基づき、子どもの実態に即して彼らにどのような体験が必要か、活用できる保育資源の範囲などを考慮に入れて検討していくことです。保育者が具体的な環境づくりの際に考慮する視点は、「発達の時期に即した環境」「興味や欲求に応じた環境」「生活の流れに応じた環境」の３つです。それぞれの環境づくりの留意点について次に示します。

①発達の時期に即した環境

子どもの「発達の時期に即した環境」とは、乳幼児期の発達にふさわしい生活をふまえて環境づくりをするということです。乳児期には保育者からの直接的な保育、とくに初期には養護に重点を置いた関わりを子どもが必要とする時期です。しだいに、幼児期になると自分の能力を発揮しながら仲間を求めて生活をするようになっていきます。入園当初などは不安や緊張を感じ、分離不安を表したり、保育者に寄り添っていてほしいと感じたり、安心できる場所でじっとしている姿などがみられます。そのため、保育者は環境づくりをする際に、一人一人の発達や行動の特性、生活する姿などに目を配りながら、子どもの発達の傾向を十分考慮に入れた環境づくりを行います。

②興味や欲求に応じた環境

子どもは興味や関心をもっている活動には、自発的、積極的、主体的に関わっていきます。子どもが園生活のなかで、偶然に遭遇したもの、保育者に提示されたもの、仲間によってもたらされたものなどとその活動はさまざまです。保育の目標は、自然発生的に子どもが興味や関心を示すことばかりを体験させるのみならず、体験を通して生きる力の基礎を培うための「資質・能力」を意図的・計画的に育んでいくことです。

保育者には、子ども一人一人の興味や関心を誘う環境のなかで、保育のねらいをいかに具現化できるかが問われます。そのために、保育者は自らが準備した環境のなかで生活をともにしながら、子どもが環境にどのように関わり、何を感じ、何が育っているのかを把握し、彼らにとってより適切なものとなるように常に環境の再構成を心がけなければなりません。

保育者が構成した環境だけではなく、日常のとるに足らないようにみえる事象が、子どもの保育的環境となることも少なくありません。それらは周囲の保育者やほかの子どもの行動であったり、自然物や現象であったりと、保育者が気づかないものも多いはずです。子どもはそれらのなかから多くのことを学んでいきます。保育者は日頃から子どもの興味・関心や園内外の環境に関する情報を拾い集め、環境構成の際の資源として記録（ファイリング）しておくこと（保育資源化）も必要です。

③生活の流れに応じた環境

　保育の基本である「環境を通しての保育」の考え方は、倉橋惣三の思想から強く影響を受けています。彼は保育の考え方について、生活としての実質から離れないことや、生活としての自然を失わせないことが肝要であり、遊びを通して子どもが感性や知性などの精神能力、感覚器や身体器官を十分に働かせることが重要であるとしました。そうした考えから、「生活を、生活で、生活へ」という言葉に示されるように、生活重視・誘導重視の保育方法により、「ありのまま（さながら）」の生活から出発し、その生活を、生活と結びついた方法で、さらに新しい生活へと高めていく保育のあり方を提唱しました。

"日本の幼児教育の父"とよばれる倉橋惣三（お茶の水大学所蔵）。

　倉橋の考えのように、環境を生活の流れに応じたものにしていくには、生活のリズムと変化（一日の生活のなかでの遊びや食事、休息などの変化）や活動の動・静（身体を動かすような動的な活動と絵本を読むような静的な活動）、活動の規模（個別活動と集団活動）、時間的・現象的な関連性（過去（昨日）の活動との連続性）、場の関連性（家庭での出来事との連続性）などを考慮して環境を構成していくことです。子どもは、変化がなければ、生活や活動への意欲を減退させていきます。保育者は子どもの多様な生活の流れのなかで生じるリズムや変化を敏感に環境構成に同調させていくことで、子どもの興味や関心に満ちた生活を保障していくことができます。

3. 活動の考え方

（1）子どもの活動の成立

　図2-1は、環境構成から活動展開の流れを示したものです。保育の計画は、保育者のもつ子どもの活動への見通しがその成否を握ります。ここでの見通しはあくまでも予測です。子どもの活動は予想した通りに進まないことも多く、その都度活動の状況に即して、環境の再構成や保育展開の変更、想定外の保育者の直接的な援助などが必要となります。

　保育者が保育のねらいや内容、方法、子どもの活動の姿などを、柔軟性に乏しく狭く硬直化したものととらえていれば、実態とのズレは顕著なものとなります。保育のめざすものが、本来は子どもの内面、資質・能力の広いものであるにも関わらず、具体的な行動や知識・技能、作品などのできばえのみにおいているとすれば、さらにズレが生じる可能性は高くなります。あくまでも保育の主体は子どもであることから、具体的な保育のねらいや内容については、柔軟な方向性を示すものと理解し、子どもの予測される活動の姿

も多様で、修正を加えていく必要性を当初から考えておくことです。活動が子どもの実態や動機により、保育者が想像しえなかった展開を示そうとも、保育者がねらいを完全に外さずに臨機応変に対応できる力量をもつことが肝要です。

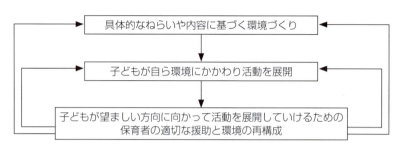

図2－1　具体的な活動の選択と展開の過程

出典：文部科学省『幼稚園教育指導資料　第1集　指導計画の作成と保育の展開』（フレーベル館　2013年）の内容を参考に筆者作成

（2）子どもの育つ環境や活動

　保育の立案は、保育者が子どもをどのような人間に育てたいのかを明確にし、その過程における課題を明らかにするために、詳細に子どもの実態を把握することからはじまります。実態の把握は、子どもの生活する姿を観察することにとどまるものではありません。時にはより客観的に、幼稚園教育要領や保育所保育指針、書物、子どもの作品など多くのものを参考に理解を深めていくことも必要です。計画された保育の環境構成や活動の選定は、子どもの「発達の時期に即した環境」「興味や欲求に応じた環境」「生活の流れに応じた環境」の観点によって行われます。こうした観点と連動して、保育のねらいや環境、活動にふさわしい、保育者の直接的な支援が実践されます。

　保育者が保育の過程に詳細な見通しをもち、子どもたちが行動や考える意欲を一層わき立たせるような、つまずきなどをも意図的に含んだ環境や活動を準備することが、主体的に生活・活動する子どもを育て、資質・能力の育成につながるのです。

つまずきやいざこざを通して学んでいくことも子どもにとって大事な経験です。

第2章 よりよいカリキュラムを構想するために

 演習課題

Q 本章の49ページに「保育者の役割」(「①理解者」「②共同作業者・共鳴する者」「③憧れを形成するモデル」「④遊びの援助者」「⑤必要に応じて適切な援助を行う」)が解説されていました。この役割について考えてみましょう。

①〜⑤の役割について、保育者の具体的な行動をあなたなりに考えてあげてみましょう。「①は、たとえば○○すること」といった具合にあげていきます。

自分の考えた具体的な保育者の行動を周りの人と発表し合ってみましょう。

保育者の役割は①〜⑤だけでしょうか。このほかにも考えられるものをあげてみましょう。

【引用文献】
1）ルソー，J.J.（今野一雄訳）『エミール・上』岩波書店　1962年　p.315
2）文部省『幼稚園教育指導資料　第1集　指導計画の作成と保育の展開』フレーベル館　1991年　p.76
3）同上
4）アイスナー，E.W.（仲瀬律久他訳）『美術教育と子どもの知的発達』黎明書房　1986年　p.212
5）文部省『幼稚園教育指導書』フレーベル館　1989年　pp.74-76
6）文部科学省『幼稚園教育指導資料　第1集　指導計画の作成と保育の展開』フレーベル館　2013年　p.4
7）中内敏夫『教材と教具の理論』有斐閣　1978年　p.14
8）柴田義松他編『授業と教材研究教育学（6）』有斐閣　1980年　p.23
9）田中耕治「教授理論と授業の設計」荒木紀幸編著『新時代の教育の方法を問う』北

大路書房　1993年　pp.28 - 30
10）吉本均『新教授学のすすめ③　教材解釈と発問づくり』明治図書　1989年　pp.83 - 85
11）バーライン，D. & ガニュエ，E.D.（岸学他訳）『学習指導と認知心理学』パーソナルメディア　1989年　pp.437 - 439

【参考文献】
安彦忠彦・石堂常世編著『最新教育原理』勁草書房　2010年
安彦忠彦編『カリキュラム研究入門 新版』勁草書房　pp. 1 - 27
長田新『ペスタロッチー教育学』岩波書店　1934年
ペスタロッチー，J.H.（長田新訳）『ペスタロッチー全集』全15巻　平凡社　1959-1962年
クリストフ・ヴルフ「実践知の再発見　身体・ミメーシス・パフォーマンス」『「実践知と教育研究の未来」発表要綱論集』京都大学大学院教育学研究科　年　pp.9 - 15
厚生労働省『保育所保育指針解説』フレーベル館　2018年
田中亨胤『幼児教育カリキュラムの研究』日本教育研究センター　1994年
西久保礼造『幼稚園の教育課程』ぎょうせい　1990年
原田碩三・三宅茂夫他『保育の原理と実践』みらい　2004年
文部科学省『幼稚園教育要領解説』フレーベル館　2018年
文部科学省『幼稚園教育指導資料　第3集　幼児理解と評価』チャイルド本社　2010年
文部科学省『幼稚園教育指導資料　第1集　指導計画の作成と保育の展開』フレーベル館　2013年
Jackson, P.W. *Life in Classrooms.* New York：Holt, RineHart & Winston, 1968.
King, R. *All Things Bright and Beautiful？：A sociology study of infants' classrooms,* 1978.（森楙他監訳・田中亨胤他訳『幼児教育の理想と現実』北大路書房　1984年）
山本多喜司監修『発達心理学用語辞典』北大路書房　1991年

第2章 よりよいカリキュラムを構想するために

第3章
保育所保育指針等をもとに考える

エクササイズ　　自由にイメージしてみてください

「保育所保育指針」が策定されたのは1965（昭和40）年ですが、当時はどのような子どもの遊びやおもちゃが流行していたと思いますか？

第3章 保育所保育指針等をもとに考える

この章のまとめ！ 学びのロードマップ

- 第1節
  保育所保育指針、幼稚園教育要領、幼保連携型認定こども園教育・保育要領の内容および改定（訂）の社会的背景を説明します。

- 第2節
  保育所保育指針等のポイントと共通点を説明します。

- 第3節
  保育所保育指針における保育の目標と計画の基本的な考え方を説明します。

この章の なるほど キーワード

■**資質・能力**…保育所、幼稚園、認定こども園は日本の"幼児教育施設"として位置づけられています。この3つの施設では保育所保育指針、幼稚園教育要領、幼保連携型認定こども園教育・保育要領の3法令に示された、乳幼児から18歳までを見通した「資質・能力」の育ちを育みます。

予測できない未来を生き抜く力を子どもに育むことがねらいです！

第1節　保育所保育指針、幼稚園教育要領、幼保連携型認定こども園教育・保育要領の内容および社会的背景

1. 保育所保育指針等の意味

（1）園における"保育の羅針盤"

保育所・幼稚園・認定こども園の保育は、園や保育者が自分の思い通りに実施すればよいというものではありません。地域の事情や独自性は重要ですが、一定の基準・方向性が必要です。どの地域であっても一定の保育の水準を維持するという観点からも全国的な基準が必要です。

たくさんの子どもたちの育ちを支えていくには方針が必要です。

わが国の保育の基準は、保育所は保育所保育指針、幼稚園は幼稚園教育要領、幼保連携型認定こども園は幼保連携型認定こども園教育・保育要領において定められています。これらは園での"保育の羅針盤"としてとらえればよいのです。

たとえば保育所保育指針は、保育所保育の基本となる考え方や保育のねらいおよび内容等保育の実施に関わる事項と、関連する運営に関する事項について定めています。すべての保育所は、保育所保育指針に基づいて、子どもの健康および安全を確保しながら、子どもの一日の生活や発達過程を見通し、それぞれの保育の内容を組織的・計画的に構成して、保育を実施することになります。保育所保育指針は、保育環境の基準や保育に従事する保育士資格とともに保育の質を担保するしくみなのです。

（2）告示による規範性をもつ基準

保育所保育指針は、厚生労働大臣告示として定められているので法的な規範性をもつ基準です。保育所保育指針に規定されている事項は、①遵守しなければならないもの、②努力義務が課されるもの、③基本原則にとどめ各保育所の創意や裁量を許容するもの、または各保育所での取組が奨励されることや保育の実施上の配慮にとどまるもの等に区別されます。

各保育所は、これらをふまえ、園の実情に応じて創意工夫を図り、保育を行い、保育所の機能および質の向上に努めていきます。

幼稚園教育要領、幼保連携型認定こども園教育・保育要領も同様の性格をもちます。各園では、保育所保育指針等を日常の保育に活用し、社会的責任

第3章 保育所保育指針等をもとに考える

を果たしていくこと、保育の内容の充実や職員の資質・専門性の向上を図ることが求められます。そのため、これらの内容をしっかりと理解していることがとても重要です。

2. 保育所保育指針等の改定（訂）の背景

（1）約10年ごとの見直し

社会や時代の状況をふまえなければ保育は成立しません。保育の羅針盤としての保育所保育指針等は、一定期間ごとにその内容が確認され、改定（訂）されてきました。保育所保育指針は、1965（昭和40）年に策定され、1990（平成2）年、1999（平成11）年と2回の改定を経た後、前回2008（平成20）年の改定の際に告示化されました。

幼稚園教育要領は、1956（昭和31）年に『保育要領』にかわって文部省から公示され、数度の改訂を経て1989（平成元）年、大きな改訂がされました。幼稚園教育が"環境を通して行う教育"であることを前面に打ち出し、6領域だったものを改め「健康」「人間関係」「環境」「言葉」「表現」の5領域とし、小学校の教科とは異なることが明確に示されたのです。その流れを受け継ぎ、1998（平成10）年、2008（平成20）年、2017（平成29）年に改訂されました。

また、子どもの健やかな成長を支援していくため、すべての子どもに質の高い教育・保育を提供することを目標に掲げた「子ども・子育て支援新制度」[*1]が2015（平成27）年4月から施行されました。幼保連携型認定こども園教育・保育要領は、子ども・子育て支援制度の一環として創設された幼保連携型認定こども園の教育課程その他の教育および保育の内容として2015（平成27）年に策定されました。

（2）子育ての変化と「社会情動的スキル」への注目

前回の改定（訂）・策定から現在に至るまでに、子どもの育ちや子育てに関わる社会の状況については大きく変わりました。少子化や核家族化、地域のつながりの希薄化の進行、共働き家庭の増加等を背景に、さまざまな課題があらわれています。子どもが地域のなかで人々に見守られながら集団で遊ぶことが困難となり、乳幼児と触れ合う経験が乏しいまま親になる人も増えてきています。身近な人々から子育てに対する協力や助言を得られにくい状況に置かれている家庭の「孤育て」も指摘されています。子育てに対する不安や負担感、孤立感を抱く人は依然として少なくない状況です。児童虐待の相談対応件数も増加しており、大きな社会問題となっています。

指針や要領は約10年に一度改訂されてきました。

*1
2012（平成24）年に成立した「子ども・子育て支援法」「認定こども園法の一部改正法」「子ども・子育て支援法及び認定こども園法の一部改正法の施行に伴う関係法律の整備等に関する法律」の子ども・子育て関連3法に基づき、2015（平成27）年4月よりスタートした制度のことです。

*2
具体的には、①目標を達成する力（忍耐力、意欲、自己制御等）、②他者と協働する力（協調性、信頼、共感等）、③情動を抑制する力（自尊心、自信、内在化・外在化問題行動のリスクの低さ）といったものを指します。

一方でさまざまな研究成果から、乳幼児期における自尊心や自己制御、忍耐力といった主に「社会情動的スキル」（非認知能力ともいいます）*2 が、大人になってからの生活に大きな影響を及ぼすことが明らかとなってきています。乳幼児期にどのような経験をするのか、どのような環境で育つのかが、個人の育ちやひいては社会全体に大きな影響を与えるというのです。乳幼児期の重要性は、国際的にも認識されるようになってきています。

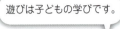
遊びは子どもの学びです。

（3）2018年の改定（訂）

保育所、幼稚園、認定こども園が果たす社会的な役割は近年より一層重視されています。このような状況を受け、新たに保育所保育指針、幼稚園教育要領、幼保連携型認定こども園教育・保育要領が改定（訂）され、2018年（平成30）年4月1日より実施されることになりました。

保育所保育指針等は各園、保育者等にとって保育のよりどころとなるものです。今回の改定（訂）が保育の質のさらなる向上のきっかけとなり、保育者はもちろん、乳幼児に関わるすべての人々にその趣旨が理解され、子どもの健やかな育ちの実現へとつなげる取り組みが求められています。

第2節　保育所保育指針等のポイントと共通点

1. 保育所保育指針の構成

2018年施行の保育所保育指針は、表3−1（66ページ）に示すように「第1章　総則」「第2章　保育の内容」「第3章　健康及び安全」「第4章　子育て支援」「第5章　職員の資質向上」から成り立っています。前回の改定の大綱化*3 の方針を維持しつつ、章立てと内容の見直しが行われました。具体的には、下記の通りです。

*3
従来の保育所保育指針の内容を大まかにまとめることで、基準としての性格を明確化する一方、各保育所の自主性、独自性、創意工夫が尊重されるよう精選されました。

・「第1章　総則」では、養護は保育所保育の基盤であることが確認されました。これまでの「保育課程の編成」は「全体的な計画の作成」に代わり、幼稚園教育要領および幼保連携型認定こども園教育・保育要領との構成的な整合性が図られました。
・「第2章　保育の内容」では、幼稚園と幼保連携型認定こども園との共通

第3章 保育所保育指針等をもとに考える

化を図り、5領域の記述を「ねらい」「内容」「内容の取扱い」で揃えました。
・保育の内容は、乳児・1歳以上3歳未満児・3歳以上児に分けて示しました。特に乳児保育については、「健やかに伸び伸びと育つ」「身近な人と気持ちが通じ合う」「身近なものと関わり感性が育つ」という3つの視点が盛り込まれました
・「第3章 健康及び安全」では、アレルギー疾患を有する子どもの保育や事故防止の取り組み、感染症対策、食育の推進、災害への備えについて記載されました。
・「第4章 子育て支援」では、これまでと同様に子育て家庭に対する支援について基本的事項を示し、保育所を利用している保護者に対する子育て支援と、地域の保護者等に対する子育て支援について述べています。
・「第5章 職員の資質向上」では、職員の資質・専門性とその向上について、自己研鑽とともに、保育所が組織として職員のキャリアパス*4等をみすえた研修機会の確保や研修の充実を図る必要があることなどが明記されました。

指針のポイントをまとめました！

2. 保育所、幼稚園、認定こども園は日本の幼児教育施設

2018年施行の保育所保育指針、幼稚園教育要領、幼保連携型認定こども園教育・保育要領の改定（訂）の要点は、3つの施設を日本の幼児教育施設として位置づけたことです。保育所も幼児教育の一翼を担う施設として、教育に関わる側面のねらいおよび内容に関して、幼稚園教育要領および幼保連携型認定こども園教育・保育要領とのさらなる整合性が図られたのです。その背景には、平成18年「教育基本法」改訂で「幼児期の教育は、生涯にわたる人格の基礎を培う重要なものである」と示されたことがあります。

3つの施設に共通する幼児教育のあり方は、「環境を通した教育」「乳児期からの発達と学びの連続性」「小学校教育との接続のあり方」等です。

保育所保育指針、幼稚園教育要領、幼保連携型認定こども園教育・保育要領は、これまでに述べたように幼児教育の施設として共通する内容の整合性が取られました。

*4
キャリアパス（Career path）とは、企業等の人材育成制度のなかでどのような職務にどのような立場で就くか、またそこに到達するためにどのような経験を積み、どのようなスキルを身につけるのか、といった道筋のことです。保育者にとっても自分の将来を検討する際に大切な考え方です。

ふりかえりメモ：

表3-1 保育所保育指針、幼稚園教育要領、幼保連携型認定こども園教育・保育要領の比較

保育所保育指針		幼稚園教育要領		幼保連携型認定こども園教育・保育要領	
		前文			
第1章 総則	1 保育所保育に関する基本原則 2 養護に関する基本的事項 3 保育の計画及び評価 4 幼児教育を行う施設として共有すべき事項	第1章 総則	第1 幼稚園教育の基本 第2 幼稚園教育において育みたい資質・能力及び「幼児期の終わりまでに育ってほしい姿」 第3 教育課程の役割と編成等 第4 指導計画の作成と幼児理解に基づいた評価 第5 特別な配慮を必要とする幼児への指導 第6 幼稚園運営上の留意事項 第7 教育課程に係る教育時間終了後等に行う教育活動など	第1章 総則	第1 幼保連携型認定こども園における教育及び保育の基本及び目標等 第2 教育及び保育の内容並びに子育ての支援等に関する全体的な計画等 第3 幼保連携型認定こども園として特に配慮すべき事項
第2章 保育の内容	1 乳児保育に関わるねらい及び内容 2 1歳以上3歳未満児の保育に関わるねらい及び内容 3 3歳以上児の保育に関するねらい及び内容 4 保育の実施に関して留意すべき事項	第2章 ねらい及び内容	健康 人間関係 環境 言葉 表現	第2章 ねらい及び内容並びに配慮事項	第1 乳児期の園児の保育に関するねらい及び内容 第2 満1歳以上満3歳未満の園児の保育に関するねらい及び内容 第3 満3歳以上の園児の教育及び保育に関するねらい及び内容 第4 教育及び保育の実施に関わる配慮事項
第3章 健康及び安全	1 子どもの健康支援 2 食育の推進 3 環境及び衛生管理並びに安全管理 4 災害への備え			第3章 健康及び安全	第1 健康支援 第2 食育の推進 第3 環境及び衛生管理並びに安全管理 第4 災害への備え
第4章 子育て支援	1 保育所における子育て支援に関する基本的事項 2 保育所を利用している保護者に対する子育て支援 3 地域の保護者等に対する子育て支援	第3章 教育課程に係る教育時間の終了後等に行う教育活動などの留意事項		第4章 子育ての支援	第1 子育ての支援全般に関わる事項 第2 幼保連携型認定こども園の園児の保護者に対する子育ての支援 第3 地域における子育て家庭の保護者等に対する支援
第5章 職員の資質向上	1 職員の資質向上に関する基本的事項 2 施設長の責務 3 職員の研修等 4 研修の実施体制等				

出典：筆者作成

3. 乳幼児から18歳までを見通した「資質・能力」の育ち

　幼児教育の扱い方を整えたことは、日本の幼児教育・保育の歴史から見てとても意味のあることです。幼児教育の内容や質を揃えることになったことで、幼児教育（環境を通して行う教育）とは何かを考え保育を見直すこと、「資質・能力」「幼児期の終わりまでに育ってほしい姿」を意識して計画・評価すること、保育所保育指針の「乳児・1歳以上3歳未満児の保育」を理解し、乳児期の保育や子どもの育ちをとらえて、幼児期の学びの連続性を考えること等が重要となってきました。

　幼児教育において育みたい子どもの「資質・能力」として、「知識及び技能の基礎」「思考力、判断力、表現力等の基礎」「学びに向かう力、人間性等」が示されました。これらの「資質・能力」が、健康・人間関係・環境・言葉・表現の各領域におけるねらいおよび内容に基づいて展開される保育活動全体を通じて育まれていった時、幼児期の終わり頃には具体的にどのような姿として現れるかを、「幼児期の終わりまでに育ってほしい姿」として明確化したのです。

　このことは幼児教育・保育にとどまらず小学校以上の学習指導要領とも関連しています。小学校以上の学習指導要領との連続性を踏まえ、18歳までの一貫したカリキュラム・社会に開かれたカリキュラムをみすえた改革の一端なのです。

第3節　保育所保育指針における保育の目標と計画の基本的な考え方

1. 保育の目標の基本的な考え方

(1) 保育の目標

　保育所は、地域性や規模、特色や保育方針により保育の方法や内容もさまざまに異なります。しかし、全ての保育所に共通する保育の目標は、保育所保育指針に示されています。子どもの保育を通して、「子どもが現在を最も良く生き、望ましい未来をつくり出す力の基礎を培う」ことと、入所する子どもの保護者に対し、その援助に当たるということです。乳幼児期は、生涯にわたる人間形成にとって極めて重要な時期です。保育所は、この時期の子どもたちの「現在」が、心地よく生き生きと幸せなものとなること、長期的

　視野をもってその「未来」をみすえた時、生涯にわたる生きる力の基礎が培われることを目標として、保育を行わなければなりません。
　そのためには子どもの現在のありのままを受け止め、その心の安定を図りきめ細かく対応していくこと、一人一人の子どもの可能性や育つ力を認め、尊重することが重要となります。具体的には次に示す、保育の目標を参考とすれば良いでしょう。

保育所保育指針

第1章　総則　1　保育所保育に関する基本原則　（2）保育の目標

ア　保育所は、子どもが生涯にわたる人間形成にとって極めて重要な時期に、その生活時間の大半を過ごす場である。このため、保育所の保育は、子どもが現在を最も良く生き、望ましい未来をつくり出す力の基礎を培うために、次の目標を目指して行わなければならない。

（ア）十分に養護の行き届いた環境の下に、くつろいだ雰囲気の中で子どもの様々な欲求を満たし、生命の保持及び情緒の安定を図ること。

（イ）健康、安全など生活に必要な基本的な習慣や態度を養い、心身の健康の基礎を培うこと。

（ウ）人との関わりの中で、人に対する愛情と信頼感、そして人権を大切にする心を育てるとともに、自主、自立及び協調の態度を養い、道徳性の芽生えを培うこと。

（エ）生命、自然及び社会の事象についての興味や関心を育て、それらに対する豊かな心情や思考力の芽生えを培うこと。

（オ）生活の中で、言葉への興味や関心を育て、話したり、聞いたり、相手の話を理解しようとするなど、言葉の豊かさを養うこと。

（カ）様々な体験を通して、豊かな感性や表現力を育み、創造性の芽生えを培うこと。

イ　保育所は、入所する子どもの保護者に対し、その意向を受け止め、子どもと保護者の安定した関係に配慮し、保育所の特性や保育士等の専門性を生かして、その援助に当たらなければならない。

この部分に大切なことがぎっしり詰まっています！

（2）養護に関わる目標

　保育所における保育の目標は、養護に関わる目標であるア（ア）および、教育に関わる内容の領域としての「健康」「人間関係」「環境」「言葉」「表現」の目標である（イ）から（カ）まで、6つの側面から説明されています。
　保育における養護とは、子どもたちの生命を保持し、その情緒の安定を図るための保育士等による細やかな配慮の下での援助や関わりの総称です。心身の機能の未熟さを抱える乳幼児期の子どもが、その子らしさを発揮しなが

ら心豊かに育つためには、保育士等が、一人一人の子どもを深く愛し、守り、支えようとすることが重要です。養護は保育所保育の基盤であり、保育において養護と教育は一体的に展開されるものです。さらに、(ア) に示されるように、養護は一人一人の子どもに対する個別的な援助や関わりだけでなく、保育の要件でなければなりません。

(3) 教育に関わる目標

　(イ) から (カ) までの教育に関わる保育の目標は、幼稚園および幼保連携型認定こども園の教育および保育の目標と、共通のものです。この養護と教育に関わる目標は、子どもたちが人間として豊かに育っていく上で必要となる力の基礎となるものを、保育という営みに即して明確にしようとするものです。これらの目標を、一人一人の保育士等が自分自身の保育観、子ども観と照らし合わせながら深く理解するとともに、園全体で共有しながら、保育に取り組んでいくことが求められます。

　イに示されるように保育所保育は、対象を通所する子どものみに限るものではありません。保護者に対する援助も、子どもの保育と深く関連して行われます。「第4章　子育て支援」の内容をふまえ、保護者の意見や要望等からその意向を捉えた上で、適切に対応しなくてはなりません。それぞれの保護者や家庭の状況を考慮し、職員間で連携を図りながら援助していくことが必要となります。その際には、常に子どもの最善の利益を考慮して取り組むことが前提となります。対話を通して、保育士等と保護者が互いに情報や考えを伝え合い共有し、子ども・保育士等・保護者の関係が豊かに展開していくことが重要です。

2. 保育の計画の基本的な考え方

(1)「全体的な計画」をデザインする

　一見、偶発的に見え、遊びが中心に見える保育もその背景には計画性が必要となります。保育の目標を達成するためには、子どもの発達を見通しながら、保育の方法および環境に関する基本的な考え方を理解し、計画性のある保育を実践することが必要です。

　具体的には、保育の目標を達成するために、各保育所の保育の方針や目標を前提に子どもの発達過程をふまえて、保育の内容が組織的・計画的に構成され、保育所の生活の全体を通して総合的に展開されるよう、「全体的な計画」を作成します。

　全体的な計画は、児童福祉法および関係法令、保育所保育指針、児童の権

利に関する条約等と各保育所の保育の方針を踏まえ、入所から就学に至る在籍期間の全体にわたって、保育の目標を達成するために、どのような道筋をたどり、養護と教育が一体となった保育を進めていくのかを示すものです。

(2)「全体的な計画」から具体的な「指導計画」へ

　この全体的な計画に基づき、その時々の実際の子どもの発達や生活の状況に応じた具体的な指導計画や保健計画、食育計画等その他の計画を作成していきます。日々の保育の中心となる指導計画は、具体的な保育が適切に展開されるよう、子どもの生活や発達を見通した長期的な指導計画と、より具体的な子どもの日々の生活に即した短期的な指導計画からなります。指導計画の作成にあたっては、第2章およびその他の関連する章に示された事項のほか、子ども一人一人の発達過程や状況を十分に踏まえるとともに、対象が3歳未満児であるのか、3歳以上児であるのか、異年齢で構成される組やグループでの保育であるのか等についての配慮も必要です。

　保育の計画を作成する時には、全職員が各々の職種や立場に応じて参画し、保育の理念や方針を共有しながら、保育の方向性についても共有します。そして、子どもの発達や生活の連続性に配慮し、在籍期間を通じた育ちの見通しをもって、日々の生活における子どもの実態をとらえる視点をもつことが重要です。その上で、子どもに計画通り「させる」保育ではなく、その時々の子どもの状況や遊びの展開に応じて環境を適宜変えていくなど、保育者の適切な判断の下、保育が柔軟に行われることが求められます。

第3章 保育所保育指針等をもとに考える

 ……………………………… 演習課題

Q 保育所保育指針、幼稚園教育要領、幼保連携型認定こども園教育・保育要領の3法令を比べてみましょう。

ホップ 　3法令のうち、共通部分と異なっている項目・内容を具体的に確認してみましょう。

ステップ 　なぜ共通しているのか、なぜ異なっているのか、各施設の特徴を踏まえてグループ等で話し合ってみましょう。

ジャンプ 　ホップとステップより、わかったことや気がついたことを文章にまとめてみましょう。

【参考文献】
厚生労働省編『保育所保育指針解説』フレーベル館　2018年
文部科学省『幼稚園教育要領』フレーベル館　2018年
内閣府・文部科学省・厚生労働省『幼保連携型認定こども園教育・保育要領解説』フレーベル館　2018年
井上孝之・小原敏郎・三浦主博編『シリーズ知のゆりかご　つながる保育原理』みらい　2018年

第4章
教育課程・全体的な計画の編成・作成

 エクササイズ　　自由にイメージしてみてください

あなたがこれまで立てた個人的な計画や目標のなかで、一番大きなものはどのようなものですか？

第4章 教育課程・全体的な計画の編成・作成

この章のまとめ！ 学びのロードマップ

- ●第1節
  教育課程や全体的な計画の必要について説明します。
- ●第2節
  教育課程や全体的な計画がなにから成り立っているのかを説明します。
- ●第3節
  教育課程や全体的な計画の編成・作成の基本を説明します。
- ●第4節
  教育課程や全体的な計画の編成の手順を説明します。
- ●第5節
  その他の指導計画との関係性について説明します。

この章の なるほど キーワード

■**幼児期にふさわしい生活**…幼児教育の目的は、子どもが保育者と「幼児期にふさわしい生活」（幼稚園教育要領）を味わい、育っていくことにあります。そのためにさまざまな計画を考えていきます。

目的がはっきりすれば、おのずと計画についてもいろいろとアイデアがうかんできますよね。

第1節　教育課程・全体的な計画の必要性

1. 集団保育の全体像を示すもの

　保育では、子どもが周囲のさまざまな環境に主体的に関わることが大切です。子どもがその子らしく積極的に環境と関わるには、情緒の安定が必要であり、園では、家庭的な雰囲気を感じ、安心できる場が確保されることが重要となります。一方で、初めて集団で生活する場として、保護者以外の人と関わり、集団生活ならではの多くの経験ができることも必要です。保育の場では、この2つの側面がうまく機能し、子ども一人一人の発達過程が考慮された環境構成や援助が求められます。

　家庭的な雰囲気をもちながら、集団での保育を展開していくなかで、一人一人の子どもがそれぞれの発達にふさわしい経験を積み重ねていくには、保育の方向性を示すものが必要となります。それが幼稚園における「教育課程」、保育所、認定こども園における「全体的な計画」と呼ばれるものです。教育課程や全体的な計画は、保育の目標を達成するために、子どもの育ちに見通しをもち、それぞれの時期に必要な保育内容を明らかにし、計画的、組織的に編成・作成されます。

(1) 幼稚園教育要領の「教育課程」「全体的な計画」

　2017（平成29）年告示の幼稚園教育要領では、教育課程を編成するとともに、全体的な計画を作成するよう示されています。

> **幼稚園教育要領**
> 第1章 総則　第3 教育課程の役割と編成等　6 全体的な計画の作成
> 　各幼稚園においては、教育課程を中心に、第3章に示す教育課程に係る教育時間の終了後等に行う教育活動の計画、学校保健計画、学校安全計画などとを関連させ、一体的に教育活動が展開されるよう全体的な計画を作成するものとする。

　全体的な計画は、1日標準4時間の教育時間を中心とした教育課程を中心に、預かり保育など教育課程に係る教育時間の終了後等に行う教育活動の時間も含めた、登園から降園までの幼児の生活全体をとらえた計画をさすものです。

（2）保育所保育指針の「全体的な計画」

保育所保育指針に示される全体的な計画は、2008（平成20）年告示の保育所保育指針で示された保育課程と同じ意味をもつものです。2017（平成29）年告示の保育所保育指針には次のように示されています。

保育所保育指針
第1章 総則　3 保育の計画及び評価　（1）全体的な計画の作成　ウ
　全体的な計画は、保育所保育の全体像を包括的に示すものとし、これに基づく指導計画、保健計画、食育計画等を通じて、各保育所が創意工夫して保育できるよう、作成されなければならない。

（3）幼保連携型認定こども園教育・保育要領の「全体的な計画」

幼保連携型認定こども園も、その役割に基づいた全体的な計画を作成するよう示されています。

幼保連携型認定こども園教育・保育要領
第1章 総則　第2 教育及び保育の内容並びに子育ての支援等に関する全体的な計画等　1 教育及び保育の内容並びに子育ての支援等に関する全体的な計画の作成等　（1）
　（…略）教育と保育を一体的に提供するため、創意工夫を生かし、園児の心身の発達と幼保連携型認定こども園、家庭及び地域の実態に即応した適切な教育及び保育の内容並びに子育ての支援等に関する全体的な計画を作成するものとする。（略…）

このように、全体的な計画は、幼稚園、保育所、認定こども園での子どもの全生活を見通したもので、それぞれの施設の全体像を包括的に示すものだといえます。

計画があるからこそ、さまざまなことにチャレンジできるのです。

2. 計画を作成する5つの意義

計画を立てることの必要性について、5つの視点から考えてみましょう。

見通しがあれば、大人も子どもも安心ですね。

（1）子どもの育ちに総合的な見通しをもつことができる

　環境を通して行われる保育では、一般的な乳幼児期の発達に関する知識に加え、一人一人の子どもに関すること（子どもの生育歴、発達状況、興味・関心、家庭環境、生活の様子、友だち関係、集団のなかの個としてなど）、幼稚園、保育所、認定こども園の実情や目標、保育者や保護者の願い、地域の状況など、子どもを取り巻くあらゆる要素を検討して環境を整えていくことが求められます。計画を立てることで、それらの要素が総合的に検討され、幼児期にふさわしい生活への見通しをもつことが可能となります。また、幼児教育において「育みたい資質・能力」および「幼児期の終わりまでに育ってほしい姿」を念頭に置き、小学校以降の子どもの発達を見通しながら保育活動を展開していくには、いつ、どの時期に、どのような内容の保育を展開していくかを計画することは重要となります。

（2）保育者自身が見通しをもつことで安心して保育に取り組める

　保育において、保育者が何をすればよいかわからない状態で保育を行うことは好ましくありません。事前に準備をしっかりと行い、保育の展開を予測しながら、安心して保育に取り組むことが大切です。保育の計画は、あくまで保育の展開を予想した見通しであり、その通りに行えるものではありません。保育者が計画を立てるために得た知識や、子どもに関するさまざまな情報は、保育のなかでの瞬時の判断につながっていくからです。

（3）クラスを超えて子どもの理解が進み、園全体の関係が深まる

　幼稚園、保育所、認定こども園は集団生活を行う場であり、複数のクラスがある場合が多いものです。それぞれのクラスで、どのようなことを大切にして保育が展開されているのかを保育者同士が共通理解していれば、クラスを越えて活動すること、場所や道具の調整を行うことが可能となります。特別な配慮を必要とする子どもがいる場合は、個別の計画を立て、その計画を全職員が把握し、協力体勢を整えることが大切です。

（4）保護者や地域との関わりが豊かになる

　保護者は子どもの成長を期待しており、成長がみえないと不安や不満を強くもつことがあります。保護者に計画を示し、どのような見通しをもち保育に取り組んでいるのか、現在子どもがどのような過程を歩んでいるのかを説明することで、保護者も安心して子どもを託すことができます。地域の行事や地域の人々と関わる機会を園の行事として組み込むことで、子どもが地域の人々と継続的に関わりをもつようにしていくことも可能となります。

（5）保育の質の向上を図る

　保育の質の向上を図るには、実施した保育を振り返り、評価し、その結果を次の保育へ反映させていくことが重要となります。保育の振り返りでは、保育のねらいが達成されたのかを中心に、計画された保育と実施された保育の展開の違いをみていくことで、保育者の子ども理解や環境構成、援助が適切であったかを評価し、改善していくことが可能となります。

第2節　教育課程・全体的な計画の構成要素

1.「教育目標」「スコープ」「シークエンス」「ユニット」

　教育課程には、4つの構成要素として「教育目標」「スコープ（scope）」「シークエンス（sequence）」「ユニット（unit）」があります（44ページ参照）。

　教育目標は、保育の方針、望ましい子ども像などに基づいた保育における子どもの成長の方向性を示し、教育課程の中核となるものです。教育目標を達成するには、保育が対象とする内容が適切な範囲を覆い、適切な順番で行われることが求められることから、そこで、スコープとシークエンスの観点が必要となります。

　スコープは、教育課程が網羅すべき範囲を見定めるための基準、尺度となります。保育においては、保育に盛り込まれる内容の幅であり、子どもが何を経験し、身につけていくのかという広がりのことです。現行の「幼稚園教育要領」では、「幼児期の終わりまでに育ってほしい姿」であり、その具体的な内容として5領域の「内容」がスコープに当たると考えられます。

この4つの要素は小学校以上の教育課程においても共通するものです。

　スコープが子どもが経験し、身につけていく内容の幅であるのに対して、それを「どのような順序」で経験し、身につけていくのかを示すものをシークエンスといいます。シークエンスは、本来はものごとの順序または、系列を意味する言葉です。ここでは、経験の時間的な序列を意味します。子どもの成長は大まかな傾向としては予測できても、事前に確定することはできません。時系列に沿って基本から応用へ、やさしいことから難しいことへと経

ふりかえりメモ：

験していく事柄を見通していきます。

　ユニットとは、単位や単元を意味します。保育においては、指導内容のまとまりとしてとらえることができます。活動内容を表層的・断片的にとらえるのではなく、ある１つのまとまりとしてとらえ、ある期間に集中して取り組むようにすることを表したものです。

2. 子どもの姿をいかにとらえるか

　教育課程を編成する際には、以上の４つの要素に加え、子どもの実態の把握と期待される育ちの姿の想定が必要となります。幼児期の子どもの成長・発達の姿には個人差が大きく、保育ではそれぞれの子どもの現状を出発点として保育をスタートさせることになります。そのため、子どもの実態に即した計画でなければなりません。

　保育所や認定こども園における全体的な計画も「保育目標」を構成要素の中心に据え、スコープ、シークエンス、ユニットの観点から配置されています。保育所や認定こども園では、乳児や１、２歳児への養護的配慮を踏まえながら子どもが経験し、身につけていく事柄を予測していく必要があります。

　保育には、「期待される育ち」があります。小学校以降の教育の場では一定の知識・技能・関心・意欲・態度を身につけることが基本となります。その内容は、社会が期待する人間像や具体的な知識や技能の追求といった性格が強いものです。保育の場においては、その基礎となる基本的な生活習慣の自立や、「幼児期の終わりまでに育ってほしい姿」として示される10の姿が、子どもの自発的な活動である遊びを中心として総合的に育まれていくことが期待されます。

　子どもの育ちは、客観的に評価できるものばかりではありません。子どもの生きる力の基礎となるものを認識し、何を優先するのかを最終的に決定するのが、保育者の人間観・子ども観・教育観・保育観・発達観などです。保育者が教育課程・全体的な計画を編成・作成する際には、その基盤となる人間観・子ども観・教育観・保育観・発達観などを確立し、園内の保育者間で共有しておくことが不可欠となります。

第3節　教育課程・全体的な計画の編成・作成の基本

1. 各園による編成・作成

　幼稚園、保育所、認定こども園における教育課程・全体的な計画の編成・作成は、各園の独自性が問われることになります。幼稚園教育要領、保育所保育指針、幼保連携型認定こども園教育・保育要領では、それぞれ次のように説明されています。

幼稚園教育要領

第1章 総則　第3 教育課程の役割と編成等　1 教育課程の役割
　各幼稚園においては、教育基本法及び学校教育法その他の法令並びにこの幼稚園教育要領の示すところに従い、創意工夫を生かし、幼児の心身の発達と幼稚園及び地域の実態に即応した適切な教育課程を編成するものとする。(略…)

保育所保育指針

第1章 総則　3 保育の計画及び評価　(1) 全体的な計画の作成　ア
　(…略)各保育所の保育の方針や目標に基づき、子どもの発達過程を踏まえて、保育の内容が組織的・計画的に構成され、保育所の生活の全体を通して、総合的に展開されるよう、全体的な計画を作成しなければならない。

幼保連携型認定こども園教育・保育要領

第1章 総則　第2 教育及び保育の内容並びに子育ての支援等に関する全体的な計画等　1 教育及び保育の内容並びに子育ての支援等に関する全体的な計画の作成等
　各幼保連携型認定こども園においては、教育基本法（平成18年法律第120号）、児童福祉法（昭和22年法律第164号）及び認定こども園法その他の法令並びにこの幼保連携型認定こども園教育・保育要領の示すところに従い、教育と保育を一体的に提供するため、創意工夫を生かし、園児の心身の発達と幼保連携型認定こども園、家庭及び地域の実態に即応した適切な教育及び保育の内容並びに子育ての支援等に関する全体的な計画を作成するものとする。(略…)

　このように、各園では、法令に準拠しながらも、園ごとの保育方針や保育目標を基に、創意工夫した独自性のある計画の編成・作成を行うことが求め

られます。編成・作成作業は、全職員の協力により園長の責任のもとに行われます。職員一人一人が、それぞれの指導内容の意味や位置づけを認識しておくことが重要となります。

2. 関連法規の理解

　日本における公教育は、国で定められた法のもとに教育の目的、教育の目標などが定められ、各法律やさまざまな規定に基づいて経営・運営がなされています。そのおおもととなるのが「日本国憲法」です。

　幼稚園は学校教育であるため、「教育基本法」「学校教育法」「学校教育法施行規則」「幼稚園設置基準」「幼稚園教育要領」等が教育課程を編成するにあたり大きく関わってきます。幼稚園教育要領は、幼稚園の教育課程その他の保育内容の基準として文部科学大臣により告示されたものであり、幼稚園における教育課程編成の基盤となります。文部科学省から解説書(『幼稚園教育要領解説』)が出されており、幼稚園教育要領の理解を深めることができるようになっています。

　保育所は、児童福祉施設であるため、「児童福祉法」やその理念に通じる「児童の権利に関する条約」「児童憲章」「児童福祉法施行規則」「児童福祉施設の設備及び運営に関する基準」「保育所保育指針」等が全体的な計画を作成するにあたり大きく関わってきます。

　幼保連携型認定こども園には、幼稚園、保育所両方の役割を担うとともに、地域の子育て支援をも担う役割が求められています。このため幅広い法令に従い計画を作成することとなります。「認定こども園法」や「幼保連携型認定こども園教育・保育要領」の内容をしっかりと踏まえて、全体的な計画や指導計画を作成することが求められます。

　「保育所保育指針」および「幼保連携型認定こども園教育・保育要領」にもそれぞれ解説書が出されています。

3. 教育目標・保育目標の明確化

　各園には、保育の基本的な姿勢を示した教育目標・保育目標があります。これは、幼稚園、保育所、認定こども園の目的を達成するために、子どもの姿や地域の実態に基づき、各園において特に強調したいこと、留意したいことをふまえて設定されています。教育目標・保育目標は、次のような役割をもっています。

①教育課程・全体的な計画の冒頭に示され、編成・作成における全体的・中心的な柱となる。
②各園が自らの保育の姿勢を明らかにすることで、よりよい保育をめざすための柱となる。
③職員全員が共通理解のもと、同じ目標をもって保育を進める指標となる。
④保育実践を反省・評価していくなかで、保育を振り返る規準となる。
⑤園が子どもおよび保護者や地域に向けて「どのような教育・保育観をもっているか」「どのような子どもに育てたいか」という公約となる。

まさに、カリキュラムはマニフェストですね（プロローグ参照）。

4. 期の設定

「期」の区分や設定においては、子どもの発達や生活の姿の節目が目安になります。各園の保育の積み重ねから判断されるため、園によって「期」の区分や設定は異なります。この「期」は小学校以降の「1学期」「2学期」「3学期」という「学期」に対応するものではありません。幼稚園や保育所等においては、入園（入所）から修了（退所）までの全期間を通してみられる子どもの成長・発達の姿をとらえることによって「期」が設定されます。

5. 子どもの発達の見通しと「ねらい」の組織化

幼稚園における教育課程は、各園で指導する事柄を系統的に組織した全体的な計画のもとになるものであるため、子どもがどのように発達していくか、どの時期にどのような生活が展開されるかなどを見通したものでなければなりません。保育所および幼保連携型認定こども園における全体的な計画も同様です。そのうえで、各期の「ねらい」を組織することが必要となります。そのためには、それまでに集積された保育に関する知見を基に、子どもが入園（入所）から修了（退所）までの園生活のなかでみせた姿の変容から発達の節目をとらえ、長期的な発達の過程を見通すことが必要になります。子どもの発達の過程に応じて、それぞれの時期に教育目標・保育目標がどのように達成されていくのかについておおよその予測をし、その時期にあった「ねらい」や「内容」を設定していきます。

6. 実態の把握

保育者による子どもの発達の理解を確かなものとする要素の1つに、子ども自身や子どもを取り巻く実態の把握があげられます。子ども自身の実態把握の必要性はいうまでもなく、子どもを取り巻くあらゆる要因の実態把握も

必要となります。それぞれの幼稚園、保育所等では、地域環境や園の人的・物的条件が異なり、さまざまな特色があるため、子どもの生活や発達もこれらの条件に影響を受けることになります。具体的な実態把握としては、表4－1に示したようなものがあげられます。

表4－1　子どもの実態の把握の視点

①子どもの実態	成育歴、家庭環境、家庭や地域における生活の仕方、生活経験の内容、心身の発達状況、性格特性・行動特性・情緒の傾向、興味や欲求の傾向など。
②保護者の実態	子どもに対する愛情や意識、子どもへの願いや期待、幼稚園や保育所等への期待、保護者同士の関係、家庭の雰囲気や生活の仕方など。
③園の実態	園舎・園庭のつくり、諸施設・設備、園内の自然環境、園児数、学級（クラス）編制、教職員（保育士等）の人数や構成、園の雰囲気など。
④子どもを取り巻く地域社会の実態	園との関わり、自然環境（地形、動植物など）、文化的環境（人口密度、人口動態、生活様式、生活文化、伝承文化、神社、寺院など）、社会施設（学校、公園、児童館、公民館、図書館、美術館、博物館、病院、警察署、消防署、会社、工場など）の状況。
⑤社会の動向と園への社会的要請	世の中の考えや地域社会の価値観、園に求められる社会的役割など。とくに、保・幼・小の接続の観点から園に求められる役割や、子育ての支援の場などの「地域における子育て支援のセンター」としての役割など。

出典：筆者作成

7. 保育の実践（計画と実施）

　教育課程・全体的な計画に基づき長期の指導計画が立てられ、それを前提にして短期の指導計画が立てられます。この短期の指導計画をもとに保育の実践が展開されます。保育は、子どもの活動への取り組みに対し、環境を通して間接的に関わっていく方法と、保育者が子どもに直接関わって援助する方法があります。指導計画は必ずしも計画通りに行われるものではなく、必要に応じて子どもの姿に合わせ、柔軟に対応していくこと、場合によっては修正・再構成をしていくことが求められます。

　保育の実践は、子どもの姿から実態を深く理解することから始まります。子どもがどのようなことに関心をもっているのか、生活習慣はそれぞれがどこまで自立しているのか、遊びのなかで取り組んでいる活動をどこまで自分たちで展開することができるのか、友達関係はどうかなど、目の前の子どもたちの姿についてさまざまな側面から感じ、読み取り、実態を理解していくことが必要です。これにより、保育において何に配慮し、何を育てていくかという具体的な方向性を見通すことができるようになります。

　保育が終わった後には、保育者は個人や関係者間でその日の保育実践を振り返り、反省・省察をします。保育の自己評価においては、日々の保育実践の振り返りはもちろんのこと、週や月、期、年等を単位とした保育実践につ

いて振り返ることも必要です。

8. 反省・評価のフィードバック

保育の自己評価には、さまざまな形態や方法があります。一例をあげます。

①保育実践を通して得られた子どもの姿から、子どもの実態の理解をはじめ、そこから明らかにされた成長・発達の課題が適切であったかを評価します。不適切であれば、子どもの実態の把握や課題の想定を見直します。
②指導計画の適切性を評価します。これは、保育実践の終了後に、その期間の指導計画で設定した「ねらい」や「内容」が適切であったか否かを評価するものです。
③保育実践を振り返り、環境構成や援助が適切であったかを具体的に見直します。

以上のような評価の後、それらを基にしながら次の保育実践を再び見通して、幼児期にふさわしい生活が展開される保育となるように具体的な指導計画を作成していきます。日々の保育の評価を積み重ね、週や月、期、年といった単位でさらに評価を重ね、外部評価も加えて改善し、教育課程へとフィードバックしていくのです（評価については第7章に詳説）。

第4節　教育課程・全体的な計画の編成の手順

ここでは、教育課程・全体的な計画を編成・作成するにあたっての手順を示します。表4－2は、幼稚園教育要領解説に示された「具体的な編成の手順について（参考例）」および保育所保育指針解説に示された「全体的な計画作成の手順について（参考例）」を参考に作成したものです。

表4－2　教育課程・全体的な計画の編成（作成）手順

①関係法令や子どもの実態等、編成・作成に必要な基礎的事項についての理解を図る。
　↓
②各園の教育目標・保育目標の設定にあたり、十分な話し合いをし、職員間の共通理解を図る。
　↓
③子どもがどのような発達をするか、どの時期にどのような生活が展開されるかなどの発達の過程を見通す。
　↓
④子どもの発達の各時期にふさわしい生活が展開されるように、具体的なねらいと内容を組織する。
　　　↓
　（指導計画の作成）　　　　特に、保育を必要とする子どもに関しては、
　　　↓　　　　　　　　　保育時間や在籍期間の長短、家庭の状況など
　（保育実践）　　　　　　にも配慮して作成する。
　　　↓
⑤教育課程・全体的な計画を実施した結果を評価し、次の編成に生かす。

出典：文部科学省「幼稚園教育要領解説」2018年、厚生労働省「保育所保育指針解説」2018年を基に筆者作成

第5節　指導計画とのつながり

　教育課程・全体的な計画は、子どもの入園（入所）から修了（退所）までの園生活を見通した大きな計画（大綱）です。保育を行う上では、この大きな計画だけで日々の保育を行うことは難しく、実際に保育を行うための具体的な計画が必要となります。それが、「指導計画」です。子どもの育ちは、日々の子どもの主体的な活動の積み重ねによる多様な経験によって育まれます。子どもが日々、主体的に活動するためには、目の前の子どもの興味や関心に沿った計画的な環境が整えられなければなりません。保育者は、教育課程・全体的な計画を基に、年、期、月、週、日、時間などと、より具体的な計画を作成し、日々の保育が子どもの生活にふさわしいものとなるようにします。
　幼稚園教育要領には、次のように教育課程と指導計画の関係性が示されています。

> **幼稚園教育要領**
> 第1章 総則　第4 指導計画の作成と幼児理解に基づいた評価　1 指導計画の考え方
> 　（…略）幼児期にふさわしい生活が展開され、適切な指導が行われるよう、それぞれの幼稚園の教育課程に基づき、調和のとれた組織的、発展的な指導計画を作成し、幼児の活動に沿った柔軟な指導を行わなければならない。

　指導計画は、子どもの育ちを見通し、保育の目標が達成できるように組織的であるとともに、子どもが興味・関心をもったことをとらえた発展的な計画であることが求められます。。

第4章 教育課程・全体的な計画の編成・作成

 ・・・・・・・・・・・・・・・演習課題

Q 教育課程・全体的な計画の編成・作成に関連する法規には、どのようなものがあるか調べてみましょう。

ホップ　関連する法規をあげてみましょう。できるだけたくさんあげてみましょう。

ステップ　「ホップ」であげた関連法規について、それぞれがどうのような内容であるか文章でまとめてみましょう。

ジャンプ　関連法規が教育課程・全体的な計画において重要である理由を、周りの人と話し合ってみましょう。

【参考文献】
文部科学省『幼稚園教育要領』フレーベル館　2017年
厚生労働省『保育所保育指針』フレーベル館　2017年
内閣府・文部科学省・厚生労働省『幼保連携型認定こども園教育・保育要領』フレーベル館　2017年
文部科学省『幼稚園教育要領解説』フレーベル館　2018年
厚生労働省『保育所保育指針解説』フレーベル館　2018年
内閣府・文部科学省・厚生労働省『幼保連携型認定こども園教育・保育要領解説』フレーベル館　2018年
田中亨胤・佐藤哲也編『教育課程・保育計画総論（MINERVA　保育実践学講座5）』ミネルヴァ書房　2007年

第5章
指導計画（長期的・短期的）の作成

エクササイズ　　自由にイメージしてみてください

あなたが「クラスの子どもたちと泥団子づくりをやってみたい」と思ったとします。子どもたちにどんなふうにもちかけますか？

第5章 指導計画（長期的・短期的）の作成

この章のまとめ！

学びのロードマップ

- 第1節
  はじめになぜ指導計画が必要なのかを考えます。

- 第2節
  具体的な子どもの生活をイメージしながら、子どもにふさわしい生活とその展開を考えます。

- 第3節
  指導計画を立てるうえでのポイントを具体的に説明します。

この章の なるほど キーワード

■**生活の連続性**…子ども主体の活動が展開されるためには、子どもの思いや興味・関心をしっかりとらえ、生活の連続性（過去と現在が密接につながっていること）を考慮して保育内容を設定することが大切です。

わたしたち大人（？）もいきなり何かが始まったらとまどうものです。

第1節　指導計画の必要性

はじめに、指導計画がなぜ必要なのかを考えます。指導計画の種類や指導計画が子どもの実情に即していることの必要性などについて学びます。

1. 指導計画立案の意味

計画は保育者のためにあるのです♪

なぜ、指導計画を立案する必要があるのでしょうか。誰のために指導計画を立案するのでしょうか。指導計画は子どもにみせるものではありません。指導計画は、教育・保育の対象である子どもの実情にピントをあてねばならない保育者自身のために作成するものです。就学前教育では、小学校以降の教育のような教科書がありません。子どもが未分化で個人差が大きく、環境への関わり方にも、また個人差が大きいという実情があるからです。それらに合わせて教育・保育を行う必要があるため、唯一の正しい指導計画などは存在しえないのです。ましてや、保育雑誌などをコピーして園の指導計画にするわけにはいかないのです。

2017年改定の保育所保育所指針に、「保育所は、全体的な計画に基づき、具体的な保育が適切に展開されるよう」とあります。「3歳未満児については、一人一人の子どもの生育歴、心身の発達、活動の実態等に即して、個別的な計画を作成すること」とあります。3歳以上児と、異年齢で構成される組やグループでの保育についても、指導計画が必要であることが明記されています。

同時に改訂された幼保連携型認定こども園教育・保育要領において特筆すべきことは、教育及び保育の内容並びに子育ての支援等に関する全体的な計画として、従来の指導計画のなかに「子育ての支援」を含んだ保育計画が必要であると示されたことです。

幼稚園教育要領も同時に改訂になり、就学前の幼児は、等しく同じ質の教育・保育（以下、保育という）を受けることができるよう、幼児教育を受ける施設として共有すべき事項が共通したものとなりました。

保育園（所）、こども園、幼稚園と呼び名は違っても、それぞれの園では各々の方針や子どもの実態、保護者や地域の実情や期待を受け、幼児教育を受ける施設として共有すべき事項を踏まえて、教育課程・全体的な計画を作成する必要があるということです。子どもが今と未来を生き抜く力を身につけることをめざして、「ねらい」と「内容」を設定し、具体的な活動や保育者の

＊1
p.32の図1－1を参照。

援助をイメージし、作成するのが指導計画なのです[*1]。

2. 指導計画の種類

指導計画には、大きく分けて長期の指導計画と短期の指導計画があります。長期の指導計画には「年間指導計画」「期の指導計画」「月の指導計画」があり、短期の指導計画にはいわゆる「週案」「日案」「部分案」などがあります。ほかにも、地域の人材や自然を教育資源化するための指導計画や、時間外（預かり）保育の指導計画、異年齢児交流計画、飼育栽培計画、食育計画などなどがあり、保育者が園で行うすべての行為が計画に基づく必要があります。

保育が指導計画に基づいて行われる理由は、園生活において子どもが安心して充実した毎日を過ごし、その子らしさを発揮し、着実に心身を成長・発達させていくことを保障する必要があるからです。行き当たりばったりのその日暮らしでは、子どもの成長・発達を保障することはできません。教育課程・全体的な計画に基づいた指導計画を細かく検討し、用意周到に作成したうえで、子どもの実態に臨機応変に対応させながら保育を展開することによって、子どもの成長・発達を保障できるのです。

指導計画の作成で難しいのは、「子どもの実情をどれだけ保育者が把握できるか」という点にあります。子ども理解が不十分な指導計画による保育では、主体的で体験的学びにつながらないばかりか、子どもの生活は受け身になり、楽しくないのです。子ども自身が自分で感じ、活動し、考え、試行錯誤しながら、問題解決のための課題を見出して取り組む営みこそが保育なのです。子どもが「楽しかった」と思えるような保育展開となるためにも、十分な子ども理解のうえに立った指導計画が必要なのです。

よりよい計画のためには保育者同士の話し合いも大切です。

第2節　生活の連続性

　指導計画の立案は、子どもの実情に即していることが大切であることを学んできました。ここでは、具体的な子どもの生活をイメージしながら、乳幼児期にふさわしい生活とその展開を考えていきましょう。

1．子どもの生活

　子どもの生活は、昨日（過去）と今日（現在）と明日（未来）が密接につながっています。過去に蓄積した体験を基に、今日の生活を充実させ、明日の生活を豊かにしていくのです。「生活はつながっている」と考えるならば、保育者の役割には、生涯の成長・発達という視点に立ち、子どもにとっての毎日がより豊かに、より充実したものになるように意識し、計画的に保育することが求められます。

（1）生活のつながり

　子どもの生活のつながりを考えるとき、指導計画も連続的なものである必要があります。子どもはその活動に没頭して遊び込み、何日も同じことに取り組みながら、全身全霊をもって物事の真理や法則性を見出していきます。保育者は子どもの連続する生活をイメージして、指導計画を作成していくことが大切になります。

　園生活におけるすべての活動は、日々同じように繰り返されているようにもみえます。そのなかで子どもは、「気づく」「考える」「やってみる」「つまずく」「後ずさりする」「再試行する」「試す」「少しわかる」「行きつ戻りつする」「結果を修得する」を重ねながら、遊びや生活の主体者になり、多くのことを学んでいるのです。

（2）保育の一貫性

　保育の一貫性とは、保育者のブレのない保育観[*2]により生み出されていくものです。子ども理解のための大切な観点は、個性を社会的な関係で位置づけながら「この子はどのような自分に育ちたいのだろうか？」「この子はどのような自分に育とうとしているのだろうか？」「この子がどのような自分に育つことが、この子にとってよいのだろうか？」という点からみていくことです[*3]。

　保育の基本は、子ども期にふさわしい生活があること、遊びを通した総合的な指導であること、一人一人の発達の特性に応じた指導であることです。

[*2] 保育観は、たとえば「子どもを観る目（子ども観）」、「教材に内在する育ちの観点（教材観）」、「保育の意図（指導観）」という3つの観点からとらえることができます。

[*3] 子どもをみるときには、子ども一人一人の特性をみきわめていく個別の視点として、個性と心身の発達を把握する必要があります。さらに、社会性の発達の視点をもって子どもをみきわめていくことも大切です。

第5章 指導計画（長期的・短期的）の作成

　保育者には、一人一人の子どもの内面までを丁寧に理解していこうとする姿勢をもつこと、子どもが体験している活動が発達の課題に応じたものであるかをみきわめ、子ども自身が自分を肯定し、充実感をもって日々の生活に臨んでいるかをみていくこと、このようなことが求められます。この保育の基本は、改定（訂）された保育所保育指針、幼稚園教育要領、幼保連携型認定こども園教育・保育要領（以下、3法令）にも受け継がれている理念です。

　保育者もさまざまな人々から影響を受けています。同僚の保育者から学ぶことも多くあります。園長や主任から指導を受けることも多々あります。保護者からの指摘により自分の保育がみえなくなったり、保護者や管理職の目ばかりが気になったりすることもあります。そうした時にこそ忘れてならないのは、目の前の子どものことを第一義に考えることです。管理職や保護者の視線ばかりを気にして保育観がずれていくと、保育の一貫性は築けなくなってしまいます。

2. 保育者の仕掛け　―泥団子づくりを例に考える―

　子ども期にふさわしい環境を構成することは、保育者の重要な仕事の1つです。たとえば、泥団子づくりは子どもにとって学びの多い遊びです。どのようなきっかけで泥団子遊びが始まればよいでしょうか。子どもの思いや興味・関心を無視し、生活との連続性を考慮せずに保育内容を設定し、「今から泥団子をつくりましょう」と始めたとすると、子ども主体の活動は展開されません。主体的な活動としての泥団子づくりとは、子どもの学びの質が異なります。保育者が子どもの学びを保障するには、子どもが主体的に活動に取り組み、自ら仲間と物事の不思議や真理を発見したと思えるような、保育者の仕掛けが必要となります。

（1）見通し・布石

　「ピカピカ光る泥団子ができたら子どもはどんなに充実するだろう！」と保育者が予測し、用意周到にその環境を構成していくとします。まずは、砂場で砂や水と関わって遊ぶことから始まり、ある程度水分があることで砂が固まることを体感していくこ

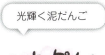

光輝く泥だんご

とや、丸めていた砂団子が太陽の熱で固まること、ぎゅっと握ると壊れてしまうことなど、日々の遊びのなかで水と砂と日光の関係を肌で感じ取っていきます。その後で、園庭の隅に子どもの背丈ほどの真砂土を置いておきますと、その土の山に気づいた子どもらが真砂土に関わり、土の材質の違いに気

づいていきます。「こっちの土のほうが固くなる」「こっちの土のほうがおまんじゅうみたいなる」ことに気づき、それらが友達へと広がっていきます。そうなると、田植えの体験用に農家のおじさんからもらった田んぼの土にも関心が向き、「おはぎ」や「ごま団子」などとさまざまにイメージが広がり、しだいにすでに年長児がつくっていた「光る泥団子づくり」へと意識がつながっていきます。

　保育者が意図的に行ったことは、砂場遊びへの誘いかけです。砂場での遊びのねらいは、領域「環境」に掲げられたねらいのほかに、「人間関係」「健康」「言葉」「表現」などの領域におけるさまざまなねらいを想定し、保育者は子どもに砂場遊びを誘いかけていきます。

　布石[*4]としての環境構成は、「砂場→真砂土→田んぼの土」などを子どもの生活体験に絡ませて身近なものとして準備したことです。保育者により構成された環境のなかで、子どもは自分で「気づく」「考える」「やってみる」「つまずく」「後ずさりする」「再試行する」「試す」「少しわかる」「行きつ戻りつする」を繰り返しながら、それらを自分の遊びに取り入れていく楽しさを体感していきます。

泥団子づくりという1つの遊びに5つの領域がみえるでしょうか？

[*4] 布石とは、将来に備えてあらかじめ打たれた手くばりをさします。元々は囲碁用語で、用意することに関して幅広く使われるようになりました。

（2）総合的指導

　保育者は「ねらい」をもって指導することや、子どもが身につけることとして「内容」を設定します。そこでは設定した「ねらい」や「内容」のみを指導することにとどまりません。今日の「ねらい」や「内容」として設定したことのほかに、それらの基盤となる保育者の意図があります。たとえば、「内容」を環境の領域に絞って「土や水に進んで関わり、気持ちよさや不思議さを感じる」としても、子どもは、戸外で体を十分に動かして遊ぶことで体と心が「健康」になり、友達同士の「人間関係」を通して道具の貸し借りなども行いますし、そのための「言葉」も交わします。つくったものは、その子どもがイメージをもち工夫して「表現」したものです。以上のように設定した「ねらい」「内容」以外にも多くの学びがあることがわかります。

　子どもの学びは"総合的"であり、泥団子づくりで解説（91ページ）したように、天気の良い日に園庭で土や砂に関わって遊ぶことは、3法令で示されている5領域の「ねらい」を網羅した活動であり、総合的に指導することが求められる活動であるといえるのです。

　3法令には、「多様な体験」「様々な出来事」を通してという文言が使われ

ています。子どもは珍しいものや新しいもの（新奇性）が大好きです。その特性を生かして子どもの興味・関心を誘発するような環境を保育者が構成していきます。何かに特化するのではなく、総合的な育ちを保障できるように指導していくことが重要となります。

第3節　子どもの育ちに即した指導計画の作成

　指導計画作成の具体的な留意事柄について解説します。指導計画は保育者の保育の意図を書き出したものであり、子どもの実情をみきわめ、子どもの育ちに対応して育つもの、育てたいもの、身につけていくことがふさわしいもの、などを具体的に書き表したものです。

1. 子どもの実情理解　―縦断的記録と横断的記録―

　子どもの実情をとらえるには、まずは表出している姿をとらえる必要があります。どのような行動を取っているのかを具体的に事実として把握するには、記録を取ることです。記録には縦断的記録と横断的記録があります。

（1）縦断的記録（子ども個々の記録）

　縦断的記録とは、個人の様子を継続的に把握するために取るものです。個人記録ノートをつくって記録していきます。そこに記録するポイントは、主に次の4つです。

---

①いつ（日時、時間帯）
②どこで（活動場所やものごとが生じた場所）
③誰と誰が（出席番号やイニシャルなど）
④何をした（後で誰が読んでも経緯がわかるように書く。その際留意することは、主観を交えずに事実を書くこと）

　4つの事実について、保育者の読み取りや以降の関わりや手だてなどを考察として記述するようにします。
　図5－1のような記録用紙をつくり、記入し、それらをファイリングすることで縦断的記録とする方法もあります。記録用紙を利用する際には、書き

ためた記録を必ず定期的に振り返ってみることが重要です。1か月後、あるいは1つの大きな活動を終えた後に振り返ります。保育者が気になっている子どもの記録は多く、目立たない子どもの記録は少ないことに気づきます。その結果、あらためて記録の少ない子どもにスポットを当てようと意識して行動を起こすようになります。振り返りを行うことで、保育者自身が子どもの何をみようとしているのか、子どものどのような行為が気になるのかといった、こだわりを把握することができます。ひいては保育者自身の保育観を自覚することにもつながります。記録用紙のサイズは、Ａ５かＢ５程度にしておき、子どもの個人のファイルに挟んでいくとよいでしょう。

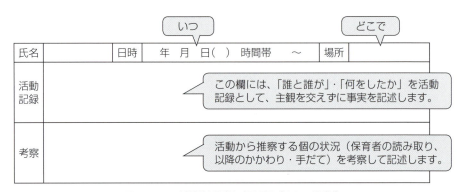

図5－1　縦断的記録（子ども個々の記録）

（2）横断的記録（クラス全体の記録）

　横断的記録は、クラス全体の子どもの様子を把握するために取るものです。誰と誰が、どこで、どのような遊びを、どのように、どれぐらいの時間で行い、どのような体験をしたのかを記録します。具体的には、園内の白地図（園庭の建物や遊具、木々などの目印になるものを書き込んだもの）を準備し、子どもの活動ごとに記入していきます。朝の遊びを、始まりと40分後の2回程度の記録にすると、子どもの遊び場の移行や遊び友達の変化、遊び時間の把握などができます。写真などを活用するのもよいでしょう。把握した事実を考察することで、クラス全体の子どもの遊び傾向と遊びのなかでの人間関係の実態がみえてきます。これらの記録から子どもの今を見つめ、育とうとしているものは何かをみきわめ、次に必要な育ちはどのような活動によって得られるのかを考え、指導計画のなかに位置づけていきます。

2.「育とうとしているもの」「育つもの」「育てたいもの」

「育とうとしているもの」は、個々の子どもによってさまざまです。そのため、受け持ちのクラスやその年齢期の子どもの心身の発達の傾向をとらえ、理解しておく必要があります。

子ども期にふさわしい環境を構成して、子どもの実体験を通して育ちを促していこうとする時、「育てたいもの」と「この環境で育つもの」を保育者は明確にしておきます。保育の計画のなかに、「育とうとしているもの」の育つ環境を想定し、保育者の意図として「育てたいもの」が盛り込まれているのが指導計画です。子どもの記録から読み取った「育とうとしているもの」が育つような指導計画の立案は、子どもをいかに深く理解するかにかかっているといえます。

3. フレームの理解

指導計画のフレーム[*5]について解説します。指導計画のフレームとそこに何を記述するかを理解しましょう。

(1) 長期（年間・期）指導計画の場合

幼稚園は1年保育と2年保育、3年保育の場合があります。現在では、満3歳で入園してくる子どももいます[*6]。一般的な3年保育の場合、3歳児クラスから進級した4歳児（3年保育）と4歳児から入園の4歳児（2年保育）が同じ学級に在籍する場合があります。園の実情によって、在籍期間を通して発達の節目でまとめた期の指導計画を立てている園もありますし、学年ごとの年間の指導計画を作成している園もあります。

図5－2のフレームは、4歳児・5歳児の2年保育のモデルケースです。「期の育ち」には、教育課程、全体的な計画に関わる部分として、めざす子ども像や子どもの実態を記述します。

めざす子ども像は図5－2の解説（ふきだしの部分）でも示しているように、各園の保育理念を基に設定されています。「内容」の項目は園の実態や特性、教育方法に合わせた園独自のものです。子どもの実態や子どもを取り巻く実情にあった指導計画になるように継続的・発展的に調整をしていきます。

[*5] 本章で示す個人記録用紙および指導計画については、基本的な例として提示し、解説した。筆者が保育者時代に作成した記録用紙や指導計画のフレームに基づいている。個人記録用紙や指導計画に書く項目については、実際は各園で保育を展開しながら、それぞれの保育者自身が使いやすいように工夫し、調整していくものである。

[*6] 満3歳で3歳児クラスに途中から入った子どもは、次の年にもう一度3歳児クラスで生活します。

ふりかえりメモ：

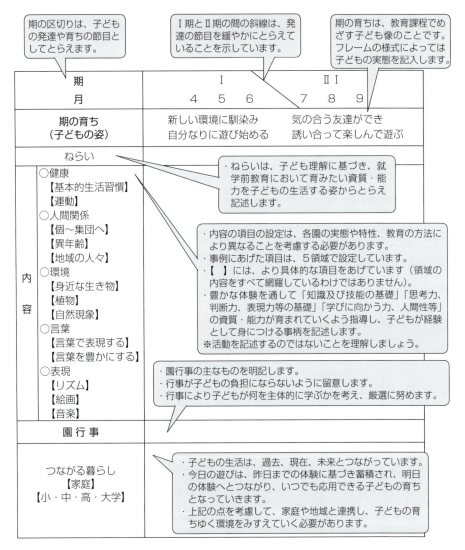

図5-2 長期（年間・期）の指導計画

（2）月・週の指導計画の場合

　週・日・部分などの計画が短期の指導計画です。長期指導計画である年間計画などから月の指導計画を作成し、月の指導計画から、さらに週の指導計画を作成します。

　図5-3に示した各フレームについて指導計画を点検すると、「ねらい」が知識・技能についてばかり書かれていたり、「内容」のほうが方向性になっていたり、保育者の援助が内容と関連していなかったりすることがあります。

　指導計画であるということは、実施後に計画が適切に達成できたかを点検・評価する必要があります。計画はそれを立てることのみが目的ではなく、保育の評価・点検・反省として、週の指導計画であれば月末には月の指導計画

第5章 指導計画（長期的・短期的）の作成

と照らし合わせ、内容や子どもの活動、保育者の援助をチェックすることで、保育計画の評価表として活用することができます。

　月と週の指導計画は、ほぼ同じようなフレームで作成します。記述内容は先週の子どもの姿を受けて月の指導計画を基盤にさらに詳しく記述します。月の指導計画までは学年共通で作成する場合が多く、週の指導計画はクラスごとに作成します。

月指導計画（○歳児）

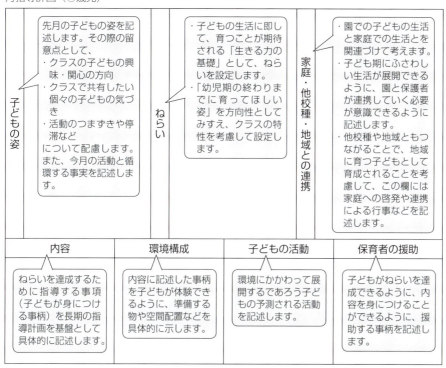

図5-3　月・週の指導計画

（3）日の指導計画（1日・部分）の場合

　新任保育者や実習生は、日の指導計画を立案するのに悩むことが多いようです。週の指導計画の「ねらい」と「内容」よりも、さらに具体的な「ねらい」と「内容」を立案することが難しいためです。そのような時は、もう一度クラスの子どもの姿を丹念に思い起こし、子どもの生活する姿はどのような様子か、何が課題なのかを基に「ねらい」を見直します。設定した「ねらい」が、週の指導計画・月の指導計画に示したどの「内容」によって身につくかを考えていくとよいでしょう。そうすれば自ずと、今日の活動で保育者が指導していく事柄としての「内容」と「ねらい」がみえてくるものです。週の指導計画・月の指導計画にぴったりする内容がないのは、子どもの連続する

生活の姿を見通せていないということになります。

　例として、2年保育4歳児の入園当初における週の指導計画を考えてみます。

週案例	○ねらい・内容	○友達と関わって十分に体を動かし、運動する楽しさを味わう。 ・友達と誘い合って戸外遊びを行う。 ・戸外で十分に体を動かして運動遊びをする。

　日の指導計画では、入園当初の4歳児が友達と関わり、楽しんで遊ぶであろう具体的な運動遊びをいくつか考えます。ここでは、例として鬼ごっこを挙げます。日の指導計画の「ねらい」に下記のように具体的な活動名を入れると「内容」が設定しやすくなります。さらに、「内容」にも具体的な行為や事項をあげて設定すると、指導する事柄がわかりやすくなります。

日案例	○ねらい・内容	○先生や友達と鬼ごっこをして遊ぶ楽しさを味わう ・友達と、捕まえたり捕まえられたりして楽しく遊ぶ。 ・追いかけたり追いかけられたりして思い切り走る。 ・先生や友達と鬼ごっこをする中で、簡単なルールを守って遊ぶ。

　日の指導計画の「内容」の、波線部分を意識して指導することで、子どもは「ねらい」の「先生や友達と遊ぶ楽しさを味わう」という心情を身体で理解します。つまり、日の指導計画の「内容」を指導することで「ねらい」が達成され、一週間の積み重ねで、週の指導計画の「ねらい」や「内容」が達成されていくのです。

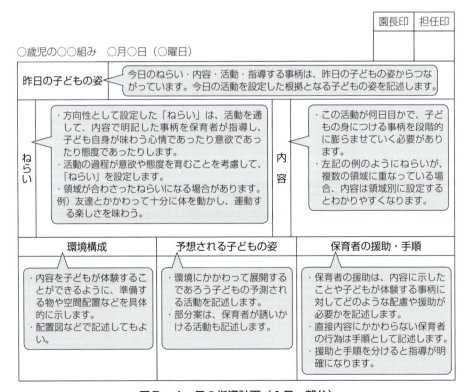

図5-4　日の指導計画（1日・部分）

第5章 指導計画（長期的・短期的）の作成

　日の指導計画には、登園から降園までを示す「全日案」と、個々の子どもが遊ぶ時間や1つの活動にクラスみんなで取り組む時間、生活習慣や当番活動など生活に関わる時間などを区別して立案する「部分案」があります。それぞれ「ねらい」と「内容」を明確にすることで、今日の子どもに身につけてほしいことに視点を当てて指導することが可能になります（図5-4）。

4. 保育者の願い

　指導計画は保育者の願いや意図を込めて作成していくものです。子どもが、自分を肯定し他者と過ごすことの喜びを知り、一人ではできなかったこともみんなとならできるという協同するよさを知り、困難や挫折を含めたさまざまな感情体験をしながらも充実感をもって日々を暮らせるようにとの願いをもって指導計画を立案していきたいものです。子ども一人一人にふさわしい指導計画を立案するポイントは、子どもを「よくみる」ことから始まります。

 ・・・・・・・・・・・・・・・・・・・・・・ 演習課題

Q 下記のねらいと内容で、4歳児4月末の天気の良い日を想定して、指導計画(部分計画)を作成してみましょう。指導計画のフレームは、図5-4(98ページ)を使用しましょう。

○ねらい ・内容	○先生や友達と鬼ごっこをして遊ぶ楽しさを味わう ・友達と、捕まえたり捕まえられたりして楽しく遊ぶ。 ・追いかけたり追いかけられたりして思い切り走る。 ・先生や友達と鬼ごっこをする中で、簡単なルールを守って遊ぶ。

ホップ まずは一人で書けるところまで進めてみましょう。

ステップ 周囲の人と書いた指導計画を見せ合いながら、自分の計画した保育の意図を話してみましょう。

ジャンプ 話し合ったことなどを参考にしつつ、指導案を仕上げましょう。

【参考文献】
厚生労働省『保育所保育指針解説』フレーベル館　2018年
文部科学省『幼稚園教育要領解説』フレーベル館　2018年
内閣府・文部科学省・厚生労働省『幼保連携型認定こども園教育・保育要領解説』フレーベル館　2018年
田中亨胤・三宅茂夫編『保育の基礎理論』ミネルヴァ書房　2006年
多田琴子・三宅茂夫「『しかける』保育のすすめⅠ－今、何故『しかける』保育が必要か－」日本乳幼児教育学会第20回大会口頭発表資料　2010年
井上健治・久保ゆかり編『子どもの社会的発達』東京大学出版会　1997年
鯨岡峻・鯨岡和子『保育を支える発達心理学』ミネルヴァ書房　2001年
多田琴子「指導計画を作成するために」田中亨胤・三宅茂夫編『子どものいまとみらいを考える　教育課程・保育課程論』みらい　2014年　pp.112-122

第5章 指導計画（長期的・短期的）の作成

第6章
指導計画の作成で配慮することと保育を柔軟に展開するポイント

エクササイズ　　自由にイメージしてみてください

これまでに自分から何か（習い事、趣味、部活動、新しい生活習慣などなんでもよいです）を主体的に始めたことがありますか？

第6章 指導計画の作成で配慮することと保育を柔軟に展開するポイント

学びのロードマップ

この章のまとめ！

- ●第1節
  保育所保育指針の「第2章 保育の内容」の「保育の実施に関わる配慮事項」をもとに指導計画の立案の際にどこに気をつければよいかを考えます。

- ●第2節
  「乳児保育の実施に関わる配慮事項」をもとに計画作成で気をつけるポイントを説明します。

- ●第3節
  「1歳以上3歳未満児の保育の実施に関わる配慮事項」をもとに計画作成で気をつけるポイントを説明します。

- ●第4節
  「3歳以上児の保育の実施に関わる配慮事項」をもとに計画作成で気をつけるポイントを説明します。

- ●第5節
  保育を柔軟に展開するためのポイントをエピソードを通して考えていきます。

この章の なるほど キーワード

■**主体**…教育・保育は、いつも「子どもが主体」です。子どもは一人一人違う性格や特徴があり、一人一人違った生活や育ちがあります。これらを肯定的に見て、配慮しつつ計画を立てましょう。

0歳児から主体性を大切に育みましょう。

第1節　指導計画を作成する際に気をつけること

　教育課程や全体的な計画がもとになって指導計画が作成されます。指導計画には、年、学期、月あるいは発達の時期を単位とした長期の指導計画と、週あるいは１日などを単位とした短期の指導計画（週の指導計画、日の指導計画等）があります。

　長期の指導計画は、各園の全体的な計画や教育課程に沿って子どもの生活を長期的に見通しながら、具体的な指導の内容や方法を大筋で捉えたものです。作成するにあたり、これまでの実践の評価や累積された記録などを生かして、それぞれの時期にふさわしい生活が展開されるようにすることが大切です。子どもが季節を感じることができるような工夫や行事に触れるなど、子どもの発達や生活を考慮して考えることも重要です。

　短期の指導計画は、長期の指導計画をもとにして、その時期に子どもがどのようなことに興味や関心をもっているのか、どのようにして遊んだり生活をしたりしているのかといった具体的な子どもの姿から、一人一人の興味や関心、発達などをとらえ、ねらいや内容、環境の構成、援助などについて、実際の子どもの姿に合わせて具体的に作成するものです。子どもの生活の自然な流れや生活のリズム、環境の構成をはじめとする保育者の具体的なイメージ、生活の流れに応じた柔軟な対応などを考えて作成することが大切です。保育が柔軟に展開されるように、子どもの姿に合わせて環境を再構成したり、遊びに変化をつけたりなど、子どもの生活や遊びの連続性を尊重することが求められます。

　本章では、保育所保育指針の「第２章　保育の内容」の「保育の実施に関わる配慮事項」をもとに、どこに気をつければよいかを見ていきましょう。

第2節　乳児保育の実施に関わる配慮事項

　３歳未満児は、心身の発育や発達が著しい時期であり、個人差も大きいため、一人一人の子どもの状態に即した保育が展開できるように、個別の指導計画を作成することになります。作成にあたっては、月ごとに個別の計画を立てることを基本として、子どもの状況や季節の変化などにより、ある程度見通しに幅をもたせ、子どもの実態に即した保育を心

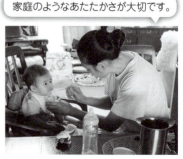

家庭のようなあたたかさが大切です。

がけることが大切です。

　保育者とゆったりとした時間・空間のなかで関わりをもち、情緒的な絆を深められるようにします。温かな雰囲気を大切にして、子どもが興味をもった好きな生活や遊びが実現できる環境を用意し、不安なときなどは保育者が心の拠りどころとなるように関わることが子どもの心の安定につながります。

1. 発育・発達に応じた保健的な対応

　抵抗力が弱く、感染症などの病気にかかりやすい時期です。乳児にとって、清潔で衛生面に十分留意された生活や遊びの場となるよう日々環境を整えます。一人一人の発育・発達の状態、健康状態・心身の状態を観察し、疾病や気になる情況の早期発見に努め適切な対応を行います。

2. 生育歴の違いに留意した特定の保育者の応答的な関わり

　保育者は、生育歴の違いを踏まえ、一人一人の生活や発達過程を理解し、必要な働きかけをします。子どもの欲求に応答して、人と関わることの心地よさを経験できるようにします。子どもが声や表情、仕草や動きなどを介して表出する欲求に共感的に応えていきます。安心できる人との相互的な関わりのなかで、ものや出来事の意味、言葉、人との関係、運動機能、感情の分化など経験を通して理解していきます。この時期に人に対する基本的な信頼感を獲得することが、生きていく基盤となることの重要性を認識しながら保育をしていきます。

3. 職員間の連携や嘱託医との連携および専門性を生かした対応

　授乳や離乳については、必要に応じて嘱託医や栄養士、看護師などと連携し、子どもの健康状態を見ながら、一人一人に合わせて進めていきます。睡眠時は、子どもが安心して眠ることができるように、窒息リスクの除去（子どもの顔が見えるように仰向けに寝かせる、一人にしない等）を行い、安全な環境を整えることが重要です。

　健康の増進が図れるよう、気温や天候などの状況や乳児の体調をみて、外気浴や保育室外での遊びを取り入れます。

4. 保護者支援

　乳児保育では、特に保護者との密接な連携が重要です。子どもの発達の状況や体調面などを詳しく伝えながら、発達過程に応じた必要な活動、生活や遊びの意味などにおける大人の役割についても伝えていきます。食事や排泄、睡眠のことなど、家庭での進め方を理解しながら、園と連携をして子どもの育ちを支えることができるよう努めます。保護者が子育てについて不安を抱き、悩みを抱えたりしているときは、子育てについて一緒に考える姿勢をもち、保護者と信頼関係を築きながら、子どもの成長を共に感じ、保護者が子育ての喜びを感じることができるよう支援していきます。

第3節　1歳以上3歳未満児の保育の実施に関わる配慮事項

1. 感染症に関わる保健的な対応

　感染症にかかりやすい年齢の時期なので、体の状態、機嫌、食欲などの日常の状態の観察を十分に行い、適切な判断にもとづく保健的な対応を心がけます。症状によっては、嘱託医や看護師の指導の下で、保護者と連携をとり対応を考えます。保育者は普段から室内の気温や湿度、換気に注意を払い、手洗いや消毒等、衛生面にも注意を払います。

2. 探索活動が十分にできる環境

　歩行が開始されると子どもの行動範囲は広がり、探索活動が活発になります。一つのことができるようになると、次の運動の獲得に向けて身体を動かそうとするようになります。保育者は、子どもの活動の状態、環境への関わりに十分注意を払って、事故防止に努めなければなりません。
　子どもの手の届く範囲にどのような物があるのかを確認し、危険な物は取り除き安全な環境を確保します。重要なことは、子どもが全身を使って十分に身体を動かすことができるよう歩行や遊びのスペースを確保する、運動機能の高まりに繋がるものを準備する、興味・関心に沿った遊具の配置など、常に子どもの姿から環境を構成していくことです。

3. 自発的な活動

　自我が育ち、自己主張をする場面が多くなってくる時期です。自分の思い通りにいかなかったり、言葉で気持ちを伝えることが難しいことも多く、手が出たり、泣いたりすることもあります。子どもが安心して自分の思いを表現することができるよう、保育者は温かく受け止め、触れあいを通して情緒の安定を図っていくことが必要です。子どもは気持ちが安定すると、好奇心が高まり、気持ちを相手に伝えようとします。保育者が子どもの姿を十分に認め共感していくことが、自発的な活動につながっていきます。子どもが自分のやりたいことを見つけ、それに繰り返し取り組み、集中し、充実感や満足感を得ることが、主体的な活動につながっていきます。

4. 職員間の協力

　年度の移り変わりなど、担当する保育者が替わる場合は、子どもが不安にならないよう職員間で子どもの経験や発達の状態などの情報を共有することが大切です。保育者の関わり方の違いによって、子どもが不安になったり、寂しくなったりしないようにします。個人差が大きい時期なので、特に配慮を必要とする点や対応についても情報交換をし、話し合うことが必要です。子どもの様子を保護者にも伝え、信頼関係を築きながら子どもの育ちを支えていきます。

　乳幼児期は、これまで過ごしてきた環境や人との関わりを通して、環境に対する信頼の基盤、人に対する信頼の基盤を形成していきます。そのためには、職員間の協力はとても大切です。指導計画の作成においても職員間で話し合いながら全員が理解して、保育を行うようにします。

ふりかえりメモ：

第4節　3歳以上児の保育の実施に関わる配慮事項

1.「幼児期の終わりまでに育ってほしい姿」をふまえた指導

　3歳以上児では、クラスやグループなどの集団で活動することが増えてきます。そうしたなかでも個を大切にするということを基盤にして保育を展開します。子どもには一人一人違う個性や育ちがあります。子どもは集団において自己を発揮し、友達との関わりを通して、ともに活動する楽しさを味わい、協同して遊びを展開していく経験を通して仲間意識を高めていきます。一人一人の子どもの主体性が重視されてこそ、集団の育ちがあるということを十分に認識したうえで指導計画を作成することが重要です。

　2017年、保育所保育指針、幼稚園教育要領、認定こども園教育・保育要領の改定（訂）により「幼児期の終わりまでに育ってほしい姿」（10の姿）が示されました（図6-1）。

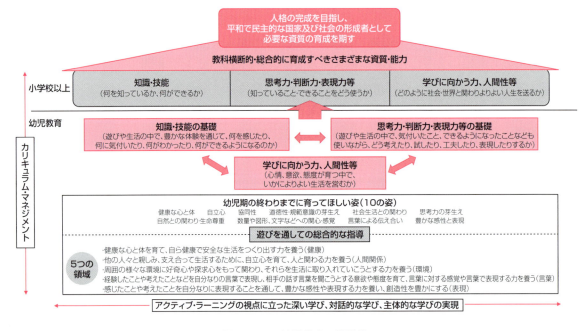

図6-1　幼児教育の構造化

出典：文部科学省「教育課程部会幼児教育部会」（平成28年3月）資料4を基に筆者作成

　10の姿は、指針に示す「ねらい及び内容」に基づいて、乳幼児期にふさわしい生活や遊びを積み重ねることにより、資質・能力が育まれている子どもの具体的な姿です。それぞれの項目が「姿」という言葉を使って表していますが、この「姿」は子どもの日々の活動のなかにみられるものであり、一

第6章 指導計画の作成で配慮することと保育を柔軟に展開するポイント

つの活動に表れるというよりは、乳児期から少しずつ育まれ、5歳児後半の育ちのなかである程度明確になってくるものです。10の「姿」のどれをみても、幼児教育の段階で完成するものではありません。育ちの途中段階であり、方向性を示すものです。また、この「姿」は全ての子どもに同じように見られるものではなく、個別に取り出して指導されるものでもありません。つまり、到達目標ではなく、一人一人の子どもがその方向に向かいつつ生活のなかで育まれていくことを示しています。

子どもは環境を通して行われる保育のなかで、さまざまな経験を重ねながら資質や能力を育んでいきます。このような姿を念頭におきながら、日々の発達と照らし合わせ、どの時期にどのような生活が展開されるのが望ましいのかを考え、指導計画を作成します。

「幼児期の終わりまでに育ってほしい姿」は、就学前の時期にみられると前述しましたが、5歳児のクラス担任だけが10の姿を意識すればよいというものではありません。4歳児クラス、3歳児クラスにおいても、子どもの状態や発達をよくみて、一人一人の子どもがどのような経験をして、どのような方向に育っているのかを理解し、保育することが大切です。4歳児クラス、3歳児クラスでの子どもの経験が5歳児後半の姿に繋がっていることを意識して、保育者は、その前の学年である4歳児の一年間をどのように過ごすのか、3歳児の一年間にどのような経験をするべきかを考え、指導計画を作成することが重要です。

2. 活動時間の保育計画への位置づけ

子どもの発達や成長の援助をねらいとした、主に教育に関わる側面の活動は、幼児教育の充実を図るために意識的に保育の計画等に位置づけて実施することになります。小学校以降の子どもの発達を見通し、幼児教育において育みたい資質・能力[*1]をふまえた5つの領域[*2]のねらいと内容に基づいて、子どもの主体性を大切にしながら活動が展開されていくよう、指導計画を作成します。

活動の時間は、保護者の就労状況等によって、園で過ごす時間が子どもによって異なることに配慮します。幼稚園においては、教育時間以外の預かり保育(夏休み等の預かり保育を含む)の時間をどのように過ごすかという計画も大切なものです。認定こども園においては、1号認定、2号認定、3号認定といった受入れ状況が異なる子どもたちが一緒に過ごしています。午前中などは同じ年齢で一緒に活動をするときもあれば、降園時間の違いなどによって子どもの保育時間の長さは異なります。そのような状況を踏まえ、一

*1
育みたい資質・能力とは、「知識及び技能の基礎」「思考力、判断力、表現力等の基礎」「学びに向かう力、人間性等」のことです。

*2
5つの領域とは、「健康」「人間関係」「環境」「言葉」「表現」をさします。

109

部の子どもだけが特定の経験をするのではなく、その他の子どももその経験や学びを分かち合えるように工夫する必要があります。

3. 総合的な指導

　幼児教育では、子どもが生活を通してさまざまな環境からの刺激を受け、主体的に環境に関わりながら活動を展開し、経験のなかで感じたり気づいたりして充実感や満足感を味わうことができるようにします。環境を構成するにあたり、一人一人の状況や発達過程を踏まえ、計画的に環境を整え、総合的に指導をしていく必要があります。このことから、教育の内容に偏りがないように気をつけなければなりません。

　保育所保育指針に示されているように、幼児期の特性を踏まえ、遊びや生活を通して発達に必要な体験をし、幼児期にふさわしい生活が展開できるようにすることが重要です。

第5節　保育を柔軟に展開するために

1. 子どもとの関わり方・見方

　教育・保育は、いつも「子どもが主体」です。子どもたちには、一人一人違う性格、特徴があり、違った生活や育ちがあります。興味・関心の内容が違えば、感じ方や考え方も違います。

　子どもと関わる際に、すべてを肯定的にとらえるということは教育者・保育者としてとても大事なことです。子どもの気づきや発見を大切にするためには、保育者の心の余裕が必要です。心に余裕があってこそ、子どもの姿を肯定的にみることができ、子どもが何を感じ、考え、どのような学びに向かっているのかを知ることができます。

　目の前にいる子どもに、これから先、どのように生きていってほしいのか、どのような育ちをしてほしいのかを考えて関わることが大事です。どのような人間性に高めていこうとするのかといった保育者の理念や保育観が、環境の構成、保育活動の内容、子どもへの関わり方に反映されてくるのです。

「やってみたい」という思いが大事なエンジンです。

2. 保育活動の考え方

　子どもが「しなければならない」ではなく、「やりたい」と思えることが大切です。「できる」「できない」ではなく、将来の成長のために何が必要か

第6章 指導計画の作成で配慮することと保育を柔軟に展開するポイント

を考えて計画を立て、保育を展開していくことが求められます。

たとえば「挨拶」は、「挨拶をすること」といった決まりとして教え込んでしまうのではなく、挨拶がなぜ大切なのか、挨拶ができることで何につながるのかということを子どもが気づいていけるように伝えていく必要があります。子ども自身が挨拶の必要性を感じることができれば、自主的にその場に応じた挨拶ができるようになります。大人が子どもたちにやり方を教えていくことは大事な過程です。しかし、このような習慣は、大人が子どもに「身につけさせる」のではなく、子どもが将来のために必要と感じ、自ら獲得していくものです。

生活面だけはなく、教育・保育活動の内容においても、「しなければならない」「できるようにならなければならない」というのではなく、「したい」「できるようになりたい」といった子どもの意欲や学びにつながるものや成長・発達に必要なものを選定し、子どもに無理のないように保育に取り入れていきます。

活動や環境をどのように構成するか、どのような援助が相応しいのかということを見通すためには、子どもをよく観察することです。子どもとさまざまな思いをもって関わることで、子どもが「今」何を求めているのかを理解することができるようになります。

3．主体的・対話的で深い学び

重点化されているアクティブ・ラーニングは、子どもたちが受動的ではなく、能動的に学ぶことをめざしたものです。幼児期のほとんどは遊びによって占められており、幼児教育は「遊びを通して総合的に」と言われます。子どもは生活や遊びのなかでさまざまな体験を通して試行錯誤しながら成長に必要なものを獲得していきます。自発的な活動としての遊びは、まさにアクティブ・ラーニングそのものです。

子どもの主体性は、周囲のあらゆる環境からの刺激を受け止め、自ら環境に興味を持って関わりさまざまな活動を展開し、充実感や満足感を味わう体験の積み重ねのなかで育まれていきます。「主体的な学び」とは、子どもが環境に積極的に働きかけ、見通しをもって粘り強く取り組み、繰り返し、次につなげていけるような活動のことです。

ふりかえりメモ：

子どもは心が動かされるような体験をすると、自分の思いを誰かに伝えたくなります。人との関わりが増えてくると、子ども同士で思いや考えを伝え合いながら交流し、共通の目的に向かって協力したり工夫したりして物事を進めていくようになります。他者と関わることにより、一人では気づかなかったり出来なかったりしたことができるようになり、友達と試行錯誤することで仲間の大切さにも気づいていきます。そのような活動を積み重ねることで、喜びや楽しさを感じ、他者との関わりを通して、自己を表現し、伝え合い、協力し合い、自分の考えを広げていくことにつながっていきます。

子どもはさまざまな人やものとの関わりを通して、多様な体験をし、心身の調和のとれた発達が促されていきます。心を動かされるような体験、諸感覚を働かせ、試行錯誤しながら物事を追求していくことのできる活動を積み重ねることにより、深い学びとなっていくのです。

4．教材の工夫

*3
教材については p.51 を参照。

幼児期の教育が「環境を通して行う教育」と言われるように、子どもが自発的な活動としての遊びを生み出すために、保育者は教材*3・環境を工夫し整えていくことが必要になります。教材を精選していく過程では、子ども理解に基づき、子どもの興味や関心がどこにあるのか、子ども同士の関わり合いの状況はどうなのか、保育者の願いや指導のねらいは何かなどに考慮することが求められます。

デューイ（Dewey,J.）は、目の前にいる子どもとの直接の関わりに目を向け、関わりのなかで教材が選択されることの重要性を主張しています。どのようなものを素材にして、どのように教材をつくるのか、このような素材の発見から教材化の過程が重要です。

エピソード（1）　玉ねぎを育てよう（5歳児）

保育者が「何を育てようか」と子どもに問いかけました。子どもたちは何を育てようか一生懸命考えます。すると一人の男の子が「玉ねぎを作りたい」と言いました。その提案によって、みんなで玉ねぎをどのように作るかという話し合いが始まります。

「たまねぎは、小さい玉ねぎを植えると大きくなるんだよ」「種を蒔くんだよ」などという声が聞こえてきます。子どもたちは、自分たちで考えを出し合ったり、図鑑を開いたりして、玉ねぎについて調べ始めます。

（数日が経ち・・・）　いよいよ玉ねぎの種を蒔き、栽培が始まりました。保育者が「玉ねぎはこんなに小さい種から育つのよ」と言って種を見せる

第6章 指導計画の作成で配慮することと保育を柔軟に展開するポイント

と子どもたちから驚きの声があがります。

　種を蒔いてからは、成長が気になり、様子を見に行ったり、水やりをしたり<u>喜んでお世話</u>をします。

　（収穫の時期になると・・・）いよいよ収穫の時期です。<u>手に取ってにおいをかいだり、大きさを確認したり、皮をむいたり</u>と子どもたちは大喜びです。

　収穫した玉ねぎは、給食時に<u>みんなで美味しくいただきました</u>。

（※ポイントに筆者下線）

　保育者の提案から玉ねぎの栽培が始まったエピソードです。生活のなかにある身近な食べ物を「種から育てる」という体験は、とても貴重な体験だということが分かります。まず、何を育てるかについて意見を出し合っています。そのなかで、育てることが可能な玉ねぎを選択し、実際に種蒔きから収穫、そして調理という一連の流れを生活のなかで体験しています。友達と一緒に協力しながら世話をすることで、協同性が育まれ、責任感や愛情が生まれます。ものを育てることの難しさも感じるでしょう。収穫することにより、食物がどのように育つのかということや喜びを感じることができます。自然のなかで土の匂いや素材そのものに触れることで感性が育まれ、豊かな心の育ちにつながります。

　まさに「生きた教材」です。保育者が子どもの生活のなかから、どのような提案や仕掛けをするかによって、教材の幅が広がり、活動の展開や子どもの充実感も変わっていきます。子どもと教材との関わりについて理解を深め、遊びや生活が充実するような保育環境の創造に努めましょう。

5. 発達に応じた柔軟な対応

　子どもは、好きなもの、興味のあることを自由に選択し、いろいろなものに出会い、没頭し、悩み、試行錯誤しながら成長していきます。試行錯誤とは、単に繰り返すこととは違い、その都度どうしようかと工夫しながら試していくことです。そうしたなかから新しい発想や発見が生まれます。保育は正解を求めるものではなく、常に試行錯誤であり、実践は探求なのです。子

どもたちは、生まれながらにしてたくさんの可能性を秘めています。その可能性を、さまざまな体験を通して引き出し伸ばしていくことが、保育をしていくうえで大切なことです。

　一人一人、感じ方や考え方、取り組み方は違います。たとえば、同じ活動をしていたとしても、気づき方、関わり方、取り組むペースなどに違いがあります。保育者は、そのような個々の姿を尊重し、理解し、展開していくことが必要です。

エピソード (2)　こいのぼり作り（5歳児）

　今年もこいのぼりを制作する時期になりました。子どもたちの期待が高まっています。「どんなこいのぼりがいいかな」という保育者の問いかけで、子どもたちは、どのようなこいのぼりを作るか話し合いを始めました。「大きいのを作りたい」「強いこいのぼりがいい」「虹色のこいのぼりはどう？」「カラフルがいいな」など、子どもたちの声が飛び交います。

　大きな布を見て大喜びする子どもたち。自然と2つのチームに分かれました。

　筆と絵の具を使って色を塗り始めます。すると、Aちゃんが「先生、手型もしたいな」と言いました。Aちゃんは誕生日を迎えたばかりで、先日、誕生カードに手型を押した経験があったのです。

　「手に塗ったらだめだよ〜」という子どももいましたが、保育者は「手型もおもしろそうだね。いいね」と言いました。

　すると、他の子どもたちも「ぼくも」「わたしも」と寄ってきて、手型で模様をつけ始めました。みるみる素敵な模様ができていきます。さらに、「足あともつけてみたいな」という声が聞こえると、「え〜」と言いながらも足型で模様を描いていきます。自分の足型を見つけて喜ぶ子どももいます。

　絵の具を触ることを戸惑っていた子どもたちもいつの間にか活動に参加し、最後には全身で絵の具の活動を楽しんでいました。

（※ポイントに筆者下線）

　5歳児のこいのぼり作りのエピソードでは、保育者の問いかけによって、子どもたちの話し合いが始まりました。5歳頃になると、子ども同士で話し合ったり、アイデアを出し合ったりして作りあげていくことができます。保育者はそのきっかけを作り、「手型をしたい」という子どもの発想に、「おもしろそうだね」と応えています。最初から否定や、やり方を決めてしまうのではなく、子どもの発想を上手く取り入れ、こいのぼり作りを展開させています。活動のなかで保育者は、子どもが何を感じ、どのような発想が生まれるのかを楽しみながら関わっていることがわかります。保育者が柔軟な考えをもつことにより、保育は広がっていくのです。

第6章 指導計画の作成で配慮することと保育を柔軟に展開するポイント

　日々の生活における子どもの実態を捉える視点をもち、その時々の子どもの状況や遊びの展開に応じて環境を適宜変えていくなど、保育者の適切な判断のもと、柔軟な保育が求められます。

 演習課題

Q　あなたが担当してみたいと思う年齢の子ども（0歳から5歳まで）の保育を行う際に、気をつける点はどのようなことでしょうか。考えてみましょう。

　その年齢の子どもについて留意すべき点を保育所保育指針の「保育の実施に関わる配慮事項」からピックアップして、箇条書きにしてみましょう。

　ホップで書き出した留意すべき点について、それぞれ具体的な保育場面をイメージして周囲の人と話し合ってみましょう。

　保育所保育指針の「保育の実施に関わる配慮事項」をふまえて、「柔軟な保育」とはどのようなことか文章にまとめてみましょう。

【参考文献】
厚生労働省『保育所保育指針解説』フレーベル館　2018年
教育課程研究会『「アクティブ・ラーニング」を考える』東洋館出版社　2016年
汐見稔幸『汐見稔幸　こども・保育・人間』学研教育みらい　2018年
文部科学省「教育課程部会幼児教育部会（第6回）配布資料　2016年
http://www.mext.go.jp/b＿menu/shingi/chukyo/chukyo 3 /057/siryo/1369745.htm

第7章
カリキュラム・マネジメントと保育の評価

エクササイズ　　自由にイメージしてみてください

「反省」に似た言葉に「省察」があります。どのような意味だと思いますか？
直観で考えてみましょう。

第7章 カリキュラム・マネジメントと保育の評価

学びのロードマップ

この章のまとめ！

- ●第1節
  保育を「記録」し、「省察」する過程を説明します。
- ●第2節
  保育士と保育所の「自己評価」と「第三者評価」について説明します。
- ●第3節
  カリキュラム・マネジメントについて説明します。
- ●第4節
  小学校へ送る「要録」（幼稚園幼児指導要録、保育所児童保育要録、幼保連携型認定こども園園児指導要録）について説明します。

この章の なるほど キーワード

■**振り返り**…子どもたちが帰った後の保育室で、一人一人の顔を浮かべながら、保育の振り返りを行うのは、子どもの心もちに触れる大切な時間です。「振り返り」をすることでさまざまなことが深まります。

後悔した出来事もいつかきっと素敵な思い出に！?

第1節　保育の記録および省察

1. 保育実践の道を拓く記録と省察

　保育とは、子どもとともに「今」を生き、「未来」を探す営みです。子どもたちはおもしろいこと、楽しいことを見つけては嬉々として遊び始めます。熱中するあまり、時として友達と意見が食い違い、困ったり悲しい気持ちになったりもします。自信をもって取り組んだ活動が、うまくいかず落ち込んだり、再び挑戦しようと自分で気持ちを鼓舞して乗り越えたり、いろいろな姿を見せてくれます。

　保育の後、子どもたちのいなくなった保育室で、「今日あの子は何を思い、どうしていたか」と一人一人の顔を浮かべながら、保育の振り返りを行うのは、子どもの心もちに触れる大切な時間です。子どもが主体的に遊びに関わっていたか、それに対して自分はどんな関わりをしたか、子どもの欲求を満足させる環境構成だったかなどを思い浮かべながら、保育の反省・考察・評価を記録に留め、省察（reflection）していくことが、次の日の保育の方向性を示していく貴重なひと時となります。日々、こうした省察し、記録を行うことが、保育者としての資質・能力の向上につながります。

（1）保育実践を省察すること

　省察とは、保育者が日々の保育を反省し考察していくという意味です。津守真[*1]は、次のように省察について述べています。

　「保育直後に、保育者が体の感覚で捉えた記憶を確認し、更に、保育者として思案する中で、一番保育者に問われている中心課題を明確にして、翌日までに心の準備をするということ」[1)]。

　保育の実践後に少し時間をおいて振り返ると、場面ごとの具体的な意味が心に蘇ってきます。保育者はこれを文字や言葉、写真などで記録したり、同僚と話し合ったりすることを通じて、再度、子どもの具体的な姿にじっくり向き合い、考え、その意味を自分のなかで内省していきます。その場面を思い起こし、その瞬間の子どもの気持ち、意思や願いを読み取り、育ちを確認するとともに、保育者自身のありようや関わりを考察します[2)]。たとえば、保育者が側に来ると、子どもが急に従属的な行動をとるような姿がみられるとしたら、子どもは

[*1] 津守真（1926 － 2018）はお茶の水女子大学名誉教授、愛育養護学校校長。子どもを見る目の確かさ、温かさをもち、保育学・発達学をリードしてきました。主著『保育の地平』『子どもの世界をどう見るか』他。

「あー、たのしかった！」だけで終わってはもったいないのです

第7章 カリキュラム・マネジメントと保育の評価

ありのままに園での生活を心から楽しんでいるといえません。保育者は、保育の場において自分のあり方を考え直す必要に迫られます。省察は、保育者と子どもの成長に、好循環関係を生み出す行為といえます。

(2) 記憶から記録へ、保育を思考する

日々の振り返りとは、今日一日を思い起こし記憶を明確にすることです。保育を忘れないように保育の終了後すぐに記憶を記録に落とし、省察し、その記録をもとに保育者間で対話(ディスコース)していくことが必要です。こうした記録には、さまざまな種類があります。

一日の保育の後に、その日の保育を振り返るためにつける「保育日誌」は、保育記録の代表的なものです。最近ではこの記録を「エピソード記録」と呼ぶ場合もあり、日々の記録を積み重ね、保育評価の基としています。

園の子どもの実態や発達の側面を大切にして、中期的スパンで育てたい姿の方向性を意識しながら記録するのが、「実践記録」と呼ばれるものです。ビデオカメラやデジタルカメラを活用し、全職員でそろって子どもの様子をみながらディスカッションする「ドキュメンテーション」[*2]の方法も時間を有効に使って研修を行えるものとして効果的な記録です。ドキュメンテーションを保護者説明会で活用すると、子どもの様子がよくわかり、園生活についてのアカウンタビリティー(説明責任)を果たすことにもつながります。

子どもたちの日々の育ちや学びの過程を、"可視化"していく「ポートフォリオ」という記録の方法もあります。子どもの「学び・育ちの歩み(軌跡)」を文章による記述・写真・スケッチ・図表などに表し、ファイルなどに綴り込んでいくものです。今を生きる子どもの学びと育ちを「見える化」する手法で、評価のリソース・ツールといわれています[3)]。2、3枚の写真やスケッチで、「今・ここ」を表すわけですから、保育者にセンスが求められる記録方法です。個人別ファイルは、いつでも保護者に閲覧できるように提示し、子どもの育ちを子どもと保育者と家庭で共有できる手法です。

*2
保育実践の記録方法の1つです。イタリアの小さな都市レッジョ・エミリア市で実施されているプロジェクト活動の全過程を記録したものが発祥です。「ドキュメンテーションは、教師が子どもの学びを援助しながら、自分も子ども自身の学びから教え方を学ぶことを可能にします」(佐藤学監修『驚くべき学びの世界 ―レッジョ・エミリアの幼児教育』ACCESS 2011年)

2. 子ども主体の記録

(1) エピソード記録

エピソード記録とは、保育の「あるがまま」の営みを描くものです。「誰が書いても同じように書く」といった「客観的な記録」の枠に縛られないことが鍵です。今日の保育のある場面を取りあげて、「実践の事実」をありのままに綴るということです。保育をしている時、思わず感動したこと、発見したこと、不思議に思ったこと、困ったこと、子どもが育ったと感じたこと

などを、素直な言葉で綴って記録していくというものです。

　これをもとに保育者は、保育カンファレンスを行い、保育を振り返ったり、子どもの発達についての共通理解を図ったりします。振り返りと同時に、保育の改善や明日への計画を立てていく大切なリソースとなります。何より、これをもとに保育者が互いの実践を持ち寄り、保育を開示していくことに意味があります。

　子どものつぶやきやしぐさに価値を見出し、そこに深い意味が存在することを読み取ろうとする保育者の意識が、保育の質を向上させる原動力になっていきます。

いろんな記録方法がありますよ。

（2）実践記録

　エピソード記録をもとに、保育者が毎日カンファレンスを行っていくと、子どもたちの発達の変化が次第に保育者間で共通理解できるようになっていきます。「今、自分のことで精いっぱいだね」「だんだん友達に認めてほしくなる時期だね」「年齢の下の子どもに優しく関われるね」と、その時期ごとの育ちの特徴を読み取れるようになります。「何が育ちつつあるのか」を読み取り、常に自園の子どもが、「どのような子どもに育ってほしいか」という保育・教育目標、教育理念に照らして考察していくことが大切です。これを、発達の節目や自園の育てたい視点としての分野（人との関わり、異年齢保育、言葉による伝え合いなど）ごとに、「次にどうするのかを判断する」という視点をもつための記録が、実践記録です。

（3）環境マップ型記録（保育マップ型記録）

　個人に視点をあてた記録と同時に、複数の遊びが同時進行で展開する場面の記録も次の日の保育展開を構想する際に必要となります。

　保育者は、「好きな遊び」のように、子どもの主体性を重視した遊びの時間においては、一度に複数の遊びをみるため、すべての子どもたちの遊びの様子を把握することは極めて困難です。一目で全保育者が、明日の保育の計画の根拠となる視点を共通理解できる記録方法として、「環境マップ型記録」（表7−1）は有効といえます[4]。園内のどこでどの子が、何を楽しいと感じ遊んでいるかを図式化することにより、今日の保育の全体を俯瞰しつつ、丁寧に一つ一つの遊びと子どもたちの様子をとらえて記述できます。明日への保育に必ず必要となるのが、環境マップ型記録です。これは、指導計画の「子どもの姿」という形で、記録していく場合も多くみられます。

第7章 カリキュラム・マネジメントと保育の評価

表7-1 環境マップ型記録（T市立NY幼稚園の場合）

〈○近頃の幼児の姿〉

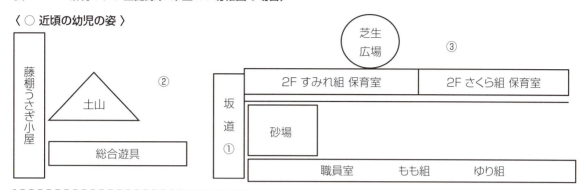

- **①スクーターで遊ぼう／パトロール隊になって遊ぼう**
- ○1学期からA児は、スクーターに乗ってパトロールをして遊んでいる。「火事だー」と消火活動をしてみたり、「困っている人はいませんか？」と他の遊びをしている友達に聞き込みをしたりしている姿がある。「今日は安全でしたか」と聞くと、「安全でした！」と幼稚園の安全を確認してきたことを報告している。
- ○スクーターで見回りをしていると、「ちょっと、修理しないとあかんわ」と木の枝や見付けてきたものを使って修理をしている。自分の乗っているスクーターを大切にして、修理も楽しんでいる。
- ○坂道ではB児が、繰り返し滑って遊ぶことを楽しんでいる。坂の下に数字のコーンを並べて、「今日はここまで滑る！」と目標を決めて滑っている。年少のa児が、ブレーキを掛けすぎてしまい長い距離まで滑ることができず困っていると、年長のC児が「ブレーキしたらあかんねん」と教えてくれた。「わかった」とブレーキをしないように頑張るが、スピードがでてくると怖くなって思わずブレーキを掛けている。それでも、「明日も頑張る」と年少a児は、はりきって「あかねちゃんタイム」に出かけている。

- **②キャタピラで遊ぼう**
- ○キャタピラを友達と一緒に動かすことを楽しんでいる。キャタピラを動かしていると前が見えず、外の様子を時々見ながら動かしている。外を見ないで動かしているとぶつかったり、真直ぐに進めなかったりすることに気付くと、キャタピラの前に立って誘導し、誘導した方にキャタピラがくることを楽しむ幼児もいる。（4・5歳児）
- ○キャタピラに一人で入り、自由に動き回って楽しむ幼児がいる。（4歳児）
- ○2台のキャタピラをダンゴムシに見立てて走り競争を楽しむ幼児たちがいる。（4歳児）
- ○四つ這いで動かすだけでなく、横に並んで寝転んで回りながら動かして楽しむ幼児がいる。（4・5歳児）
- ○大きなキャタピラを立てて、アリの家（巣）に見立てて中に入り、立てたままのキャタピラを動かしたり「いっせーので」と声を掛けてタイミングを合わせて倒れたり、アリが巣から出てくるところを楽しんでいる。（5歳児）
- ○キャタピラを動かしてみて、外の様子が分からないので、アリのお家に窓を作ろうと考え、キャタピラを切り取り窓を作ったが、キャタピラを動かす際には窓があるとうまく回転しないことに気付き、テープを貼ったり絵を描いて窓を作ったりして補修や改造を繰り返し楽しんでいる。（5歳児）

- **③虫になって遊ぼう**
- ○「バッタより足強いで！」「こんなに高いところも跳べるようになったから見てて！」と積み重ねた巧技台を岩に見立ててジャンプするd児の姿が見られる。また、"もっと足を強くしたい"という思いをもって、跳び箱を3段から4段、4段から5段と重ね、自分で目当てをもって毎日継続して挑戦するe児の姿が見られる。また、頑張っている友達の姿を見て、憧れをもったり、同じようにやってみようと挑戦したりし始めている幼児たちもいる。
- ○巧技台や平均台を枝や木に見立てて、バッタやカマキリの幼児たちがバランスをとりながら歩くことに挑戦したり、速さを増して通ってみたりしている。
- ○ヘビになって、草むらからそっと近付いてきてバッタを狙ったり、草や葉っぱに化けたりしている。
- ○大縄を使って、年長の幼児たちで考え、回して跳んだり、くぐったりして楽しむ姿が見られる。また、難しさを感じる友達がいた時には、「ゆっくりにしてみるな」「今やで！」と回し方を変え、タイミングをとって声を掛けて、友達の気持ちを考えて励まし合っている。

出典：T市立NY幼稚園『園内研修会指導案』2018年より一部抜粋

さまざまな記録の工夫は、当初は保育者一人の「主観的な記録」であったものを、園の保育・教育目標さらには教育理念や教育思想と照らし合わせることにより、保育者に保育を構想していくおもしろさ、やりがいを感じさせてくれます。保育者には常に「反省的実践家」としての姿勢が問われます。この姿勢がやがて、チームとして園の独自性や文化を意識した「保育の創造」へとつながっていくのです。

> **注目ワード　反省的実践家**
>
> 　教師の専門的力量について「反省的実践家」(reflective practitioner) を提起したのは、アメリカの哲学者ドナルド・A・ショーン (Donald Alan Schön. 1930-1997) です。
> 　彼は、実践的状況において「省察 (reflecton)」と「熟考 (deliberation)」の「実践的見識」を携えることが教師に求められ、「行為しながら考える (意識・反省) する」反省的実践 (reflective practice) の概念を提唱しました。
> 　また、実践的研究を個別の (意識) から (環境・現場) へ展開していく、二重のループ学習 (double-loop-leaning) など組織学習理論についても言及しました。

第7章 カリキュラム・マネジメントと保育の評価

第2節　保育士および保育所の自己評価

1. 2つの対象からなる自己評価

　保育の質向上に欠かせないものに「自己評価」があります。自己評価には、大きく分けて2つの対象があります。1つ目は、保育者自身を対象にした自己評価です。日々の保育の振り返りには、必ず保育者自身の自己内対話と、自己評価が必要になります。2つ目は、保育施設の組織を対象とした自己評価です[5]。保育施設が、保育の専門機関としてのありよう自体を振り返り、施設全体の保育の質を高めることをめざします。

2. 保育士等の自己評価について

　保育所保育指針には、保育士等の自己評価について以下の3点が書かれています。

保育所保育指針
第1章　総則　3　保育の計画及び評価　（4）保育内容等の評価
ア　保育士等の自己評価
（ア）保育士等は、保育の計画や保育の記録を通して、自らの保育実践を振り返り、自己評価することを通して、その専門性の向上や保育実践の改善に努めなければならない。
（イ）保育士等による自己評価に当たっては、子どもの活動内容やその結果だけでなく、子どもの心の育ちや意欲、取り組む過程などにも十分配慮するよう留意すること。
（ウ）保育士等は、自己評価における自らの保育実践の振り返りや職員相互の話し合い等を通じて、専門性の向上及び保育の質の向上のための課題を明確にするとともに、保育所全体の保育の内容に関する認識を深めること。

　保育者は、実際に保育のなかで見られた子どもの姿と予想していた指導計画とを照らし合わせて、子どもの生活や育ちの実態を再確認し、子どもの経験がどのような育ちにつながるかを、改めてとらえ直すことが大切です。保育の自己評価を行うなかで、次の指導計画に必要な情報や観点を得ると同時に、環境構成や援助についての改善点を見出し、質の向上につなげていきます。ほかの保育者や保護者との連携が十分に図られていたかということも大切なチェックポイントです。
　自己評価は、子どもの育ちとニーズを把握し、発達の援助を行うために適

切な環境や働きかけを検討することを目的としています。自己評価が自らの保育を真摯に見つめ直す機会となり、子どもの内面や育ちに対する理解を深め、保育者としての専門性の向上を図っていくのです。

3. 保育所の自己評価について

保育所保育指針には保育所の自己評価について、以下の3点が書かれています。

保育所保育指針

第1章　総則　3　保育の計画及び評価　(4) 保育内容等の評価

イ　保育所の自己評価

(ア) 保育所は、保育の質の向上を図るため、保育の計画の展開や保育士等の自己評価を踏まえ、当該保育所の保育の内容等について、自ら評価を行い、その結果を公表するよう努めなければならない。

(イ) 保育所が自己評価を行うに当たっては、地域の実情や保育所の実態に即して、適切に評価の観点や項目等を設定し、全職員による共通理解をもって取り組むよう留意すること。

(ウ) 設備運営基準第36条の趣旨を踏まえ、保育の内容等の評価に関し、保護者及び地域住民等の意見を聴くことが望ましいこと。

保育所の自己評価は、保育者の自己評価の結果に基づき、施設長と職員の話し合いを通して行われます。

具体的な内容は、「保育の内容とその運営について」を中心に組織的・継続的に行います。年間のうちで保育活動の区切りとなる適切な時期を選び評価します。評価資料として、日ごろからの保育記録・保育所が実施した調査書の結果、保育の実践や保護者からの要望や希望も含む運営に関する情報や資料を収集し、職員間で共有します。自己評価の結果は、具体的な目標や計画、目標の達成状況、課題の明確化や改善方策など項目ごとに整理します。

結果を整理することで、さらなる質の向上に向けた次への評価項目の設定などへと活かされていきます。そして、自己評価の結果をホームページや園だよりなどで開示するによって、アカウンタビリティ（説明責任）、保護者や地域との継続的な対話や協力関係づくりにつながり、信頼される開かれた保育所として、地域の子育てのコアとしての役割を果たしていくことができるのです。

第7章 カリキュラム・マネジメントと保育の評価

4. 第三者評価

　保育所における第三者評価は、「第三者評価事業」として制度化されました。2000（平成12）年に改正された社会福祉法第78条において、以下のように規定されています。

社会福祉法

第78条　社会福祉事業の経営者は、自らその提供する福祉サービスの質の評価を行うことその他の措置を講ずることにより、常に福祉サービスを受ける側の立場に立って良質かつ適切な福祉サービスを提供するよう努めなければならない。

　2　国は、社会福祉事業の経営者が行う福祉サービスの質の向上のための措置を援助するために、福祉サービスの質の公正かつ適切な評価の実施に資するための措置を講ずるよう努めなければならない。

　この第78条を法的根拠として、2002（平成14）年より第三者評価が実施されることとなりました。評価に当たっては、各施設別の評価基準ガイドラインが策定されており、ガイドラインの評価項目等により第三者評価が実施されています。

　第三者評価は、保育所が良質かつ適切なサービスを子どもたちに提供し、その質を向上させているかを、学識経験者や外部の人、園と利害関係のない人などに依頼して客観的な評価を得るものです。外部評価とも呼ばれます。具体的には、事前に行った保育所の自己評価や保護者からのアンケートなどを使って、現状を把握し、課題の明確化を図り、改善し、より質の高い保育の提供をめざしていくよう実施されています。保育所保育指針には、保育所に対し保護者や地域社会へ保育内容の説明責任があると書かれています[*3]。第三者評価による結果を公表する義務はないものの、保育所はできるだけ情報を開示し、分かりやすく応答的な説明による「開かれた運営」を行う必要があります。

*3
「イ　保育所は、地域社会との交流や連携を図り、保護者や地域社会に、当該保育所が行う保育の内容を適切に説明するよう努めなければならない」（保育所保育指針　第1章　総則　1保育所保育に関する基本原則　（5）保育所の社会的責任）

ふりかえりメモ：

125

さぁ、ここからが
さらに重要です。

第3節　カリキュラム・マネジメント
―保育の質向上に向けた改善の取り組み―

1. カリキュラム・マネジメントとは何か？

　カリキュラム・マネジメント[*4]は、2017（平成29年）度の幼稚園教育要領や幼保連携型こども園教育・保育要領、学習指導要領の改訂のなかで、保育や教育の改善・充実を図るためのキーワードとしてあげられました。このカリキュラム・マネジメントというキーワードに至るには、長い道のりがありました。

（1）カリキュラム・マネジメント実施の背景

　かつて教育課程改革を進めていた時代に、それまでの「教育課程経営」[*5]の硬いイメージを代えようと、「カリキュラム・マネジメント」という用語が登場しました。「主体者の裁量の広がり」や「文化」をも含めた広い意味の「カリキュラム」という語を用いて、学校園の特色を活かした新しい教育課程を創っていこうという願いが込められていました[6)]。

　今なぜ、あらためてカリキュラム・マネジメントの実施が強調されたのでしょうか。これには、子どもを取り巻く社会の変化が大きく関わっています。現代社会は、質的な豊かさが成長を支える成熟社会です。私たちの周りで起こる知識・情報・技能をめぐる変化が加速度的であり、情報化やグローバル化が人間の予測をはるかに超えて進展する時代になってきました。時代の変化に対応して生きていく子どもには、次のような能力が必要とされます。

> ・幼児期における非認知能力（社会情動的スキル。学びに向かう力）
> ・安全な生活や社会づくりに必要な資質・能力（自らの機敏な行動・安全についての理解）
> ・思考力の芽生え
> ・自然・身近な物を大切にする態度、社会とのつながり、多様性への尊重、国際理解の芽生え

　さまざまな情報や出来事を受け止め、主体的に判断しながら、自分を社会のなかで位置づけ、考えることのできる力、他者と一緒に生き、課題を解決していこうとする力が必要となります。今回の指針・要領の改訂では、今まで以上に、学校園と社会が認識を共有し相互に連携するために、「社会に開かれた教育課程」を編成していくことが重視されています。このような時代

[*4] 「5領域のねらい及び内容を相互に関連させながら、「幼児教育において育みたい資質・能力」の実現に向けて、子どもの姿や地域の実情等をふまえつつ教育課程を編成し、各種指導計画の計画・実施・評価・改善をすること」（無藤隆・汐見稔幸編『イラストで読む！　幼稚園教育要領　保育所保育指針　幼保連携型認定こども園教育・保育要領はやわかりBOOK』学陽書房　2017年）

[*5] 1989年、戦後の教育課程改革が思うような効果をもたらしていないことから、研究者たちが「教育課程経営論」の重要性を提唱しました。国からの基準による教育内容編成の改革にとどまらない、教育課程の抜本的改革を説いたのです。これを受けて、1998年の中教審答申「今後の地方教育行政の在り方について」では、教育課程の大綱化・弾力化が進み、各学校園の自主性・自律性や特色が重視されるようになりました。

第7章 カリキュラム・マネジメントと保育の評価

の変化に対応できる子どもの育成を念頭に、教育課程などの理念を明確化し、社会のニーズに応えたカリキュラム・マネジメントを実施していくことが求められているのです。

（2）幼児教育におけるカリキュラム・マネジメントの必要性

幼児教育の分野では、カリキュラム・マネジメントの重要性が以下のように示されました[7]。

> 幼稚園等では、教科書のような主たる教材を用いず<u>環境を通して行う教育を基本としている</u>①こと、<u>家庭との関係において緊密度が他校種と比べて高い</u>②こと、<u>預かり保育や子育ての支援などの教育課程以外の活動</u>③が、多くの幼稚園等で実施されていることなどから、カリキュラム・マネジメントは極めて重要である。（下線と番号は筆者）

カリキュラム・マネジメントが必要な理由は、上記①②③の3つの理由からなります。順番に見ていきましょう。

①幼児教育は「環境を通して行う教育」が基本

子どもは自ら身近な環境に関わり、直接的・具体的な体験を通して豊かな感性や、ものごとに対する見方や考え方などの思考力や人と関わる力を育んでいきます。人間として、社会と関わり生きていくための基礎を培っていくのです。保育者には、子どもの目の前の様子や状況に即応できる、資質・能力が求められます（直感的応答力）。教材を工夫したり、物的・空間的環境を構成したりと、子どもの確かな学びにつながるように指導していくために、実態に即した柔軟できめ細やかなカリキュラム・マネジメントが求められます。

②家庭との緊密な連携

幼児園等は、その後の教育と比較すると、家庭との連携が大変緊密です。子どもの生活は、家庭・地域社会から園へ、園からまた家庭や地域社会へと循環しています。子どもの望ましい発達を促すためには、園と家庭と地域社会が生活の連続性を大切にし、三位一体となり連携を十分に図ることが大切です。園での保育の内容と家庭や地域で過ごす生活とに矛盾が生じることのないように、生活の連続性を保障するためにも、カリキュラム・マネジメントが必要となります。

③預かり保育や子育て支援の実施

　「預かり保育」「子育て支援」などは、これまで教育課程時間外のなかで行われてきた活動です。このたびの改訂では、「教育課程に係る時間」を含めた「全体的な計画」のなかで、計画し、実施していくことが求められています。「預かり保育」については、園生活の全体を通じて子どもの発達を把握していくという観点から、生活の連続性を踏まえた計画・実施の必要性が求められるようになりました。「預かり保育」の実施には、子どもの発達や生活の様子などの実態をふまえることが重要になります。

2. カリキュラム・マネジメントの実施

（1）いまカリキュラム・マネジメントを実施する意義

　地域の実情を踏まえ、育ってほしい子どもの姿をイメージして保育・教育目標を作成し、子どもが充実した生活ができるような教育課程や全体的な計画を作成して、全職員で実施・評価し、改善していくことが、カリキュラム・マネジメントの中核です。

　これらのことは、以前から行われてきたことですが、今回の改訂では、各幼児教育機関に、幼児教育の基本に基づき展開される幼児期にふさわしい生活を通し、生きる力の基礎となる「資質・能力」（知識・技能の基礎、思考力・判断力・表現力等の基礎、学びに向かう力・人間性など）を育み、小学校以降の学校教育に接続していく重要な役割があることを強調しています。育ってほしい資質・能力は、幼児教育から高等学校まで一貫し、系統的に育んでいくように示されています。

　教育課程以外の活動を重視し、地域の子育てセンター的役割の更なる充実を図ることで、「地域に開かれた幼児教育」をめざすことが求められています。たとえば、未就園の子どもと保護者が教育課程に係る時間に園に来て、在園の子どもたちとの自然な交流のなかで、保護者は子育てについて学ぶ機会をもつことになります。これは、一方で、在園の子どもたちにとっても、異年齢の子どもに関わる意味深い体験の機会となります。

　幼児教育は、「学校教育の始まり」であることから、小学校教育への円滑な接続を図る必要性があります。円滑な接続という部分においては、子どもや保育者と教員の交流は進んできていますが、教育課程の接続については十分という状況ではありません[8]。カリキュラム・マネジメントを進めるうえで、保育者・教員間で幼児の発達の連続性を共通理解する視点として「幼児期の終わりまでに育ってほしい姿」を定め、両者の教育課程をつなぐことを意識して、互いに質の高い教育を行うことが求められています。

（2）保育所におけるカリキュラム・マネジメント

　保育所保育指針には、カリキュラム・マネジメントという用語は使用されていません。しかし今、急激な社会変化に対応できる子どもを育んでいくという面においては、保育所も同じ立場です。特に今回の保育所保育指針の改定では、3歳以上児の「教育」を重要視しており、保育・教育目標を明確にして、評価・改善の充実化・保育の質の向上をめざし、幼稚園や認定こども園同様にカリキュラム・マネジメントの理念が織り込まれています。

　「育みたい資質・能力」「幼児期の終わりまでに育ってほしい姿」を意識して、子どもの発達の側面と生活の連続性を踏まえた、「全体的な計画」を作成することが義務づけられたのです。

　今後は、カリキュラム・マネジメントとして、「全体的な計画」や「指導計画」を、園全体でPDCAの体制を整えて、定期的に評価し、環境を整えて実践し、再び評価・改善するという営みを主体的に行っていくことが大切になります。

（3）カリキュラム・マネジメントをとらえる3つの側面

　取り組みを進めるにあたっては、何から始めたらいいのでしょうか。次にあげた3つの側面に取り組むことが大切です。

> ①「全体的な計画」に留意しながら、「幼児期の終わりまでに育ってほしい姿」を踏まえ教育課程を編成すること。
> ②教育課程の実施状況を的確に評価して、その改善を図っていくこと。
> ③教育課程の実施に必要な人的または物的な体制を確保するとともに、その改善を図っていくこと。

　保育実践の現場では、子どもたちの「育ってほしい姿」をみすえた保育・教育目標に向かい、日々の保育をPDCAサイクルのもと、振り返り・改善を行っています（図7-1）。

　教育課程は、一度編成したらそれで終わりというものではありません。日々子どもは成長しており、予測し計画を練ったとしても、計画通りに保育展開することは難しいものです。子どもの実態に即して発達・学びのプロセスを日々の保育のなかで評価・改善していくこと（スモールステップ）を重点においた保育の展開が必要です。保育者には、教育課程の編成後、実施状況や

 ふりかえりメモ：

子どもの育ちのプロセスを意識しつつ、「育ってほしい姿」などを評価の手立てとして用いながら、さらなる改善を図る一連のPDCAサイクルの確立が求められます。
　具体的には何を読み取り、評価につなげるのでしょうか。次の点に注目してみましょう。

・目の前の子どもの姿をとらえ、発達課題を明確にするとともに、子どもがどのような見方・考え方をして、何を学びつつあるのか。
・いま行っている保育は学びの芽生えにつながる環境・援助であるか。
・集団と個の育ちをあわせてとらえて指導に生かせているか。
・子どもの発達が全体的に調和の取れた状態か（10の姿でバランスをチェックしているか）。

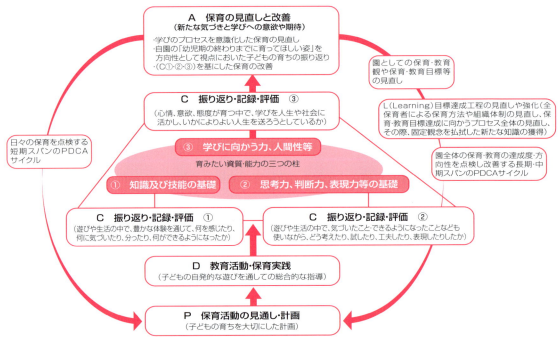

図7-1　育ちの過程を大切にしたカリキュラム・マネジメント

出典：村川雅弘概説「カリキュラム・マネジメントが教育課程を軸にした学校教育の改善・充実の好循環を生みだす」2017年より筆者作成

5歳児後半には、小学校教育への接続を円滑に図るためのアプローチカリキュラムのあり方にも目を向けていく必要があります。

以上のことをまとめると、カリキュラム・マネジメントとは、子どもの主体的な学びを組織的に支え、育ちを保障するしくみを整えることといえるでしょう。

> **注目ワード　アプローチカリキュラムとスタートカリキュラム**
>
> アプローチカリキュラムとは、就学前の幼児が円滑に小学校の生活や学習へ適応できるようにするとともに、幼児期の学びが小学校の生活や学習で生かされてつながるように工夫された5歳児のカリキュラムのことです。
> 一方、幼児期の育ちや学びを踏まえて、小学校の授業を中心とした学習へうまくつなげていくための、小学校入学後に実施される合科的・関連的カリキュラムを「スタートカリキュラム」といいます。

第4節　生活と発達の連続性をふまえた「要録」

幼児教育・保育機関から就学先となる小学校に、子どもの発達の状況や育ちを伝える方法として、幼稚園では「幼稚園幼児指導要録」、保育所では「保育所児童保育要録」、幼保連携型認定こども園では「幼保連携型認定こども園園児指導要録」があります。スムーズに小学校へ移行できるように、各園はそれぞれの生活の流れのなかで、子どもがどのような特徴をもち発達してきたのか、一人一人の育ちの経緯を丁寧に伝えることを目的として要録が作成されます。

1. 幼稚園幼児指導要録について

幼稚園幼児指導要録とはどのようなものでしょう。2009（平成21）年の文部科学省通知「幼稚園幼児指導要録の改善」において、「幼児の学籍並びに指導の過程とその結果の要約を記録し、その後の指導及び外部に対する説明等に役立たせるための原簿となるもの」と示されています。幼稚園幼児指導要録の作成は、文部科学省から義務づけられています。小学校への進学・他園への転園などの際に、転学・転園先に幼稚園幼児指導要録や抄録を送付します。幼稚園幼児指導要領は、「学籍に関する記録」として、在籍を証明する資料と、「指導に関する記録」として在園中の生活や育ち・発達を記録する資料の2枚で構成されています。保存期間は、「学籍に関する記録」は

20年間、「指導に関する記録」は5年間と定められています（学校教育法施行規則第28条）。小学校へ進学の際には、小学校教員との引き継ぎの資料となり、子どもの育ちの連続性を保障し、指導の継続性を託す大切な資料となります。

2. 保育所児童保育要録について

　保育所保育指針の「第2章　保育の内容」には、「子どもに関する情報共有に関して、保育所に入所している子どもの就学に際し、市町村の支援の下に、子どもの育ちを支えるための資料が保育所から小学校へ送付されるようにすること」と書かれています。この「子どもの育ちを支えるための資料」が「保育所児童保育要録」です。小学校就学に向け、子どもの育ちの連続性の保障が、幼稚園幼児指導要録と同様に目的とされ、作成されます。保存期間は、「当該児童が小学校を卒業するまでの期間保存することが望ましい」とされています。こうした流れのなかで、「幼保連携型認定こども園園児指導要録」も、「幼稚園幼児指導要録及び保育所児童保育要領に相当する資料」として、作成することが定められています。

 演習課題

Q　保護者へ渡す「おたより」を保育者になったつもりで書いてみましょう。

ホップ　自分の子ども時代を想像しながら、「今日の○○ちゃん」というテーマで200文字ほどの文章を書いてみましょう。読むのは保護者を想定します。

ステップ　書いた文章の名前をわからないようにして、周囲の人と交換して感想を話し合ってみましょう（誰のかわかるかな）。

第7章 カリキュラム・マネジメントと保育の評価

ジャンプ　周囲の人の文章を読み比べてみて、保護者がもらってうれしい文章はどれかをあげてみましょう。また、どのような「おたより」がもらってうれしいか考えてみましょう。

....

....

....

【引用文献】
1) 森上史朗他著『特集　津守真を読み解く　発達 88』ミネルヴァ書房　2001年　pp.39-40
2) 矢萩恭子他著『保育・教職実践演習―保育者に求められる保育実践力』建帛社　2013年　p38
3) 森眞理著『ポートフォリオ入門』小学館　2016年　p.3
4) 河邉貴子著『明日の保育の構想につながる記録のあり方～「保育マップ型記録」の有効性～』『保育学研究　第46巻第2号』2008年　p.110
5) 森上史朗・柏女霊峰編『保育用語辞典　第7版』ミネルヴァ書房　2013年　pp.132-133
6) 横松友義著『各幼稚園でカリキュラム・マネジメントを成立させるための研究者の協働の構想』『岡山大学大学院教育学研究科教育集録　第166号』2017年　p.P41
7) 『幼稚園、小学校、中学校、高等学校及び特別支援学校の学習指導要領等の改善及び必要な方策等について』中央教育審議会答申より（平成2016年12月）
8) 文部科学省『平成26年度幼児教育実態調査』（2015年10月）

【参考文献】
鯨岡峻・鯨岡和子著『保育のためのエピソード記述入門』ミネルヴァ書房　2007年
加藤繁美著『記録を書く人　書けない人』ひとなる書房　2014年
経済協力開発機構（OECD）編著『社会情動的スキル　学びに向かう力』明石書店　2018年
ジェームズ・J・ヘックマン著『幼児教育の経済学』東洋経済新報社　2015年
全国国公立幼稚園・こども園長会津金美智子・榎沢良彦『カリキュラム・マネジメントとは』幼児教育じほう　2017年
冨田久枝監修『実例でわかる保育所児童保育要録作成マニュアル』成美堂出版　2018年

第2部　計画の実際

第8章
計画の実際①　保育所（0〜3歳）

エクササイズ　　自由にイメージしてみてください

保育所で勤めるとしたら何歳児を担当してみたいですか？その理由はなぜですか？

第8章 計画の実際① 保育所（0〜3歳）

学びのロードマップ

この章のまとめ！

● 第1節
保育所の全体的な計画、年間指導計画について具体例を挙げながら説明します。

● 第2節
月の指導計画、週の指導計画等の具体例を挙げつつ、保育の実際を説明します。

この章の なるほど キーワード

■**個別の指導計画**…3歳未満児は心身の発育や発達に個人差が大きい時期です。そのため、一人一人の子どもの実態に即した保育が展開できるよう、個別の指導計画を作成します。

0歳児の1日って、どんな様子なのか想像つくかな？

第1節　創意工夫する保育の展開

1. 実情に応じて子どもにふさわしい生活を

　保育所保育指針に示された基準は、すべての保育所に同じスタイルの保育を実践させるためのものではありません。保育所保育は、保育所保育指針をもとにそれぞれの保育所が独自性を発揮し、保育所の実情に応じて創意工夫を図り、乳幼児期にふさわしい生活を展開することです。全体的な計画を作成するにあたっては、子どもの生活の連続性や発達の連続性を考慮するとともに、家庭との連携も視野に入れて検討することが求められます。全体的な計画は、保育所保育の全体像を包括的に示すものであり、それをもとに全職員の共通理解のもとに、一人一人の保育者の手によって保育実践へとつながる具体的な実践計画として指導計画が作成されます。ここでは、保育所における全体的な計画および年間指導計画の実際にふれ、保育の計画について実践的なアプローチから解説します。

2. 保育所の実情に応じた全体的な計画の作成　－全体的な計画の実例－

　創意工夫のある保育を展開するには、保育所の実情に応じた全体的な計画を作成することから始まります。保育所の実情をとらえる視点として、保育所・保育者・子ども・保護者・地域などがあげられます。保育所は、運営方針や保育目標、勤務態勢、子どもの育ちや生育環境、保護者の意向や家庭の状況、地域の子育て支援などの保育所を取り巻くさまざまな実情をふまえ、子どもにとっての最善の利益の保障をめざして創意工夫を図ることで、保育実践につながる全体的な計画の作成が可能となります。

　ここでは、K保育園の全体的な計画を例に、保育所の実情に応じた全体的な計画の作成の実際について解説します。K保育園の全体的な計画は、保育所の「（1）保育の理念」や（2）「保育の基本方針」を基盤として、以下の7つの項目より作成されています（表8－1）。

```
（1）保育の理念
（2）保育の基本方針
（3）目標とする子どもの姿
（4）保育者の基本姿勢
（5）ねらい・内容
（6）保育者の配慮事項
（7）家庭との連携
```

第8章 計画の実際① 保育所（0〜3歳）

　K保育園独自の創意工夫として取り入れられている、（4）「保育者の基本姿勢」、（6）「保育者の配慮事項」の2項目に着目してみましょう。
　（4）「保育者の基本姿勢」（観点）では、次の3つの事項を掲げています。

> ①無理なく・じっくり・ていねいな保育を心がける。
> 　（保育に対する基本姿勢）
> ②保護者と信頼関係を築き、ともに育てる意識をもつ。
> 　（保護者に対する基本姿勢）
> ③職員同士が常に協力・協同し、子どもの最善の利益のために尽くす。
> 　（保育者間の連携に関する基本姿勢）

　全体的な計画のなかに保育所が求める保育者像を具体的に示すことで、職員全員が保育に対する目的意識を共有することができるようになります。共通理解された基本姿勢をもとに、一人一人の保育者が、日々の実践場面で求められる「子どもの最善の利益」について判断することで、共通の保育理念に即しながら、子どもや保護者の実情に応じた適切な援助が可能となります。
　（6）「保育者の配慮事項」には、保育者が自らの保育実践を振り返り、実際の子どもの姿をもとに必要となる配慮事項について示されています。
　保育所保育では、常勤保育士・非常勤保育士、栄養士、調理師など、多様な職種の職員が保育に携わっています。保育に携わる全職員が全体的な計画の作成に参画することで、保育者一人一人が全体的な計画を自らの保育と関連づけてとらえることができます。保育者はさまざまな職種や勤務形態をもつ自らの職場を深く理解するとともに、子どもの実情を把握し、必要とされる具体的な配慮事項について共通理解を図ることで、相互に連携しながらそれぞれの役割や責任を果たし、協働的な保育が可能となるのです。

表8-1　K保育園　全体的な計画

			0歳児	1歳児
(1)保育の理念			児童福祉法第39条の規定に基づき、子どもの健全な心身の発達を図ることを目的とする。 子どもの最善の利益を守り、乳幼児期にふさわしい生活の場を豊かにつくりあげていくとともに、子どもが現在を、最もよく生き、望ましい未来を自ら創り出す力の基礎を養えるよう保育を行う。	
(2)保育の基本方針			1. 家庭的でくつろいだ雰囲気のなかで基本的生活習慣や態度を養い、情緒の安定を図る。 2. 子どもの人権に十分配慮するとともに、愛情と信頼感、互いに尊重する心を育てる。 3. さまざまな体験をとおして豊かな感性を育てる。 4. 保護者の気持ちに寄り添いながら家庭と連携し、保護者の養育力の向上につながる支援を行う。 5. 地域に開かれ「安心・安全で親子があたたかく受け入れられる施設」として、地域の人や場および機会等を通して連携を図り、地域の子育て力向上に貢献するよう支援を行う。	
(3)目標とする子どもの姿			1. 個として生きる力をもつ子ども 　一人一人が生涯にわたる人間形成の基礎を培い、自己の能力が十分に発揮できる力を身につける。 2. 集団で生きる力をもつ子ども 　人との交わりのなかで愛し合い、認め合い、理解し合う関係を築き、社会性を身につける。	
(4)保育者の基本姿勢			①無理なく・じっくり・ていねいな保育を心がける。 ②保護者と信頼関係を築き、ともに育てる意識をもつ。 ③職員同士が常に協力・協同し、子どもの最善の利益のために尽くす。	
(5)ねらい・内容	養護・教育	健康	・生理的欲求を十分に満たし、心地よい生活が送れるようにする。 ・一人一人の生活リズムを重視して、十分に睡眠がとれるようにする。 ・個人差に応じて授乳や離乳を進め、いろいろな食材を味わう。 ・おむつが汚れたら、やさしく言葉をかけながらこまめに取り替え、きれいになった心地よさを感じることができるようにする。	・保育者の愛情豊かな受容により、生活習慣を知り、自分でしようとする。 ・安心して睡眠ができ、適度な休息を保つ。 ・楽しい雰囲気のなかで、スプーンやフォークを使って自分で食べようとする。 ・排尿間隔に合わせて排泄を促し、便器での排泄に慣れるようにする。
		人間関係	・特定の保育者との情緒的な絆が形成され、心理的欲求を満たし、安定して過ごす。 ・大人との豊かな交流のなかで、活動が楽しめるようにする。	・保育者とのかかわりのなかで、模倣を行い、自分でしようとする気持ちを促す。 ・玩具や運動用具に興味をもって、それらを使った遊びを楽しみ、子ども同士のかかわりももつ。
		環境	・安全な環境のなかで見守られながら、それぞれの発達状態に合わせた活動を楽しむ。 ・明るく、心地よさと安らぎのある空間のなかで、色彩や音、動きのある玩具で遊び楽しむ。	・日々の生活や遊びを通して、さまざまな物に対して興味・関心をもつ。 ・安全で活動しやすい環境のなかで、歩行の完成とともに行動範囲を広げていく。 ・登る、降りる、跳ぶ、くぐる、押す、引っ張るなどの動作を入れた遊びや、いじる、叩く、つまむなどの手や指先を使った遊びを楽しむ。
		言葉	・やさしく語りかけたり、喃語や片言に応答したりして、発語の意欲を育てる。	・保育者の話しかけを喜んだり、自分から片言で喋ることを楽しんだりする。
		表現	・安心できる人的・物的環境のなかで、聞く・見る・触れる等の経験を通して、身の回りの物に対する興味や好奇心が芽生えるようにする。	・好きな歌や手遊びを十分に楽しむ。 ・音楽に親しんだり、体を揺すったりして楽しむ。
(6)保育者の配慮事項			・子どもの出すサイン(快・不快)をタイミングよくキャッチし、快は一緒に声や表情で受けとめ、不快(空腹・体調不良・排泄)は取り除き、安心できるようにする。 ・一対一のかかわりを多くもち、環境に慣れるようにする。 ・清潔かつ静かな環境で、安心して睡眠・休息が取れるようにする。 ・食事において、保護者・保育者・調理が連携をとり、無理なく離乳食を進めていけるようにする。	・健康的で安全な環境を常に保ち、一人一人の子どもの健康状態を観察し、情緒の安定を図るとともに快適に生活できるようにする。 ・トイレでの排泄に慣れていけるよう、誘いかけ、排尿感覚を感じられるようにする。 ・食に対する意欲を大切にしながら手づかみ食べから食具を使用して食べられるよう援助する。 ・食材の好みが出てくるので、苦手な物は形を小さくしたり、量を加減するなど、さまざまな援助方法を工夫する。

(6)保育者の配慮事項			・天候や体調が良い時は、できるだけ戸外に出て外気に触れるようにする。 ・ゆったりとした環境を整え、子どもがのびのびと1日を過ごせるように工夫する。 ・発育を促す手づくりおもちゃをつくり、楽しめるようにする。	・子ども同士のかかわりの際には、側で見守るとともに、仲立ちとなってかかわり合いの助けとなれるよう援助する。 ・子どもの興味や発達段階に合わせた玩具を用意する。 ・絵本の読み聞かせや歌を歌う際には、楽しい雰囲気づくりを心がける。
(5)ねらい・内容	養護・教育		2歳児	3歳児
		健康	・保育者に見守られながら基本的習慣が身につき、少しずつ自分でしようとする。 ・排泄では快・不快を徐々に理解し、意欲的にトイレで排泄しようとする。 ・楽しんで食事やおやつをとり、嫌いな物でも少しずつ食べられるようになる。 ・箸を使って食べようとする。 ・戸外遊びや運動用具で遊ぶ機会を多くし、基礎的な運動機能の発達を図る。	・一人一人の子どもの欲求を十分に満たすなかで、生活に必要な習慣や態度を知り、自分でしようとする。 ・戸外遊びから室内に戻った際、うがい・手洗いを自らすすんでしようとする。 ・基本的な運動能力が身につき、走る・跳ぶなどを喜んでする。 ・食事・排泄・睡眠・着脱などの生活の仕方が身につき、身の回りの始末も自分でしようとする。
		人間関係	・保育者や友だちと一緒に運動遊びやふれあい遊びを楽しむ。 ・保育者を仲立ちとして、生活や遊びのなかでごっこ遊びや言葉のやりとりを楽しむ。	・地域の人や異年齢の友だちとふれあい喜ぶ。 ・保育者や気の合う友だちとかかわって遊ぶことを楽しむ。
		環境	・小動物や植物などに親しみをもって見たり触れたりし、興味や関心を抱く。 ・クレヨン、粘土などに興味をもち、それぞれの使い方を知ろうとする。	・身近な遊具や用具などの使い方や片づけ方を知り、楽しんで遊ぶ。 ・身近な動植物に触れ、関心をもつ。
		言葉	・感じたこと、思ったことを言葉にして伝えようとする。 ・日々の生活を通し語彙が増えるとともに、絵本などに親しみ、想像する楽しさを味わう。	・生活に必要な言葉がある程度わかり、して欲しいこと、したいことを言葉で伝えられる。 ・絵本や童話を見たり、聞いたりして、物語のおもしろさ、イメージする楽しさを知る。
		表現	・歌を身近に感じ、季節の歌などを自然と口ずさむ。簡単なリズム楽器を使って表現する楽しさを味わう。 ・土、砂、水、紙などの素材に触れて慣れ親しむ。 ・保育者や友だちと表現遊びを楽しむ。	・身近な生活経験をごっこ遊びに取り入れるなどして、遊ぶ楽しさを味わう。 ・さまざまな物を見たり、触れたりして、おもしろさ・美しさなどに気づき、感性を育む。 ・いろいろな素材や用具を使って、自由に描いたり・つくったりすることを楽しむ。
(6)保育者の配慮事項			・個々の欲求に十分に応えるとともに、少しずつ集団活動ができるよう意識づけていく。 ・友だちとの間を仲立ちする。 ・食事のマナーが身につけられるよう伝える。 ・基礎的な運動機能が身につくよう、遊びを工夫し援助を行う。 ・戸外遊びのなかで季節の虫や草花に触れたり、動物と触れ合ったりする機会をもつ。 ・丁寧で、わかりやすい言葉を用いて言葉がけを行うよう心がける。 ・表現力が身につき、想像力が膨らむような歌や表現遊びを取り入れる。	・自分でしようとする気持ちを大切にしながら、ゆとりをもって見守り、できた時の喜びを感じられるようにする。 ・保育者が仲立ちとなり、子ども同士の仲が深まっていくようにする。 ・さまざまな事柄に興味関心をもてるよう、言葉がけをしたり誘いかけをしたりする。 ・子どもの話しかけに耳を傾け共感し、受けとめる態度を保つ。 ・遊びに自由に取り組めるよう、用具や材料を幅広く用意しておき、製作を通してさまざまな経験ができるようにする。

		4歳児	5歳児
(5)ねらい・内容	養護・教育 健康	・基本的な生活習慣や態度が身につき、自分でできる自信をもつ。 ・簡単な運動遊びをするなかで、安全な遊び方を知り、判断することができる。 ・体調や気温によって、衣服の調節・汗を拭くなどが自分からできるようになる。	・健康で安全な生活習慣が身につき、自分でできる自信をもつ。 ・ルールのある運動遊びをするなかで、きまりを守って安全に遊ぼうとする。 ・気温・体温・気候に合わせて、衣服の調節ができるようになる。
	人間関係	・地域の人や異年齢の友だちとのかかわりをもつ。 ・集団で遊ぶ楽しさを知り、力を合わせて活動することを喜ぶ。 ・生活するなかで、友だちの気持ちを知ったり、理解しようとしたりする。 ・年下の友だちに、思いやりの気持ちをもってかかわろうとする。	・地域の人や異年齢の友だちに進んでかかわり、経験したことを表現するようになる。 ・集団のなかで自分の思いや意見を伝えられることに自信をもつ。 ・相手の気持ちになり、いたわりや思いやりの心をもってかかわりを深める。
	環境	・身近な遊具や用具などの使い方がわかり、友だち同士で遊びを展開していく。 ・自然事象に興味をもち、物事の変化に気づく。	・物の性質・数量・文字や記号などに関心をもち、扱ったり比べたり、分けたりする。 ・住んでいる環境、店などに興味をもち、人々の営みに気づく。 ・自分と異なる文化をもつさまざまな人に関心をもつ。
	言葉	・友だちに対してきつい口調が出るが、相手の気持ちも受けとめて話し合いができるようになる。 ・感じたことや思ったこと、想像したことを自由に表現する。 ・友だちや保育者との会話を楽しみ、さまざまな言葉に興味をもつ。	・絵本の文字や自分の名前が読める。 ・人の話を注意して聞けるようになる。 ・人前で、自分の思ったこと、感じたことを話そうとする。 ・日常生活に必要な文字や、標識・マークなどに興味や関心を示す。
	表現	・友だちと一緒に歌ったり、演奏したりすることを楽しむ。 ・いろいろな素材を使って、自由に表現活動をするようになる。	・感じたことを想像し、自分なりの創意工夫をもって、製作をしたり、描画をしたりができるようになる。 ・集団で一つの活動をやり遂げる達成感を味わう。
(6)保育者の配慮事項		・側で見守りながら、基本的な生活が丁寧に行えるよう、必要に応じて伝えていく。 ・みんなで一つの遊びをする場を設け、集団で遊ぶ楽しさを味わえるようにする。 ・子どもの気づきを大切にし、保育者も驚きや発見の喜びに共感する。 ・自分の気持ちを言葉で伝えられるよう、子ども同士で話し合う機会をもつ。 ・さまざまな楽器で遊ぶなかで、正しい楽器の使い方を伝えていく。	・園生活の習慣やルール・簡単なきまりなどを認識できる時間をとりつつ、新しい仕事や当番活動に意欲的に取り組めるようにする。 ・子どもの興味・関心に応じた素材や道具などを用意し、子どもが自発的に活動できる環境を整える。 ・自分の気持ちを発表する場を設け、言葉を伝えたり聞いてもらったりする心地よさを味わえるようにする。 ・共通のイメージをもってつくり上げていく活動や行事を大切に進めていく。
(7)家庭との連携		・食事では、食品一覧表やアレルギー除去食・代替食願いを使用し、保護者に記入してもらい家庭との連絡を密にして進めていく。 ・口頭や連絡ノート・育児日記などで、家庭での様子を聞くとともに、園での様子も伝える。 ・定期的に着替え袋の補充確認を行ってもらうとともに、季節に合わせた衣類の調節をお願いする。 ・保護者とともに、子育てについての悩みや相談等を共感し、信頼関係、協力関係を築いていく。 ・感染症流行の際には、家庭でもうがい・手洗いの励行をお願いし、予防に努めてもらう。 ・保育園での様子を実際に見て体験してもらえるよう、保育参加への参加を呼びかける（1〜5歳児クラス）。 ・ビデオ鑑賞会（0・1歳児・年2回、2〜5歳児・年1回）、園のホームページなどを通して、日常の保育の様子を情報公開する。 ・行事を通して成長を喜び合う機会をもつとともに、日頃のがんばりを伝え、家庭でも十分に認めてもらえるようにする。 ・就学前個人懇談を行い、園での様子を伝えるとともに就学に対する不安や質問等の相談を受ける。小学校との連携も連絡会などを通して、密にしていく。	

3. 子どもの発達の連続性に留意した保育の計画　－年間指導計画の実例－

（1）乳児クラスの年間指導計画（0～2歳児）

　K保育園における乳児クラス（3歳未満児クラス）の年間指導計画の実例について紹介し、具体的な内容について解説します。

①0歳児クラスの年間指導計画

　K保育園における0歳児クラスの年間指導計画において特徴的な点は、入園時期や0歳児クラスに在籍している子どもの実情に応じて、0歳児を生後2か月から23か月までの長期的な視野でとらえているところです。1歳児以降にみられるような月単位の年間指導計画ではなく、月齢によって生活リズムや発達特徴が大きく異なる0歳児クラスの特性に応じて、おおむね2か月ごとに区分された年間指導計画が作成されています。

　0歳児クラスの指導計画は、次の2つの観点から構成されています。

0歳児クラス（表8－2）
（1）子どもの姿と保育者の関わり
　　①健康・安全・保健・清潔
　　②子どもの食事の仕方
　　③食事の与え方・授乳の仕方
　　④言語・認識・社会性・対人関係・情緒表現・あそび
　　⑤睡眠
　　⑥排泄
　　⑦清潔
　　⑧運動発達・姿勢

（2）保育のポイント
　　⑨保育上の留意点
　　⑩家庭との連絡・連携

　K保育園の年間指導計画における特徴である食事に関する項目は、「②子どもの食事の仕方」「③食事の与え方・授乳の仕方」の2つの内容に区別されています。0歳児クラスの子どもにとって食事（授乳）は、成長に必要とされる栄養素の摂取や生命を維持するために重要であることはいうまでもありません。乳児期における食事は、たんに空腹を満たすだけでなく、食事（授乳）を通して保育者と密接に関わり、あたたかい保育者の受容的なまなざしややさしい言葉かけなど、一人一人の欲求に応じたていねいな働きかけによ

って、子どもとの信頼関係を築く機会にもなります。

　0歳児クラスの食事は、授乳から離乳食、そして幼児食へと移行する大切な時期です。食事の移行期における乳児の成長の姿には個人差があり、食事の移行は「1歩すすんで2歩さがる」という言葉の通り、進退を繰り返しながらゆるやかに進むケースが多くみられます。そのため、保育者の関わりの一つ一つに、細やかな配慮と子どもの生活の連続性を重視した発達の見通しをもつことが求められます。

②1・2歳児クラスの年間指導計画

　K保育園における1・2歳児クラスの年間指導計画において特徴的な点は、0歳児クラスの指導計画とは異なり1年間を4つに分けて、おおむね3か月を1区分とした指導計画が作成されていることです。1歳児クラス、2歳児クラスの指導計画は、次の3つの観点から構成されています。

```
1歳児クラス（表8－3）
（1）子どもの姿
　　①健康、②清潔・衛生、③食事、④排泄、⑤着脱、⑥対人関係、
　　⑦言語・認識、⑧あそび
（2）保育者の関わりや配慮事項
（3）家庭との連携
```

```
2歳児クラス（表8－4）
（1）子どもの姿
　　①健康、②清潔・衛生、③食事、④排泄、⑤着脱、⑥対人関係、
　　⑦言語・認識、⑧あそび・運動
（2）保育者の関わりや配慮事項
（3）家庭との連携
```

　指導計画の構成をみると、0歳児クラスとは項目内容も異なり、各年齢に求められる発達課題に応じて項目を変えていることがわかります。1歳児と2歳児クラスの特徴的な項目として、1歳児クラスでは「⑧あそび」の項目が、2歳児クラスでは「⑧あそび・運動」となっていることです。

　乳児クラスでは、清潔・食事・排泄・着脱といった基本的生活習慣に関する内容が、保育において重要な位置を占めています。保育者が一人一人の子どもにていねいに関わりながら自立支援を行うことで、子どもは自分でできることの喜びや満足感を得るようになり、しだいに保育所での生活は安定したものになっていきます。こうして、子どもは安定した自立的な生活を基盤

として、遊びの世界を広げていきます。1歳児クラスでは、保育者との関わりを通して、遊びの楽しさを感じることができるようにすることが重要です。2歳児クラスになると、自分の身体を思うようにコントロールできるようになるとともに、運動的な活動へと遊びの内容も広がり、深まっていきます。こうした子どもの育ちによって、乳児クラスから幼児クラスの指導計画へと緩やかに接続していきます。

（2）幼児クラスの年間指導計画（3～5歳児）

K保育園における幼児クラス（3歳以上児クラス）の年間指導計画について解説します。保育所の幼児クラスにおける教育内容は、幼稚園教育要領の内容と共通する5領域から構成されています。K保育園における幼児クラスの指導計画は、5領域の指導内容を含んだ以下の8つの観点から構成されています（表8－5に3歳児クラスの年間指導計画を紹介します。4・5歳児も同じ様式で作成します）

幼児（3歳以上児）クラス（表8－5）
（1）年間目標
（2）子どもの姿
（3）ねらい
（4）指導内容：①健康　②人間関係　③環境　④言葉　⑤表現
（5）環境構成と指導のポイント
（6）家庭との連携
（7）行事
（8）毎月の行事

「（5）環境構成と指導のポイント」の項目に着目します。保育所保育の内容は養護と教育が一体的に展開され、保育の内容を豊かに繰り広げることが大切です。また、乳幼児期の保育は「環境を通して行う」ことが基本とされています。切り離すことのできない養護と教育を一体として保育を展開するためには、保育の環境について留意することが不可欠です。養護と教育を一体的にとらえた保育の環境づくりのポイントとして、次の5項目が重要となります。

　　①環境を通して行う保育を実践できる環境づくり
　　②子どもが主体となって自発的に関わろうとする環境づくり
　　③子どもの目線に立ち、安全で保健的な環境づくり
　　④保育室のあたたかな雰囲気と子どもが生き生きと輝く環境づくり
　　⑤人との関わりがうまれる環境づくり

表8-2　0歳児　年間指導計画　　　　　　　　　　　　　　　　　　　　　　　　　『ゆったりとした環境で過ごす』

	月齢	2か月～3か月	4か月～5か月	6か月～7か月	8か月～9か月
(1)子どもの姿と保育者のかかわり	①健康・安全・保健・清潔	・日光浴を始める（3分～10分程度まで徐々に時間を延ばす）。 ・風のない場所での外気浴を始める。 ・乳児湿疹を防ぐため沐浴を行う。	・感染症にかかりやすくなるので注意する。 ・徐々に薄着にする。 ・自然の涼風のなかで過ごさせる。 ・沐浴をする。	・歯がため用の玩具は常に清潔にしておく。 ・梅雨時、夏季の食事は特に注意する。 ・こまめに着替えをさせる。 ・沐浴をする。 ・薄着にし、活発に手足を動かせるようにする。	・病気を防ぐために寝冷えや食べ物に注意する。 ・ハイハイを始めたら安全な環境づくりに心がける。 ・食後に手と顔を拭く。 ・沐浴をする。 ・散歩後に手を拭く。
	②子どもの食事の仕方	・空腹になると泣く。 ・満腹になると眠る。 ・大人に抱かれて安心してミルクを飲む。	・離乳の準備に入る。 ・スプーンから飲む。 ・食べ慣れない物を口に入れると嫌な顔をして抵抗を示す。 ・ラックに座って食べる。		・離乳食に慣れる。 ・乳歯が生えてくる。 ・歯がためビスケットなどが食べられる。 ・手づかみで食べ物を口に運ぶ。 ・椅子に座って食べられるようになる。
	③食事の与え方・授乳の仕方	・子どもの要求に合わせて授乳する。 ・落ち着いた雰囲気のなかで子どもが満腹になるまで十分に与える。	・スープ類など乳以外の味やにおいに親しませる。 ・食品の旨みがわかるように単品で与える。 ・食品の柔らかさは、形があるがスプーンで簡単に崩せる程度にする。		・水分を十分に与える。 ・質・量ともに栄養バランスがとれるようにする。 ・食材は歯ぐきでつぶれる程度の柔らかさにする。 ・いろいろな舌ざわりのものを与える。
	④言語認識社会性対人関係情緒表現あそび	・声を出して泣く。 ・あやすと声を出したり、笑い返したりする。 ・あやされることを喜ぶ。 ・話し声がしたり、人が近くを歩いたりするとそちらの方へ頭を向けて追視する。 ・機嫌がよいときは喃語を発する。 ・つかんだ物を見ながら両手で遊ぶ。	・機嫌のよいときは盛んに喃語を発し、空腹や眠いときはぐずぐず言う。 ・不機嫌なときは反り返ったり泣いたりして感情を動作で表す。 ・保育者の顔や手を識別するようになる。 ・視野に入った物を目で追う。 ・目が合うと相手に自分から微笑みかける。 ・見た物に手を伸ばそうとする。 ・手につかんだ物をしっかり握り、放さない。	・盛んに反復喃語を言う。 ・身近な小動物に興味をもつ。 ・人見知りが始まる。 ・母親や保育者の姿が見えなくなると泣く。 ・好きな人をみるとキャッキャッと喜ぶ。 ・相手を見て、自分の方から声を出して呼びかける。 ・食卓の上などにある物を払い落として遊ぶ。	・アーア、ウーウ、マンマなど要求に結びついた連続した声（喃語）を盛んに言うようになる。 ・何でも口にもっていき、舐めたり、噛んだり、しゃぶったりする。 ・遠くにある物を取ろうとして手を伸ばす。 ・音の出る玩具をもって振り回し、音を出して楽しむ。
	⑤睡眠	・一日のほとんどを眠って過ごす。 ・眠くなると不機嫌になる。 ・昼と夜のパターンができる。		・午前・午後・夕方の3回寝をする。 ・自分のふとんで気持ちよく眠り、目覚める。	・午前・午後の2回寝る。 ・目覚めた後、一人で遊ぶ。
	⑥排泄	・おむつが汚れると泣く。 ・尿や便の量、回数、状態に個人差がある。		・おむつが汚れると不機嫌になる。 ・おむつ交換を嫌がり、じっとしていなくなる。	
	⑦清潔	・清潔に心がけ、心地よく過ごせるようにする。 ・皮膚のただれに注意し、予防を図る。		・便の状態をチェックし、健康観察をする。 ・排泄の個人差を把握して、おむつ交換の目安とし、清潔に対する感覚を養う。	
	⑧運動発達・姿勢	・手足は左右対象姿勢をとる。 ・把握反射が消えて、掌は開いている。 ・腕を持ち上げて手を眺めたりなめたりする。 ・うつぶせにすると5秒以上は頭を上げられる。 ・ガラガラをもたせると握る。	・手足を伸ばしたり、結び合わせたりする。 ・両手を合わせて指で遊ぶ。 ・うつぶせにすると両腕で体を支える。 ・力を込めて物を握る。 ・しっかり首がすわり、仰向けから引き起こすと頭が遅れない。	・寝返りを獲得する。 ・仰向けになると足を上げ、手でいじる。 ・物を目の前に出すと見た物に片手を伸ばしてつかみ、なめる。 ・短い時間座っていられる。	・片手にもったものをもう一方の手に持ち替える。 ・細かいものをつまむ。 ・遠くにある玩具に手を伸ばして取ろうとする。 ・座位が安定する。 ・ずり這いで進む。 ・四つん這いの姿勢で体を前後に揺らす。
(2)保育のポイント	⑨保育上の留意点	・心地よく過ごすことができるようにする。 ・基礎となる一つひとつの活動を大切にする。 　（腹這い、仰向け、なめる、ふる、ひっぱるなど） ・子どもが満足するまであやす。	・喃語が盛んになるので、話しかけを十分にする。 ・発育を促進するため、手に玩具を握らせる。 ・音の出る玩具を与え、反応や感覚を養う。	・子どものいろいろな感情を敏感に受け止めて要求を満たしてやり、常に安定して過ごせるようにする。 ・形や大きさ、重さ、なめらかさなどの違う玩具を用いて楽しませながら機能の発達を促す。	・やさしく話しかけたり、発声や喃語に応えたりして言葉のもつ喜びを伝え共有する。 ・手指を使った細かい動きのある遊びをさせる。
	⑩家庭との連絡・連携	・一人一人の子どもの園での生活リズムを個人差に応じてできるだけ家庭と同じような状態にし、徐々に新しい生活へ移行できるように配慮を十分に行う。 ・衛生的で安全な環境を整え、健康状態の観察を十分に行い、病気や異常は早期発見し、機嫌良く生活できる環境を常に整える。 ・親しい大人と安定した関係を基盤とし、探索活動が活発にできるようにする。 ・離乳食を喜んで食べ、いろいろな食物を味わう経験を十分に行い、進んで食べる意欲を育てるようにする。			

第8章 計画の実際① 保育所（0〜3歳）

10か月〜12か月	1歳前半　13か月〜17か月	1歳後半　18か月〜23か月
・戸外に出るときは衣服を調節し、暑かったり寒かったりしないようにする。 ・戸外遊びや散歩を積極的に行い、外気にふれる。 ・ゆっくりと歩行に慣れるように見守る。 ・転んだ時、けがをしないように原因になりそうなものを遠ざける。 ・散歩後に手を洗う。	・天候・気温に合わせて衣服の調節をする。 ・戸外に出て外気浴を十分に行う。 ・必要に応じて水分の補給をする。	・気温の変化・個々の体験に合わせて衣服の調節をする。 ・日光浴・外気浴で皮膚を鍛える。 ・薄着の習慣をつけていく。 ・皮膚を清潔に保つ。 ・爪を切る。 ・自分で帽子を被ろうとする。
・歯で物を嚙むのを喜ぶようになる。 ・コップで飲むことができるようになる。 ・固形食品を手にもって食べる。 ・スプーンをもつ。	・離乳が完了する。 ・いろいろな食品に慣れる。 ・食べ終わるまで席についていなければならないことがわかる。 ・自分でスプーンを食べ物の皿に入れる。 ・自分でコップをもって飲む。	・食べ物をスプーンですくって口に運ぶ。 ・いろいろな食品に慣れる。 ・よく嚙んで食べる。 ・苦手な食べ物にそっぽをむいたり、イヤイヤと訴えたりする。 ・食べ終わるまで席についている。 ・食前、食後にタオルで手を拭く。
・食品は前歯で嚙み切れる、歯ぐきでつぶして食べられる固さにする。 ・手づかみで食べられる食品を与える。 ・スプーンをもたせる。		
・ほかの子にア〜ア、オ〜オなどと話しかける。 ・いないいないばあをする。 ・ウマウマ、マンマと言って食べ物を催促する。 ・発声の種類が多くなり状況と結びついてくる。 ・自分の名前を呼ばれるとア〜イなどと返事をする。 ・ダメと叱られると泣きべそをかいたり手を引っ込めたりする。 ・保育者を独占したくて、ほかの子を押しのけて自分もだっこされようとする。 ・保育者の手遊びをみて真似る。 ・ほかの子の遊びをみて同じことをしたがる。 ・物の蓋などを開けたり閉めたりする。	・友だちと一緒にいる楽しさを知る。 ・友だちに関心を示すようになる。 ・人見知りがまた出てくる。 ・保護者や保育者に対して甘えが激しくなり後追いする。 ・ちょうだいと言われると相手に渡す。 ・一定の状況に対して一定の発声が出てくる。 ・ワンワン・ブーブーなどの一語文が出てくる。 ・保育者の動作や発声を真似る。 ・自分の名前を呼ばれると振り向く。 ・バイバイと言われると手を振る。 ・好きなおもちゃで遊ぶ。 ・探索活動を十分に行う。 ・ハイハイと伝い歩きと二足歩行で移動を楽しむ。	・友だちに関心をもつ。 ・友だちと名前を呼び合う。 ・保育者の言語的指示で行動できることが増える。 ・一語文を話す。 ・欲しいものがあると言葉で要求する。 ・絵本に興味をもつ。 ・なぐり書きをして遊ぶ。 ・型はめを好んで遊ぶ。 ・人形の世話をする、料理をつくる等ままごと遊びを好む。 ・砂場で好んで道具を使って遊ぶ。 ・自分の思い通りにならないと泣いて意思を通そうとする。 ・自然物にふれて遊ぶことを楽しむ。
・午前・午後の2回寝る。 ・目覚めた後、一人で遊ぶ。	・睡眠のリズムが確立し、午睡は1回になってくる。 ・おむつが汚れると動作で伝える。 ・促されると布団に行き、安心して眠る。	
・排泄間隔が長くなり、1回の量が多くなる。 ・徐々にオマルに慣れる。	・嫌がらずにおむつ交換をしてもらう。 ・オマルに慣れ、排泄もできるようになる。 ・着脱の仕方を覚え、自分でパンツを上げようとする。	・促されてオマルや便器に座る。 ・タイミングが合えばオマルや便器で排泄ができる。 ・おむつの濡れる間隔が延びてくる。 ・着脱の仕方を覚える。
・おむつを替えるときはやさしく話しかけて動作を促す。		
・ハイハイができるようになる。 ・つかまりだちをする。 ・伝い歩きをする。 ・片手をもってやると歩くことができる。 ・小さいものを人差し指と親指でつまむ。	・歩行が確立してくる。 ・歩くこと自体が目的となって楽しんで歩く。	・階段の昇降ができる。 ・すべり台を足からすべる。 ・段差や坂道もしっかり歩く。 ・目的をもって歩くようになってくる。
・小さいものを好むので、誤飲に気をつける。 ・抱いたり、ほほえみかけたりして甘えの依存欲求を満たし、丁寧にゆったりとかかわるようにする。 ・ハイハイを十分にさせる。 ・絵本や玩具、身近な生活用品を用意して意欲的な遊びへ誘う。 ・身の回りの物に対する興味や関心を育てる。 ・自然物や玩具、身の回りの生活用品など見たり聞いたり触れたりできるように環境を豊かにする。 ・ベビーサインを受け止め、コミュニケーションをとり、発語の意欲を引き出していく。		
・やけどやけがや誤飲などの事故が多くなるので家庭でも園でも環境に注意する。	・園で信頼できる保育者との関係をつくり、保護者が安心して預けられるようにする。	・子どもの要求や気持ちに共感し、言葉で返していくよう家庭でも園でも心がける。 ・母親や保育者などとの愛着関係を大切にする。

表8−3 1歳児 年間指導計画　　　　　　　　　　　　　　　　　　　　　　　　　　　『ゆったりとした環境で過ごす』

<table>
<thead>
<tr><th colspan="2"></th><th>4月 5月 6月</th><th>7月 8月 9月</th></tr>
</thead>
<tbody>
<tr><td rowspan="8">(1)子どもの姿</td><td>①健康</td><td>・天候や気温に合わせて衣服の調節をする。
・戸外に出て外気浴を十分に行う。
・必要に応じて水分の補給をする。</td><td>・水遊びを楽しませ、水に慣れさせる。
・水分を十分与える。</td></tr>
<tr><td>②清潔・衛生</td><td>・爪を切り、からだを清潔に保つ。
・食前と排泄後などの手拭き、外遊び後の手洗いをする。</td><td>・皮膚を清潔にする。
・とびひ、あせも、虫さされの化膿を防ぐ。
・手洗い、手ふきを習慣づける。
・遊んだ後の手洗い、足洗、顔拭き、衣服の交換などをこまめに行い、気持ちよく生活できるようにする。</td></tr>
<tr><td>③食事</td><td>・いろいろな食品に慣れる。
・食べ終わるまで席についていなければならないことがわかる。
・食べることの楽しさを味わう。</td><td>・スプーンをもって食べられるようになる。
・一口の量がわかる、パワーグリップで食べる。
・よく噛んで食べる習慣をつける。
・食べ終わるまで席についていることがわかる。</td></tr>
<tr><td>④排泄</td><td>・嫌がらずにおむつ交換をしてもらう。
・徐々にオマルや便器に慣れる。</td><td>・促されてトイレやオマルに座る。
・少しの間おむつをはずして過ごす。
・日中はパンツで過ごす。</td></tr>
<tr><td>⑤着脱</td><td>・0歳児からの進級児と1歳児からの新入園児には差があるので、子どもの様子をみながら行う。</td><td>・保育者の手を借りながら脱いだり着たりする。
・パンツやズボンを自分で脱ごうとする。</td></tr>
<tr><td>⑥対人関係</td><td>・友だちと一緒にいる楽しさを知る。
・友だちに関心を示すようになる。</td><td>・自分の好きな遊びをみつけて楽しむ。
・友だちと同じことをして喜ぶ。
・友だちの名前を呼び合う。</td></tr>
<tr><td>⑦言語・認識</td><td>・クラスの友だちや保育者ら身近な人を意識する。
・名前を呼ばれたら返事をする。
・興味のあるものをみつけると指さしや言葉で知らせる。
・自分のしたいことやしてほしいことを言葉や動作で表現する。</td><td>・朝夕のあいさつを覚える。
・友だちの名前がわかる。
・遊びのなかで一語文が出てくる。
・絵本をよんでもらうことを喜ぶ。
・簡単な言葉のやりとりを楽しむ。</td></tr>
<tr><td>⑧あそび</td><td>・新しい生活環境に慣れる。
・好きなおもちゃで遊ぶ。
・手足や身体全体を使って遊ぶ。
・春から夏の自然にふれ十分に探索活動を楽しむ。
・両手両足を使っての移動運動を楽しむ。</td><td>・砂や泥で遊び、感触を楽しむ。
・水で遊ぶ。
・夏の自然にふれ、十分に探索活動を楽しむ（草花、小動物、乗り物など）。
・簡単なごっこ遊びを楽しむ。</td></tr>
<tr><td colspan="2">(2)保育者のかかわりや配慮事項</td><td>・一人一人の生活や状態を把握し、情緒の安定を図る。
・家庭と連携をし、子どもの状況を互いに理解し合う。
・発達や月齢に合わせたグループでかかわりをもったり、個人の状況を把握しやすくする。
・連絡もれのないよう話し合う。</td><td>・自分からしようとする気持ちをくみ取り、できないところを介助し、できたという満足感を味わわせる。
・室内温度に気をつけ、体が冷えすぎないようにする。
・水遊びは体調に注意し、安全に遊べる環境を整える。
・いろいろなものに興味を抱かせる。</td></tr>
<tr><td colspan="2">(3)家庭との連携</td><td>・保護者が安心して預けてもらえるよう、コミュニケーションをはかり、信頼関係を早く築けるようにする。
・子どもの様子をこまめに家庭へ伝える。</td><td>・皮膚の健康の状態を園と家庭で把握し、連絡を取り合う。
・汗をかくので多めに着替えを用意してもらう。</td></tr>
</tbody>
</table>

第 8 章 計画の実際① 保育所（0〜3歳）

10月　11月　12月	1月　2月　3月
・薄着の習慣をつけていく。 ・風邪の予防・早期発見に努める。	・気温の変化や個々の体調に合わせて衣服の調節をする。 ・天気のよいときは日光浴・外気浴をして皮膚を鍛える。
・皮膚を清潔にする。 ・しもやけやひび割れの予防に留意する。 ・自分でできる子は鼻汁をかめるようにする。 ・遊んだ後の手洗い、足洗、顔拭き、衣服の交換などをこまめに行い、気持ちよく生活できるようにする。	・皮膚を清潔にする。 ・しもやけやひび割れの予防に留意する。 ・自分でできる子は鼻汁をかめるようにする。 ・遊んだ後の手洗い、足洗、顔拭き、衣服の交換などをこまめに行い、気持ちよく生活できるようにする。
・嫌いな物でも促されて食べようとする。 ・無理なく一定量食べられるようになる。 ・スプーンやフォークを使って一人で食べられる ・食材に興味をもつ。	・よく噛んで食べる。 ・意欲的に食べる。 ・促されて主食と副食を交互に食べる。
・おむつやパンツが汚れたら知らせるようになる。 ・尿意を感じたら、表情や言葉で伝えることができる。	・トイレで排泄できるようになる。 ・女の子は排尿後、保育者に拭いてもらう。 ・男の子は男子便器に慣れていく。
・上着とズボンを一人で脱げる。 ・靴下や靴を自分で脱いだり履いたりしようとする。	・上着やズボンを自分で脱いだり着たりしようとする。 ・ボタンのはめはずしに興味をもち、自分でやってみようとする。 ・「自分で」と主張することが多くなる。
・自分のものと他人のものとの区別がつくようになる。 ・まわりの人の動きに興味をもつ。 ・「まっててね」「じゅんばん」などの言葉かけに少しの間待つことができる。	・ほかの子どもの行動を気にしたり、誘ったりして遊ぶ。 ・見立て・つもり遊びができるようになり、友だちと遊ぶことが多くなる。
・一語文がはっきりしてきて、二語文が出てくる。 ・友だちの名前がわかり、相手の名前を呼ぶ。 ・遊びのなかで言葉が盛んに出てくる。	・身近な物の名称が言える。 ・「これなあに？」と聞かれると答えることができるようになる。 ・子ども同士の言葉のやりとりが盛んになる。 ・絵本に興味をもち、「読んで」と要求する。
・保育者と一緒に遊びを楽しむ。 ・秋の自然に親しむ（落ち葉、木の実など）。 ・量の大小がわかってくる。 ・散歩を楽しみながら、歩行力をつけていく。 ・身体全体を使って遊ぶ。	・伝承遊びの雰囲気を楽しむ。 ・色や形の大きさに興味をもつ。 ・冬の自然にふれる（雪、氷）。 ・散歩を楽しみながら歩行力をつけていく。 ・身体全体、両手両足をしっかり使って遊ぶ。
・自分でという気持ちを大切にし、個人差も考慮しながら自立心を育てる。 ・自己発揮が旺盛になり、情緒の動揺が激しくなる子にはしっかりと気持ちを受けとめ、丁寧に接する。 ・一人一人の体温調節をこまめに行い、薄着の習慣を身につける。	・自分でできたことは認め、励ましながら満足感を味わうように促す。 ・遊びの幅が広がるので、けがのないように十分に注意する。 ・クラスの移行に向け、2歳クラスへ遊びに行き、2歳児としての活動を増やし、不安を取り除く。
・体調の変化に配慮し、早めの受診・休養を勧める。 ・子どもの興味や関心を伝え、伸びようとしている姿や心情を喜び合う。	・体調の変化に配慮し、早めの受診・休養を勧める。 ・予防接種や健診の受診状況を確認する。

表8-4　2歳児　年間指導計画　　　　　　　　　　　　　　　　　　　　　『ゆったりとした環境で過ごす』

		4月　5月　6月	7月　8月　9月
(1)子どもの姿	①健康	・機嫌よく登園する。 ・生活リズムを知って活動ができるようになる。	・十分に休息をとる。 ・水遊びをする。 ・夏を健康に過ごす。 ・汗をかいたらタオルで拭く。
	②清潔・衛生	・手洗いを自分でしようとする。 ・鼻汁が出たら自分で拭く。	・プールで衛生的に遊ぶ（耳垢・皮膚のケア、爪切りなどは事前に点検、処理しておく）。 ・手洗い後にタオルで手を拭く。
	③食事	・楽しんで食事をする。 ・食事やおやつの前に促されて手を洗う。 ・苦手な食材も保育者の援助により食べられる。 ・スプーンやフォークをペンフォルダー持ちする。 ・正しい姿勢で椅子に座る。	・こぼさないように食べる（徐々にエプロンをはずしていく）。 ・よい姿勢で食べる。 ・食べ終わるまで席を離れない。
	④排泄	・トイレで排泄できる。 ・尿意・便意を知らせ、保育者と一緒にトイレへ行く。 ・トレーニングパンツを履く。	・女の子は排尿後、自分で紙をちぎって拭く。 ・排泄の時、パンツやズボンを脱がずに下げてする。 ・男の子は小便器でする。
	⑤着脱	・できないことは手伝ってもらいながら衣服の着脱を自分でしようとする。 ・パンツとズボンは自分ではく。 ・脱いだ服を畳もうとする。	・靴を一人で履く。 ・帽子を一人でかぶる。 ・衣服の前後、裏表に気をつけながら、自分で着る。 ・前のボタンを自分ではめようとする。
	⑥対人関係	・好きな玩具で一人遊びを楽しむ。 ・友だちや保育者の名前を覚え、言える。 ・友だちと一緒に遊ぶ。	・集団生活での約束が少しずつわかる。 ・友だちとのかかわりを喜ぶ。 ・ルールのある簡単な遊びを楽しむ。
	⑦言語・認識	・友だちや保育者と簡単なやりとりを楽しむ。 ・友だちや保育者の名前がわかり、言える。 ・生活に必要な言葉を遊びのなかで覚える。	・自分のしたいことやしてほしいことを言葉で表現する。 ・日常のかかわりのなかで言葉を使うことを楽しむ。
	⑧あそび	・好きな玩具をみつけて遊ぶ。 ・自然物を使って遊ぶ。 ・保育者や友だちと散歩を楽しむ。 ・全身を使った遊びを楽しむ。 ・簡単な表現遊びを楽しむ。	・水や土や砂の感触を味わいながら、夏ならではの開放的な遊びを楽しむ。 ・身近な生き物にふれる。 ・模倣遊びや探索活動を楽しむ。 ・運動会の練習に楽しんで参加する。
(2)保育者のかかわりや配慮事項		・一人一人の子どもの気持ちを受けとめてかかわる。 ・子どもとのやりとりを通して信頼関係をつくっていく。 ・ゆったりとした雰囲気のなかで子どもが過ごせるようにする。 ・安全・清潔・衛生面に気を配る。 ・コーナー遊びを取り入れ、遊びこめる環境を整える。	・一人一人の体調に留意し、夏の遊びが十分満喫できるように工夫する。 ・気温、湿度が朝夕・日ごとで変化するので、遊びや戸外に出るときは十分様子をみておく。
(3)家庭との連携		・保護者が安心して子どもを預けられるように面談などやハンドブックで信頼関係を築けるようにする。 ・登園時の決まりを守ってもらうように伝える。	・水遊びをする時の健康管理や衛生面の徹底を伝える。 ・感染症には予防、病後の治療に努め、感染が少なくなるように勧める。

10月　11月　12月	1月　2月　3月
・薄着で過ごす。 ・気温や湿度、活動に応じて衣服を調節する。 ・風邪の予防をする（手洗い・うがい）。	・天気のよい日は戸外で元気に遊ぶ。 ・体全体と両手両足をしっかり使って遊ぶ。
・感染症が流行する時期なので、手洗いやうがいなど、健康管理に十分留意する。 ・うがいの仕方や違い（戸外遊び後、給食後）を知る。	・手足を清潔にして、しもやけやひび割れの予防をする。 ・幼児クラスで過ごす際は、上靴を履く。 ・進級に向け、泡石鹸から、液体の石鹸に変え、使い方を知る。 ・トイレに入る際、スリッパを使用し、脱いだ後は揃える。
・食べ物に興味をもつ。 ・食べることに積極的になる。 ・こぼさないように食べる。	・食器の正しい使い方を覚える。 ・食器の片づけ方を知り、自分でやってみようとする。 ・給食後、歯磨き、うがいをする。 ・箸の使い方を知り、箸を使って食べようとする。
・尿意を感じると、自分からトイレへ向かう。 ・排泄後の衣類を整える。 ・便意を感じたら保育者へ知らせ、後始末をしてもらう。	・排便の後始末が、ある程度確立できるようになる。 ・排泄後に手を洗う。 ・排尿後、女の子は紙で拭き、水を流す。
・ボタンなどを友だち同士で手伝い、着脱をほとんど自分でできる。 ・促されて衣服の調節をする。 ・脱いだ服を整理する。	・衣服の前後や裏表がわかって正しく着ようとする。 ・防寒着の着脱に慣れる。
・大人の手伝いをするのを喜ぶ。 ・仲間の関係ができ、3～4人で遊ぶ。 ・約束を守って生活する。	・友だちと正月の遊びを楽しむ。 ・自分でできることを喜び、積極的に行動しようとする。 ・年上の友だちとのかかわりを楽しむ。 ・進級への期待と喜びをもつ。
・自分の感動や喜びを表現する。 ・遊びのなかで保育者や友だちとの会話が活発になり、言葉のやりとりを楽しむ。	・ごっこ遊びを通して友だちとの会話を楽しむ。 ・大人の話をよく聞いて答えられるようになる。 ・経験したことや疑問に思ったことを、保育者や友だちに伝える。
・遊びのなかに箸を取り入れ、興味をもち遊ぶ。 ・身近な動植物や自然現象に親しみ、遊びに取り入れる。 ・見立て・つもり・ごっこ遊びが盛んになる。 ・絵本や紙芝居の気に入った場面のつもり遊びをする。	・冬の自然にふれ、興味をもつ。 ・生活や遊びのなかで基本的な形や色や量などに興味をもつ。 ・保育者を仲立ちとして言葉のやりとりをしながらルールのある遊びを楽しむ。
・子どもとのやりとりを通して信頼関係を深め、安心して気持ちよく表現できるような接し方をしていく。 ・子どもの要求に応じた玩具、遊具を用意していく。 ・活動に応じた衣服を調節する。 ・ごっこ遊びに広がりがもてるように環境設定に工夫する。	・大きくなった喜びが体感できるように言葉かけをする。 ・進級に不安がないように幼児クラスへ遊びに行ったり、一日の活動をできるところから行ったりし、安心感を抱かせるようにする。 ・一人一人の成長をふりかえりながら、期待できる面を保護者へ伝えていく。
・保育参加にはできるだけ参加してもらい、日頃の保育の様子をみてもらい、保育者とのかかわりなどを知ってもらう機会にする。	・幼児クラスへの移行がスムーズに行えるよう生活リズムの違いや保育者のかかわりなどを事前に話し、安心感を抱いてもらえるように心がける。

表8-5 3歳児 年間指導計画

		Ⅰ期（4月～5月）	Ⅱ期（6月～8月）
(1)年間目標		○園生活の流れや生活の仕方がわかり、自分でしようとする意欲をもつ。 ○からだを十分に動かしていろいろな動きのある遊びを楽しみ、気持ちよさを味わう。 ○保育者や友だちと親しみ、友だちとふれあいながら安心して自分のしたい遊びに取り組む。 ○自分の要求や感じたことを自分なりの方法で表現する。	
(2)子どもの姿		○新入園児は保護者から離れず泣いたり、不安や緊張でじっとしていたり、目についた遊具で遊び始めるなど、一人一人違う姿がみられる。 ○進級児ははりきって登園し、自分のやりたい遊びをみつけて遊び出す子や新しい保育室や担任など環境の変化にとまどい不安な子もいる。 ○園の生活に慣れてくると自分から遊び始めたり身の回りのことも少しずつしようとするが、まだ保育者の手助けを必要とする場合も多い。 ○したいこと、してほしいことを言葉で伝えようとするが、伝えきれずにいる。	○情緒が安定し身の回りの始末を自分でしようとするが、まだ保育者に甘えたい思いがある。 ○さまざまなことに好奇心をもつようになり、自分でいろいろと試してみようとする。 ○友だちとのかかわりが広がり、物の奪い合いや自分の思いが伝わらずぶつかり合うこともある。 ○どろんこ、水遊びを好み、ダイナミックに遊ぶようになる。 ○保育者に親しみ、新しい活動に自分から取り組み、遊びの範囲を広げていく。 ○好奇心が旺盛になり、生活や遊びのなかで見たり、触れたり、試したりする喜びを味わう。 ○一人一人が自己主張するようになるので、物の所有をめぐって、友だちとぶつかり合うことが多くなっている。そうした機会を通して友だちの存在に気づき、かかわり方を知る。
(3)ねらい		○欲求を十分受けとめてもらい、保育者との安定した関係のなかで新しい環境に慣れ安心して生活する。 ○自分の好きな遊びをみつけたり、真似したりして遊ぶ。 ○したいこと、してほしいことを言葉や表現、しぐさで表す。	○園での生活の仕方がわかり、簡単な身の回りの始末を自分でしようとする。 ○遊びや生活には約束や決まりがあることを知る。 ○保育者や友だちといっしょに生活することに慣れ、安心して動けるようになる。 ○全身を動かす遊びや水遊びを好んでする。
(4)指導内容	健康	○園での食事、排泄、手洗い、うがい、所持品などの基本的な生活の仕方を知り、保育者に手伝ってもらいながらも自分でしようとする。 ○戸外の遊具で遊び、安全に使おうとする。 ○安心して遊具や玩具を使って遊ぶ。	○食事、排泄、着脱など一人でしようとしたり、できないことを保育者に伝えたりしようとする。 ○みんなで一緒に食事をすることを楽しむ。 ○午睡の習慣がつき、休息を十分にとる。 ○おいかけっこや固定遊具の遊びなどで体を動かす心地よさを楽しむ。
	人間関係	○自分のクラスがわかり、担任や友だちを覚え、親しみをもつ。 ○気持ちよく挨拶を交わしたり、名前を呼ばれたら返事をする。 ○自分と他人のものを区別し、しまっておく場所がわかり、簡単な身の回りの始末をしようとする。 ○したいこと、してほしいことを保育者に動作や言葉で伝えようとする。 ○みんなで一緒に保育者の話を聞くことを楽しむ。	○自分の好きな遊びに喜んで取り組む。 ○身近な生活用品などの使い方を知り、興味をもって使おうとする。 ○水、泥、砂遊びなど開放感が味わえる遊びを十分に楽しむ。 ○自分の経験したことや思いを保育者や友だちに話そうとする。
	環境	○絵本や紙芝居やペープサートを見たり聞いたりして楽しむ。 ○知っている歌や曲を自分なりに楽しく歌ったり体を動かしたり手遊びを楽しんだりする。	○好きな動物、絵本の登場人物などになって遊ぶことを楽しむ。 ○音楽に合わせて体をリズミカルに動かしたり、簡単な身体表現したりして楽しむ。
	言葉	○土、砂、粘土の感触を味わう。 ○積み木、ブロック、ままごとなどに興味をもち、触れて楽しむ。	○新しい歌を覚えて、友だちと一緒に歌ったり、いろいろな音のするものに触れ、自分なりに音を出して楽しんだりする。
	表現	○誕生会や避難訓練など行事に無理なく参加する。	○ボディペインティングや絵の具遊びなどでのびのびと描く楽しさを味わう。
(5)環境構成と指導のポイント		○靴箱、ロッカーなどにその子のマークをつけ、食事や排泄、持ち物整理などは繰り返して安心して覚えられるようにする。 ○戸外の遊具や砂場を安全に整備し、保育者が見守りながら自由に使えるようにする。 ○室内の遊び場所は家庭的な雰囲気づくりをし、安心して好きな遊びができるように配慮する。 ○一人一人をあたたかく受け入れ、どの子も安心感がもてるように心がけ、小さなサインも見逃さないように配慮する。 ○好きな遊びをみつけられるようにいっしょに遊んだり、興味がもてるよう誘いかけをしたりする。 ○安全に遊べるように遊具や道具を調え、ケンカなどが起きないように十分な量のおもちゃを用意しておく。 ○春の植物が咲いている花壇から花を摘んだり、引き抜いたりする子どももいるので、扱い方を教えながら、生長の喜びを感じとれるような話をすすめておく。	○生活の仕方は一人一人に応じて援助し、年長児の活動をみたり手伝ってもらったりしながら自分でしようとする気持ちを育てる。 ○物の種類や特徴に合わせて片づけが自然とできるように箱や棚を用意し、分類や整理がしやすいようにマークをつける。 ○子どもの興味をとらえて楽しめるような材料や用具を用意し、やりたいときにできる時間や場、数量を保障する。 ○気温に合わせて水遊びやプール遊びができるように、場や遊具などを整え使えるようにしておく。 ○梅雨期、夏期における保健衛生、一人一人の健康状態に留意し、快適な環境のもとで生活できるようにする。 ○友だちと同じものをもったり身につけたりできるよう、遊具などの数や置き場に配慮する。 ○子どもの話しかけ（要求、甘え等）に耳を傾け、共感して受けとめる態度を保つ。 ○一人一人のペースを大切にし、「やってみたい」「おもしろそう」という気持ちを抱くような場を提供する。 ○生活習慣は、一人一人の必要に応じて声をかけたり見守ったり援助したりしながら、自分でしようとする気持ちを大切にする。自分で行ったときは、認めて自信をもたせる。 ○物の取り合いなどのトラブルには互いの気持ちを受けとめ、状況に応じて対応する。
(6)家庭との連携		○子どもを初めて集団生活に入れる保護者の思いや気持ちを理解し、子育ての大切さや喜びに共感し、信頼関係を築いていく。 ○保護者に安心してもらえるよう、登降園時に家庭の様子を聞いたり、園での姿を具体的に伝えたり、クラス便りを発行するなどして話し合う機会を多くもつ。 ○保護者の思いをくみ取り、意向を大切に受けとめる。	○園生活のなかで、自分の力で努力している姿を伝え、家庭で自分がしたい意欲のあることには時間と心にゆとりをもって行ってもらえるよう伝える。 ○一人一人の健康状態を連絡帳などで知らせ合う。 ○この時期は特に体の清潔、着脱しやすい衣服の準備などに配慮してもらう。 ○夏の生活について、食事、睡眠、疲れすぎない活動などに気をつけてもらうよう伝え、登園の日は家庭との生活のリズムをみながら活動することも知らせる。
(7)行事		・新年度開始　・歯科検診　・母の日の製作 ・クラス写真　・春の遠足　・内科検診	・トライやるウィーク（職場体験学習）　・ビデオ鑑賞会 ・七夕　・蟯虫検査　・父の日の製作 ・プール開き　・総合避難訓練
(8)毎月の行事		・身体計測　・誕生会　・避難訓練（火災・災害）　・読み聞かせ　・クッキング　・給食参観　・お弁当日	

第8章 計画の実際① 保育所（0〜3歳）

○保育者や友だちと親しみ、ふれあいながら安心して自分のしたい遊びをする。
○園の遊具や玩具に興味を示し、友だちとかかわりながら意欲的に遊びに取り組む。
○さまざまなことに興味や関心をもち、生活や遊びのなかで探索行動が活発になる。
○自己主張をもつが、友だちとのいさかいも増えるので、友だちとのかかわり方を知ろうとする。

Ⅲ期（9月〜12月）	Ⅳ期（1月〜3月）
○園生活を楽しみにし、自分のしたい遊びに夢中になったり、友だちの遊びに入ろうとする。 ○自分の思いを相手に伝えようとし、友だちとの会話も増える。 ○身の回りの始末や片づけなど自分でしようとする子どもが多くなる。 ○仲間意識が芽生えはじめ、追いかけっこやごっこ遊びなどで友だちと一緒に遊ぶ楽しさを味わう。 ○自分なりのイメージをもち、感じたことや思ったことを表現しようとする。 ○木の葉や木の実など園内外の自然にふれ、遊びのなかに取り入れようとする。 ○保育者の言葉による指示をきいたり、行動したりして友だちと遊ぼうとする。 ○自分の思いを通そうとしてトラブルが起きるが、そのなかで相手の気持ちに気づくようにもなる。	○身の回りのことや生活に必要なことなど、自分でできることは自分なりに進めようとする。 ○仲の良い友だちと一緒に遊んだり、友だちや保育者の手伝いをしたがる。 ○自分のしたいことや言いたいことを自分なりの言葉で表現するようになる。 ○氷や雪など冬の自然現象に出会い、関心をもつ。 ○安心した気持ちで園生活を送るようになり、仲の良い友だちと遊ぶのを好む。 ○当番活動や保育者の手伝いを積極的にしようとするが、なかには何がなんでも一番でないと気の済まない子どももいる。 ○簡単な形を描く、切る、歌う、曲に合わせて踊る、動くなどさまざまな活動を喜んでしようとする。 ○いろいろな行事に参加したり、進級する話を聞いたりすることで、4歳児クラスになることを楽しみにする。
○保育者や友だちと一緒に生活することを喜び、話したり聞いたり、会話を楽しんだりする。 ○経験したこと、感じたこと、想像したことなどを、さまざまな方法でその子なりに表現する。 ○友だちと一緒に同じ遊びをする楽しさを味わう。	○友だちと一緒に遊ぶなかで、感じたことやしたいことを自分なりに表現し、伝えようとする。 ○園での生活がわかり、自分から進んで取り組もうとする。 ○進級への期待や喜びをもつ。
○手洗い、うがい、着脱、排泄など手順や意味を理解して自分からやろうとする。 ○身の回りの始末や遊んだあとの片づけを自分でしようとする。 ○衣服の調節の仕方を知り、自分でしようとする。 ○友だちと同じ活動に参加し、みんなといっしょにすることを喜ぶ。 ○行事を通して異年齢とふれあい、楽しさを共感したり、年長児にあこがれを感じたりする。 ○年長児や保育者が小動物や虫の世話をするのを見て、興味を抱く。 ○木の葉、木の実など公園で拾ったものを集めていろいろな遊びをする。 ○農作物の収穫などの行事を通して食べ物に関心や興味をもとうとする。 ○自分の気持ちや困っていること、してほしいことなどを保育者に自分の言葉や表現で伝える。 ○お気に入りの本や紙芝居などを何度も読んでもらったり、見たりして楽しむ。 ○ままごとやヒーローごっこなどを通して友だちとのかかわりを求めだす。 ○絵の具を使って絵を描いたり、製作をしたりしてのびのびと遊ぶ。 ○身近な材料でいろいろなものをつくる喜びを感じる。	○全身を使った遊びを十分にし、寒くても活動的に元気よく過ごそうとする。 ○体調や気温に合わせて衣服の調節をしようとしたり、保育者に声をかけられてしてようとする。 ○集団で行動することに慣れ、楽しむようになる。 ○順番や交代することがわかり、並んで待ったり遊具を使い合ったりする。 ○困ったり、泣いたりする友だちを見て、保育者に伝えたり、気持ちをくもうとする。 ○簡単なゲーム遊びのルールを理解して遊ぶ。 ○氷、雪、霜柱など冬の自然にふれて遊ぶ。 ○みんなの物を共有したり、大切に扱おうとしたりする気持ちがもてる。 ○悲しいこと、うれしいこと、考えたことを素直に言葉に出して表現する。 ○絵本や紙芝居などみんなで楽しみ、好きな登場人物になりきって遊ぶ。 ○友だちと合わせて歌う喜びを知る。 ○ごっこや劇遊びなどの表現遊びを楽しんでいる。 ○遊んだあと、片づけをするときれいになる気持ちよさを感じられるようになる。 ○行事に参加し、いろいろな表現活動を楽しみ、他クラスの表現も見て楽しんでいる。
○いろいろな行事などでリズムが崩れたり、活動が偏ったりしないように留意し、無理なく参加できるように援助する。 ○一人一人の興味や関心に合わせた遊びを提供し、遊びに必要なものを自由に使えるように用具や材料を幅広く用意しておく。 ○自己主張が強くなるので、気持ちの表出している面をしっかりと受けとめながらゆっくりていねいに聞き出し、子どもの思いが満たされるように気をつける。 ○身の回りの始末や片づけをできるだけ自分たちでするように励まし、できたことを認めていく。 ○全身を使った遊びが繰り返し楽しめるような環境の工夫を心がける。 ○運動会がきっかけとなって異年齢児のまねをしたり、繰り返しゲームをしたりしたい子にはゲームがいつでも遊べるように身近な場所に置いておく。 ○自分から何かをはじめようとしたときには、保育者はゆったりと落ち着いて待ち、その子どもの意欲ややる気を損なわないように認め励ましていく。 ○園の内外で自然にふれられる状態や個々に応じて保育者が動いたり、子どもに知らせたりする。 ○友だちとの遊具の取り合いなどで味わう嫌な気持ちを受けとめ、気分転換が図れるようにする。	○見立て遊びやごっこ遊びに必要なものを常に子どもたちが手にできる状態で用意しておく。 ○園庭で危険やけがが起きないように、遊具の点検や砂場の衛生管理、砂の補充などを幼稚園と連携して、管理しておく。破損したおもちゃなどはみつけるたびに処理する。 ○着替えの服がそろっているか、使う度に補充してもらうため、確認をしておく。 ○順番や交代ができず、自分を一番にしたい子どもには、ルールと規律を教えながら、意欲を損なわないようにリーダーになれるように配慮する。 ○ルールが理解できない子どもにはやり方を変えたり、理解できるような遊びを取り入れる。 ○暖房、換気、湿度に対応し、感染性の病気の防止に努める。 ○自分でやってみようとする姿を認め、一人一人が自信をもって取り組めるように励ます。 ○水が冷たいとうがいやはみがきがおろそかになる子どもがいるので、声かけや済んだあとの確認をする。 ○一人一人の子どもとできるだけ会話を交わし、個々の成長を把握しておく。 ○お別れ会、保育修了式、お別れ散歩など行事の意味を知らせ、年長児が修了することを感じとっていく。 ○年中児の保育室で遊びしたりして進級への期待をもたせていく。
○夏休み明けで生活のリズムが乱れがちな子どもには、家庭での様子や変化などを尋ね、退行現象がみられてもすぐに戻ることを話し、安心感をもてるように伝える。 ○親子で行事に参加する楽しみや喜びを味わいながら、成長に気づいてもらえるように配慮する。 ○運動会や保育参加では一緒に参加してもらうだけでなく、友だちや異年齢の子どもの様子もみてもらいながら、3歳児の特徴を理解してもらう。	○流行性の感冒、インフルエンザ、感染性の病気が多発する時期なので、予防に心がけ、病気にかかった場合は早めに治療、休養してもらうよう伝える。 ○自己主張や自立心が強くなる一方で甘えたい気持ちも強いことを理解してもらい、あたたかく見守ってもらうようにお互いに努める。 ○発表会などでする内容やそのプロセス、目的などを事前に園だよりなどで知らせ、保護者から子どもにその成長を認める言葉をかけてもらうようにある。 ○進級への期待がもてるような言葉を家庭でもお願いする。
・秋の遠足（9月）　・運動会　・クラス写真 ・敬老の日　・保育参加　・おたのしみ会 ・敬老の日の製作　・年末年始休園	・おもちつき　・生活発表会　・お別れ散歩　・午餐会 ・ビデオ鑑賞会　・お別れ遠足　・卒園式

第2節 指導計画と保育の実際

1. 子どもの生活の連続性に留意した保育の計画 －月・週案の実例－

　指導計画には、「年間指導計画」「月の指導計画」「週の指導計画」「日の指導計画」などといった種類の異なる指導計画があります。それぞれの指導計画は、全体的な計画とつながりをもち、保育の実際を具現化するものとして作成されます。具体的には各年齢における年間指導計画をもとに、各クラス担任が月の指導計画（月案）を作成します。この月の指導計画に基づいて、さらに実践的で具体的な保育の指導計画として週の指導計画（週案）が作成されます。ここでは、いくつかの月の指導計画、週の指導計画の実例を紹介します。

（1）月の指導計画

　保育所における指導計画は、子どもの発達の連続性とともに子どもの生活の連続性についても留意することが必要です。月の指導計画においては、年間指導計画に沿って各月の保育目標、保育のねらいが立てられ、具体的な活動および保育者の援助に関する具体的内容が記載されます。その際、子どもの生活は月ごとに区切られるものではなく、月が変わっても子どもの生活はつながっていることに留意します。

　表8－6に示した3歳児4月の指導計画をみると、「前年度からの子どもの引き継ぎ」という項目があります[*1]。このように、年度やクラス担任が変わっても子どもの生活は連続しており、子どもを保育の主体として位置づけ、これまでの保育歴をふまえながら、担当する子どもの実情を把握した指導計画を作成します。

＊1
4月以降の指導計画では「前月の子どもの姿」という項目に変わります。

　保育は保護者とともに子どもを育てる営みでもあります。とくに食事・排泄・睡眠といった生活リズムに関わる内容については、子どもの家庭での生活を含めた24時間の生活を視野に、連続性をもって保育を展開することになります。月の指導計画においては、長期的な視野で子どもの育ちへの見通しと課題を家庭と共有するという視点をもち、保護者の実情や思いに寄り添いながら密に連携を図ります。

保護者とコミュニケーションを図り、子どもをともに育んでいきます

（2）週の指導計画

　週の指導計画は、1日1日の保育をつなぐものです。保育のねらいは、1つの活動を実施し、子どもがその活動を経験することで達成されるものばかりではありません。保育のねらいは、継続的に繰り返し取り組む内容や多様な経験の積み重ねによって、しだいに達成へと向かっていくものです。

　週の指導計画から1日の保育のなかで主となる活動の内容を1週間を通してみると、毎日異なっています（表8－7）。保育者は、毎日の保育のなかに子どもの興味・関心を引くさまざまな活動を取り入れています。主たる活動内容は異なっていても、保育のねらいやテーマは共通しており、連続的な活動や生活経験の積み重ねのなかで育んでいくことを意図して計画が作成されています。

2. 子どもの発達の実情に応じた保育の計画 　－個別の指導計画の実例－

　3歳未満児は、心身の発育や発達が顕著な時期であり、家庭での生活リズムや発達段階などの実態から個人差も大きい時期です。3歳未満児では、一人一人の子どもの実態に即した保育が展開できるよう、個別の指導計画を作成することが必要となります（表8－8）。個別の指導計画では、一人一人の子どもの姿をていねいに振り返り、評価する視点が不可欠です。3歳未満児クラスでは、ゆるやかな担当制を原則とし、特定の保育者が継続的に子どもと関わることで、一人一人の子どもの育ちに必要な援助を適切に行うことができます。

　子どもの実情を理解し、子どもの育ちに必要な援助の方法をみきわめるためには、これまでの生育歴や家庭生活の様子について把握することが求められます。家庭との連絡帳や朝の受け入れの際の申し送りも、日々の保育にとって重要な意味をもちます。個別の指導計画においては、その日の子どもの体調や成長を詳細に記録し、次の日の保育へとフィードバックしていきます。

　指導計画は、子どものその状態に応じて柔軟に変更できるものでなければなりません。その日の子どもの状態を感じとりみきわめながら、子どもの姿に即した展開へと調整することで、子どもを主体とした保育の営みが生まれるのです。

表8-6 4月の指導計画

3歳児（男9人・女5人・計14人）　記入者

目標	・保育者とかかわり、信頼関係を築いていき、楽しく園生活を送る。 ・一つひとつの活動の仕方や順序をゆっくりと丁寧に伝えていき、身についていくようにする。	ねらい	・保育者に親しみをもち、喜んで ・春の自然に親しみ、好きな遊び

	前年度からの子どもの引き継ぎ	子どもの活動
健康	・食に対する意欲が高まり、箸を使って細かい物も進んで食べようとする姿が多くみられた。皿に残った食べ物を保育者が傍に付き集め方を伝えることで、苦戦しつつも箸を使ってしようとする姿が増えてきた。 ・戸外遊びでは、友だちや保育者とトロルごっこや鬼ごっこを楽しみ身体をめいっぱい使って遊ぶ姿がみられる。 ・幼児クラスと接する機会が多くなり、進級への期待が高まっていた。その反面、気持ちが高ぶりすぎて事故やけがにつながりそうな場面がみられた。	・新しい生活の仕方を知り、保育者に手伝ってもらいながら自分でしようとする（手洗い・食事・排泄等）。 ・戸外に出て、身体を動かして遊びを楽しむ。 ・園庭の遊具の安全な遊び方を知る。
人間関係	・イス取りゲームのルールがわかるようになり、みんなで楽しめるようになった。勝ち負けもよく理解しており、負けると悔しがって泣き崩れる姿も多くみられた。 ・戦隊物に憧れる気持ちが強くふとした瞬間に、ヒーローになりきり興奮して動きを真似しているうちに、周りがみえず、友だちに当たってトラブルになる姿がよくみられた。 ・他児のちょっとした行動が気になるようで、保育者の傍に来て思いを伝えることが多かった。少しぶつかっただけでも痛がる様子をみせることもあったため、他児とのかかわりに過敏になりすぎないよう伝えた。 ・保育室が変わってから、幼児クラスの様子をみる機会が増え、進級への期待が高まる反面、年上の友だちの姿に圧倒されて様子をうかがう姿がみられた。	・保育者にさまざまな欲求を受けとめてもらい、親しみや安心感をもって遊びや生活をする。 ・異年齢児とのかかわりを楽しむ。 ・保育者や友だちと一緒にやり取りをしながら、好きな遊びをみつけて楽しむ。
環境	・夕方に幼児クラスの保育室で過ごすことが増え、慣れない部屋と新しい玩具に少し興奮気味になり、慌ただしく落ち着かない姿がみられた。また、幼児クラスの保育室で過ごすなか、上靴を脱いだり、履いたりする回数が増えることによって、上靴を履くことを時折忘れる姿があった。 ・当番活動が定着し「お当番だから手伝ってあげようか？」など自分の役割があることを少しずつ感じ始めてきた。子どもの気持ちを受けとめて認めたり、感謝の気持ちを伝えたりすることで意欲につながっていった。	・自分の持ち物や置く場所、自分のマークを知り、身の回りの始末や片づけをしようとする。 ・玩具での遊び方や片づけ方を知り、約束事を守って遊びを楽しむ。 ・当番活動を楽しむ（朝の会・給食・終わりの会での挨拶）。 ・春の自然に興味や関心をもち親しむ。 ・生活や遊びのなかで、順番を守って過ごす。
言葉	・ストーリー性のある長い文章の絵本にも興味をもち、集中して見ることができるようになってきた。難しい言葉遣いも絵本や保育者などが使っているのを真似て、生活のなかやふとした時に使う姿がみられた。 ・何か嫌なことがあると、まず保育者の所へ伝えに来る姿がよくみられた。その都度、「○○ちゃん、○○くんに○○〜って伝えてみたら？」と導くことで、子どもたちだけでも解決できるようになってきた。 ・友だちが使っているのを真似してさまざまな言葉を頻繁に使って話すようになってきた。言葉の意味をよく理解していないまま、おもしろがって使う姿がみられた。	・挨拶や返事など、生活や遊びに必要な言葉を使う。 ・自分のしたいことやしてほしいことを保育者に動作や言葉で伝えようとする。 ・保育者や友だちと一緒に絵本や紙芝居を見たり聞いたりする。 ・友だちと優しい口調で話す。
表現	・午後のおやつ後に終わりの会を取り入れ、幼児クラスと同じように「お帰りの歌」を歌うようにした。すぐに歌詞を覚え元気よく振りをつけて歌う姿がみられる。ほかの歌以上に大きな声で歌う姿がみられ、その歌を歌うことによって、進級を意識することができているようだった。	・保育者や友だちと一緒に親しみのある歌を歌ったり、手遊びしたりして楽しむ（せんせいとおともだち・はるがきた・ハッピーチルドレン・さんぽ・パレード・こいのぼり・おかあさん）。 ・身近な素材や用具を使って描いたりつくったりすることを楽しむ（道具箱の物を使って）。 ・共同製作を楽しむ（こいのぼり）。 ・母の日製作を楽しむ。 ・折り紙を使って季節のものを折ってみる（草花、虫など）。

第8章 計画の実際① 保育所（0～3歳）

	園長印	主任印	担任印

	行事	1日 新学期　よみきかせ 11日 身体計測 15日 よみきかせ 18日 避難訓練 20日 歯科検診	21日 内科健診　クラス写真　誕生会 23日 クラス懇談会　弁当日 　　　2時まで保育
登園をする。 をみつけて遊ぶ。			

保育者の援助と配慮	食育
・子どもの傍に付き、一つひとつの活動を丁寧に繰り返して知らせていき、理解して行動できるようにする。身の回りのことを自分でしようとする気持ちを大切にし、できた時には認め満足感が味わえるようにする。 ・戸外に出て遊ぶ機会をつくり、保育者も一緒に遊びに入り、発展させてより楽しめるようにする。 ・遊ぶ際に、遊具の遊び方やルールを知らせていき、安全に遊べるように見守っていく。固定遊具での危険性を伝えていくようにする。	・正しい箸のもち方や食事中のマナー（手を添えて食べる、肘を付かない、足を閉じる）を知り、守りながら食べる。 ・友だちや保育者と一緒に会話を楽しみながら、食事をする。 ・給食に何の食材が入っているのかを考えることで、それぞれの食材の名称、形や色、調理方法などを知る機会をつくり、食への興味、関心がもてるようにする。 ・環境が変わり、完食に時間がかかったり、好き嫌いや食が細かったりするので個々に合わせて量を減らし、様子をみる。 ・食事の挨拶をして、友だちと一緒に食事をする。 ・クッキングの様子を見学し、つくる過程を見たり、身につけるものや調理器具をみたりして興味、関心がもてるようにする。
・子ども一人一人の気持ちを受けとめ、安心して楽しく過ごせるように丁寧にかかわっていく。かかわるなかでコミュニケーションを取り、信頼関係を築いていく。環境の変化により、不安な気持ちの子どもにはスキンシップを取りながら一緒に遊び、保育者に親しみをもてるようにしていく。 ・散歩や朝夕の自由遊び時間に、年上の友だちとかかわる機会をつくっていく。遊びに入っていくことが難しい姿をみせた時には、保育者が間に入ってやり取りし安心して遊べるようにする。 ・保育者も一緒に遊びながら一人一人の興味をとらえ、子どもが好きな遊びをみつけられるようにしていく。遊びのスペースを整理し、ままごと・ブロック・絵本などのコーナーをそれぞれ構成する。	家庭との連携
	・登降園時や連絡ノートで家庭の様子を聞いたり、園での姿を伝えたりして、保育者に安心してもらえるようにし、信頼関係を築いていく。保護者懇談会を通して保護者同士の仲も深められる機会をつくる。 ・環境の変化から心身ともに疲れやすくなるので、家庭でも十分に受けとめてもらうように伝えていく。
・自分の場所や物がわかりやすいように個々のマークを貼る。始末や片づけ方の順序を知らせ、身についていくようにする。 ・玩具の使い方や片づけの仕方について約束事を丁寧に伝え、知らせていく。 ・子どもの意欲的な気持ちを大切にし、楽しんで行っていけるようにする。 ・散歩に出かけ、草花を摘んだり、小動物に触れて驚きや発見に共感し、その思いを丁寧に受けとめていく。 ・生活や遊びのなかで、順番があることを知り、順番を待ったり、譲ったりすることができるように声かけを行い、促していく。	地域・小学校の連携
	・月2回のよみきかせでは、地域の方々に来てもらい、絵本のよみきかせを通して、ふれ合う機会をつくる。
	個人配慮事項
・保育者が手本となって進んで行い、それぞれの場面での挨拶の仕方と大切さを伝え、身についていくようにする。 ・子どもが意思表示をしてきた時には、言葉をかけながら優しくかかわり気持ちを受けとめるようにする。子どもの仕草や言葉によく耳を傾け、受け答えしながら安心感を育んでいく。 ・子どもが興味をもっている本や季節を感じられる内容の本や図鑑を用意し、いつでも手にとってみられるようにする。よみきかせの際は、子どもの要求に応じて繰り返し読むなどして楽しんでみられるようにする。 ・友だちに自分の思いを伝えたい時に、大きな声を出して強い口調で話す姿がみられるので、その都度声をかけ落ち着いて優しい口調で話ができるように伝えていく。保育者が話をする際は、できるだけ声を張らずに話し、見本になるよう心がけていく。	・H、Y…スプーンとフォークを使う際、パワーグリップの持ち方になることが多いので、その都度声をかけてペンフォルダーの持ち方に変えていく。 ・K、S…偏食傾向が強く、意欲をもって食べられるような声かけを行い、完食できた喜びを感じられるようにする。様子を見、量を減らすなど無理なく食べられるようにする。 ・O…排尿間隔を把握するために、無理のない程度にトレーニングパンツを使用していく。便器での排尿を嫌がる姿を気分によってみせるので、ペースに合わせて意欲的に取り組んでいけるように配慮する。 ・S…自己主張が強く、自分の思いが相手に対して通らない時に、拗ねて部屋から出て行ったり、大泣きして怒ったりする姿を多くみせる。そのような姿をみせた時には、落ち着いた声で問いかけて、自分の行動を考えられるようにする。意欲的に活動に取り組んだ時には、大いに褒めたり、励ましたりしてできた喜びを味わい、自信につながっていくようにする。
・季節の歌を歌うことで、季節をより身近に感じられるようにする。歌う時に振り付けをし、楽しい雰囲気のなか、過ごせるようにする。 ・道具箱のなかのもの（はさみ・のり・クレヨン）を使って、製作を楽しむ。使う際に使い方や直し方を丁寧に伝えていく。はさみを使う時は、子どもの傍につき、正しい持ち方や使い方を伝えながら安全に使用していく。 ・個々の作品をひとつにして、大きなこいのぼりをつくり、みんなでつくる楽しさや喜びを感じられるようにする。 ・母の日について話し、感謝の気持ちをもってプレゼントをつくるようにする。 ・折り紙を行うことで、指先を器用にし、手や指の力を発達させていく。折れた時は、認める声かけを行い、難しい時は、手を添えて折り方を伝えていくようにする。	今月の目標・ねらいに対する反省・評価
	・生活リズムや担任が変わったこともあり、最初は気持ちが不安定になり、落ち着かない姿もみられた。一人一人とかかわり少しずつ信頼関係を築いていくことで、徐々に自分の思いを保育者に伝えられるようになり、落ち着いて過ごせるようになってきた。 ・一つひとつの活動に時間がかかるが、何度も丁寧に伝えていくことで、自ら理解し次の動きを考え行動する姿もみられた。まだ戸惑う様子がみられ、子どもには引き続き傍につき、次は何をすべきか丁寧に伝えていくようにしていきたい。

表8-7 週の指導計画と日誌 1歳児

	7月4日（月）（曇り）		7月5日（火）（晴れ）	
	出席児	欠席児	出席児	欠席児
	12名	1名	13名	0名
	欠席児と理由 　K…熱		欠席児と理由	
公休・出張等				
研修（研修名と参加者）				
実習生				
行　事			体験保育（ピヨピヨ）	
週案と保育者の援助と準備	室内遊び（ままごと） ・エプロンやバンダナを用意し、イメージを膨らませながらままごとができるように援助する。		室内遊び（ままごと） ・個々の体調を把握して無理なく過ごせるようにする。 ・体験保育の子どもたちと穏やかにかかわれるように見守る。	
主な活動	室内遊び（ままごと）		室内遊び（ままごと） 体験保育ピヨピヨ	
活動内容についての評価・反省・課題	・R…久しぶりの登園で疲れが出たのか甘えているのか、他児を押したり、机の上に登ったりする姿がみられた。保育者が次の活動へと促すと、抵抗する姿もみられた。保育者とのかかわりをしっかりもち、園生活に少しずつ戻れるよう援助していきたい。 ・O…玩具の取り合いの際に、他児の肩を噛む姿がみられた。他児と玩具の取り合いをしている際には、必ず保育者が仲立ちし噛みつきを未然に防ぐようにしていきたい。 ・月齢の高い子どもたちは、他児や保育者と一緒に簡単な会話をしながら、ままごとを楽しむ姿がみられてよかった。子どもにさまざまな声かけを行い、発言を促すようにしていきたい。 ・週初めで、子どもたちも落ち着いて、朝の会に積極的に参加したり、絵本を座って聞いたりする子どもの姿がみられてよかった。 ・風のある日は、窓を開けできるだけ、冷房を使わず、自然の風で快適に過ごせるようにしていきたい。		・ピヨピヨがあり、初めて出会う子どもや大人に恥ずかしがる姿がみられたが遊びが始まるといつも通りの様子だった。 ・N…ままごとと描画活動を用意したが描画活動が好きで初めから最後まで遊ぶ姿がみられた。 ・T…友だちの使っている玩具が欲しくなり取り合いになって泣く姿がみられた。保育者が仲立ちをするとすぐに気持ちが変わり遊び始めていた。給食前になるとぐずり泣く姿がみられ体調が万全でないようであった。 ・S…朝から床に寝そべりぐったりする様子がみられたため、まめに検温を行い様子をみるようにした。ままごとでは普段と変わりなく遊ぶものの体調を崩し始めているのか排便が軟便になっていた。 ・K…発熱後久しぶりの登園だった。熱はないが食欲はいつもに比べてなかった。変わった様子がないか一日を通して体調を把握するようにした。 ・体調を崩している子どもがいるため、個々に合わせた活動を行うようにする。	
	記入者印		記入者印	

第8章 計画の実際① 保育所（0〜3歳）

	園長印		主任印		
7月6日（水）（晴れ）	7月7日（木）（雨）		7月8日（金）（晴れ）		
出席児　　欠席児	出席児	欠席児	出席児	欠席児	
12名　　　1名	11名	2名	11名	2名	
欠席児と理由 　S…熱	欠席児と理由 　A…家庭 　F…熱		欠席児と理由 　U…熱 　F…熱		
水遊び ・水を怖がる子どもには、一緒に遊びに参加しながら少しずつ慣れて遊べるように援助を行う。	水遊び ・玩具を用意し、子どもたちが積極的に水に触れられるよう援助する。		水遊び ・個々の体調を把握して無理なく遊べるようにする。 ・保育者も一緒に遊び水遊びの楽しさを伝える。		
水遊び 室内遊び	室内遊び（製作）		水遊び 室内遊び（ジャングルジム）		
・K…様子をみて、水遊びは控え、ゆったりと室内で過ごした。給食もいつものように自ら積極的に食べようとしなかったため、無理せず8割程食べて残した。声もかれており、甘えて泣くことも多くみられたので引き続き、無理なく過ごせるよう心がけたい。 ・O…玩具で遊んでいる際に落ちている玩具を取ろうとして他児と重なった際に思わず口が出て、噛みつく姿がみられた。保育者がしてはいけないことを伝えるが、笑ってごまかす姿がみられた。ゆっくり話すと自分から「よしよし」と噛んだ所をなでたり、「ごめんね」と動作で伝えたりする姿がみられた。間に入って互いの気持ちを代わりに伝え、未然に防げるようにしていきたい。 ・軟便が出ており、体調を崩している子どもがいたため、活動を分けて過ごした。引き続き、無理のないよう活動内容を考えていきたい。	・今日は、雨が降ったため、室内で粘土・シール貼り、描画遊びに分かれて遊んだ。 ・D…寒天粘土に触れることに、少し抵抗する姿がみられた。保育者と一緒に触れると、感触を楽しみその後自ら、粘土に触れ粘土遊びを楽しんでいた。 ・G…周りが気になり、一つの製作を集中してできず、歩き回る姿がみられた。まずは保育者が製作を楽しみ、製作活動への意欲を引き出すようにしていきたい。 ・K…体調が戻っていないのか、床に寝そべる姿がよくみられた。無理せず、ゆっくり過ごすように配慮していきたい。 ・O…しばらく、治まっていた噛みつきがここ数日またみられるようになってきた。ある特定の他児を噛もうとしたり、押したりする姿がみられる。なるべく、接触しないようにし、未然に噛みつきを防ぎ穏やかに過ごせるよう配慮していきたい。 ・体調を崩し、熱が出ている子どもや鼻水がよく出ている子どもが増えてきている。視診や検温をこまめに行い、体調管理をしっかり行っていきたい。		・微熱気味や体調不良の子どもがいたためクラスを半分に分けて室内と水遊びを行う。水遊びチームは水にも慣れて思い思いに楽しそうに遊ぶ姿がみられた。室内チームはジャングルジムで体を動かして遊んだ。週末ということもありゆったりと過ごせるようにいつもよりも早くに午睡に入るように配慮をした。 ・R…夏の暑さなどから食欲が落ち給食への意欲もなくなっている姿がみられる。量を調節したり意欲がもてるような言葉をかけたりして意欲的に食べられるように援助を行った。 ・M…連日続いていた鼻汁は蓄膿による症状とのこと。自宅で薬を飲み治療している。給食では汁ものが飲みにくそうにしている様子がみられた。園でも水遊びは控え様子を見守るようにした。機嫌よく過ごしている。 ・鼻汁が出ている子どもが多く、拭いても次々に出る様子がみられる。		
記入者印	記入者印		記入者印		

表8－8　4月個別指導計画（0歳児）

	ねらい	・ゆったりとした環境のなかで落ち着いて過ごす。		家庭連絡	・家庭とのつながりのあるを聞く。 ・朝の用意を伝える。 ・持ち物すべてに記名を
	内容	・保育者と1対1のかかわりを大切にし、安心して過ごせるよう配慮する。		環境構成・保健衛生	・気温に合わせ、衣服の ・室内温度、湿度を確認 ・衣服が汚れた際は着替
		食事	援助と配慮	生活	援助と配慮	遊び

		食事	援助と配慮	生活	援助と配慮	遊び
A児 H22.4. 11か月		・離乳食後期を食べている。 ・卵アレルギーで卵白を全除去している。 ・家庭では、座って食べることができず、母親の膝の上に座ったり、立って食べたりしている。4月中旬より園で離乳食を始める。椅子に座ることを激しく泣いて嫌がる。	・母親と連携を取りながら座って落ち着いて食べることを少しずつ習慣づけていく。	・生活のリズムで10時頃に眠くなり、眠くなると激しく泣く。音や場所に敏感で、ラックや布団で眠ることができず、抱かれて眠る。	・眠りやすい空間をつくったり、抱いて気持ちを落ち着かせて徐々に布団やラックで眠れるようにする。	・玩具に興味をもち、保育者の側に寄り添って座り、遊ぶ姿がみられる。
B児 H22.5. 10か月		・離乳食後期を食べている。 ・乳児用椅子に座って食べている。機嫌のよい時には椅子に座って最後まで食べることができる。 ・食欲は旺盛で、興味がある物は指でつまんで食べる。 ・給食後フォローアップミルクを100cc程度飲んでいる。	・まだ椅子に座ることに慣れていないので、落ち着いて食べられるよう無理のないように援助していく。	・日によって10時頃に眠くなり、保育者に抱かれて眠る。ラックを嫌がるが、しばらく保育者が側に付くと、落ち着いて眠ることができる。時間は10～30分程度。	・その日の体調や機嫌によって臨機応変に対応していく。	・興味をもっていろいろな玩具を手に取ったり口に入れたりして感触を楽しむ姿がみられる。
C児 H22.5. 10か月		・家庭では2回食を行い、母乳を飲んでいる。園では4月中旬より離乳食を食べる予定にしている。	・家庭での離乳食の進み方に合わせ、様子をみながら、園でも離乳食を進めていく。	・人見知りすることなく、周りの様子に興味をもってみている。	・保育者が側について言葉かけを行い、安心して園生活が送れるようにしていく。	・興味をもった玩具をみつけ、自分で玩具を取りに行き、遊ぶ姿がある。
D児 H22.6. 9か月		・離乳食後期を食べている。 ・自分からおやつに手をのばして口に運んだり、給食では手づかみ食べをしたりしている。 ・補助を必要とするが、コップを自分でもち、飲むことができる。	・手づかみ食べをしやすいように食材を準備し、自分で食べようとする意欲を大切にしていく。 ・口のなかに食べ物を詰め込み過ぎないよう見守り、咀嚼を促す声かけをしていく。	・保護者と離れる際に泣く姿はみられるが、すぐに落ち着き、いろいろな玩具や他児に興味を示し、落ち着いて過ごすことができる。	・他児や玩具に対して興味を示し、積極的に自分から近づいていく姿がみられる。時に不安定な玩具につかまり、立ち上がろうとすることがあるので、転倒の危険がないように見守っていく。	・動きのある玩具や木の積木を両手にもち、カチカチと合わせて音を鳴らす遊びを好んで遊ぶ。

第8章 計画の実際① 保育所（0〜3歳）

	園長印	主任印	担当印

	行事	1日 新学期・よみきかせ 11日 身体計測 15日 よみきかせ 18日 避難訓練 20日 歯科検診 21日 誕生会・クラス写真・内科健診 23日 クラス懇談会・2時まで保育・弁当日 29日 昭和の日で休み	

（左側欄外の断片）
- る保育を行うため、子どもの様子や体調
- お願いする。
- 調節をする。
- し、快適に過ごせるよう配慮する。
- えを行い、清潔に保つようにする。

援助と配慮	表現	援助と配慮	個人別配慮事項	評価・反省
・興味をもつ玩具で遊べるようにし、環境構成を考慮する。保育者が側につき安心して遊べるようにする。	・「わんわん」「アンパンマン」などぬいぐるみを指さして言うことができる。	・たくさん話しかけ、興味のもつものを増やしながら発語も増えていくよう援助していく。	・母親の仕事復帰が4月26日である。一度泣き出すとなかなか気持ちを切り替えて泣きやむことができない。母親と密に連絡を取りながら園での生活に早く慣れるように援助していく。 ・特定の保育者にこだわり、後追いをする。安心して過ごせるよう側につき配慮していく。 ・食事では座って食べることができず、保育者の膝に座ったり歩きながら食べたりしている。座って落ち着いて食べられるように援助していく。	・給食を4月の中旬から開始した。眠いのもあり気持ちがなかなか落ち着かず泣き続けることが多かったが、午前睡をたっぷりと取り、少しずつ生活のリズムができてきた。落ち着いて活動できるようになってきて、バンブーの椅子に泣きながらも座り、食べることができるようになってきている。園の生活になれ、しっかりと生活のリズムができるようにしていきたい。
・落ち着いて遊べる雰囲気をつくるよう心がけていく。	・機嫌のよい時や玩具で遊んでいる時には、盛んに喃語を発している。	・ゆったりとしたかかわりのなかで特定の保育者とのかかわりを深め、豊かな表現活動ができるようにする。	・母親の仕事が4月15日から始まる。 ・特定の保育者にこだわり、抱かれているか膝に乗っていないと落ち着くことができなかったが、少しずつ保育者を離れて玩具で遊んだり、室内を探索したりする姿がみられるようになる。早く園での生活リズムに慣れるよう、しっかりとかかわりながら援助していく。	・園での生活リズムに慣れてきており、登園時には機嫌よく母親と離れ、遊び始めていた。食事面では、飽きてくると席を立とうとする姿がみられるものの、援助によって最後まで座って食べられるようになってきた。落ち着いて食べられるよう言葉かけを行っていきたい。 ・午睡では、時々目が覚めるが、保育者が側について寝かしつけると、2時間程眠れるようになった。家庭での起床時間によって、活動中に眠くなることがあったので、その都度10〜30分午前睡をしていきたい。
・十分な玩具を用意し、好きな玩具で存分に遊びを楽しめるよう配慮する。	・保育者の歌に興味をもち、手を叩いたり、身体を揺らしたりして楽しむ姿がある。	・保育者とのかかわりを存分に楽しめるよう、一対一のかかわりを大切にする。	・保護者が5月の中旬から仕事復帰の予定なので、現在は慣らし保育を急いでいない。母親も不安があるようなので、保護者と話し合いながら、無理なく慣らし保育を行っていく。 ・慣らし保育では周りの様子に興味をもち、うかがう姿があった。側に保育者がつき、安心して過ごせるよう配慮していく。	・給食を4月の中旬から開始した。一度に口のなかに入る量が少なく、咀嚼もゆっくりだが、好きな物や食べやすい物は時間をかけながらも食べることができていた。徐々に食べる食材を増やし、離乳食をすすめていきたい。 ・欲しい玩具に手を伸ばす姿はみられるが、ハイハイやつかまり立ちをあまりしようとせず、座ったままのことが多かった。援助や言葉かけを行い、身体を動かす楽しみを伝えていきたい。
・十分な玩具を用意し、好きな玩具で存分に遊べるよう配慮する。 ・保育者と一緒に遊びながら、楽しく遊べるような雰囲気をつくっていく。	・保育者の歌に興味をもち、手を叩き、身体を揺らして楽しむ姿がある。 ・特に戸外遊びの時など「いー」と声をあげて楽しんでいる。	・発する言葉や喜んでいる様子などを見守りながら、表現することを楽しめる雰囲気づくりを心がけていく。 ・発する言葉を繰り返しながら の思いを受けとめ、共感していく。	・母親の仕事が5月の上旬から開始の予定である。 ・園生活は安定して送れているが、体調を崩すことも予測されるので健康面にはとくに注意する。 ・他児に興味をもち、近づいていく姿があるが、転倒などの危険がないように保育者が側で様子を見守り、注意しながら他児とのかかわりを楽しめるように配慮する。	・食に対する意欲は変わらずあり、時にスプーンを自分でもち、口に運ぶ姿がみられた。スプーンの持ち手を口に入れていることがあるので、喉に詰めないように見守る。 ・何にもつかまることなく数秒ではあるが、立つことがあった。安全に気を配りながら少しずつ歩けるように援助をしていきたい。

161

演習課題

Q 創意工夫のある保育を展開するには、「保育所の実情」に応じた全体的な計画を作成するところからスタートすることを本章で学びました。あなたの身近にある保育所には、どのような特徴があるでしょうか。

ホップ 自分の住んでいる地域にある保育所や、自分が実習に行く保育所について知っていることを箇条書きであげてみましょう。

………………………………………………………………………………………………

………………………………………………………………………………………………

ステップ その保育所の計画を入手して、そこではどのような創意工夫がなされているか読み解いてみましょう。

………………………………………………………………………………………………

………………………………………………………………………………………………

ジャンプ 自分ならどのような創意工夫をするか考えてみましょう。

………………………………………………………………………………………………

………………………………………………………………………………………………

第8章 計画の実際① 保育所（0～3歳）

第9章
計画の実際②　幼稚園（3〜6歳）

エクササイズ　　　自由にイメージしてみてください

　学校教育法22条には、「幼稚園は、義務教育及びその後の教育の基礎を培うものとして、幼児を保育し、幼児の健やかな成長のために適当な環境を与えて、その心身の発達を助長することを目的とする」とあります。この場合の「適当」とは、どのような意味だと思いますか？

第 9 章 計画の実際② 幼稚園（3〜6歳）

この章のまとめ！

学びのロードマップ

- 第 1 節
  幼稚園の教育課程や年間指導計画について具体例をあげながら説明します。
- 第 2 節
  月の指導計画、週の指導計画の具体例を挙げつつ、保育の実際を説明します。
- 第 3 節
  預かり保育の指導計画について説明します。

この章のなるほどキーワード

■**生活を、生活で、生活へ**…倉橋惣三の言葉です。子どもの現在のありのままの生活（「さながらの生活」）をとらえて保育を展開し、子どもがその生活のなかで主体的に過ごすことで自己充実し、より豊かな生活を創り出し、再び子どもの現実の生活にかえっていくという循環が大切であるとしています（倉橋惣三著『幼稚園真諦』）。

> 子どもが充実できるように、保育者がどのように環境を整え、援助や配慮をしていくかが大切ですね。

第1節 幼児期にふさわしい生活の展開
－教育課程から年間指導計画へ－

1. 幼稚園の実情に応じた教育課程の編成

（1）教育課程の実例

　教育課程の作成は、教育基本法および学校教育法、その他の法令ならびに幼稚園教育要領の示すところにしたがい、各幼稚園において創意工夫を生かし、幼児の心身の発達と幼稚園及び地域の実態に即応して編成されるものとされています[1]。

　第7章で解説しているように、「カリキュラム・マネジメント」に基づく教育展開が求められています。具体的には、預かり保育等の計画や学校保健計画、学校安全計画などと関連させながら、「幼児期の終わりまでに育ってほしい姿」を踏まえて教育課程を編成し、教育課程の評価と改善を図ることです。そして、教育課程の実施に必要な人的または物的な体制の確保を通して幼稚園における教育活動の質の向上を図ることなどが求められます。

　教育課程は、定められた枠組みや形式はとくにありません。幼稚園の保育の全体的な計画であり、子どもが入園してから修了するまでの園での生活や育ちの道筋がわかるものとして、園独自で作成されます。教育課程の作成について、H幼稚園で編成された教育課程を例にみてみましょう（表9-1）。

（2）幼稚園の実情に応じる

　教育課程編成を通して、幼稚園の実情を把握することで、その園で行おうとする保育の概要が明らかになります。H幼稚園の教育課程では、園の実情が「地域の実態」「園の実態」「子どもの実態」に分けて書かれています。

　「地域の実態」には、園が所在する市町村や周辺の地理的な情報や産業など、子どもを取り巻く、地域や人々の生活の様子が具体的に書かれています。「園の実態」には、創設時期や特徴的な園の役割、社会的な位置づけなどについて書かれています。「子どもの実態」には、幼稚園に通ってくる子どもの状況について具体的なことが示されています。

まず、子どもや地域の実情を把握することが大事ですね。

第9章 計画の実際② 幼稚園（3〜6歳）

表9−1　H幼稚園教育課程（一部抜粋）

1. 地域の実態
   　本園のある○○市は、○○県の中央部やや南寄りに位置する。豊かな自然に恵まれた農村地域であるが、大企業の工業部分の進出とともに近隣都市部からの転勤者も増加し、住宅も徐々に増加の兆しがみられるようになってきた。戸外に一歩出れば自然が子どもたちを取り巻き、教育的環境に恵まれた地域である。

2. 園の実態
   　昭和55年「H大学附属幼稚園」として附属小学校とともに新設された。
   　本園は、幼稚園教育の目的と目標を達成するとともに、大学の附属幼稚園として、学部学生および大学院生の実地教育や実地研究にあたること、大学における保育の実証的研究に協力することなどの任務をもっている。

3. 子どもの実態
   　通園区域を「○○県内に保護者と同居していること」としているため、本園園児は、広範囲から通園してきている。核家族化、少子化、習い事の増加等の傾向は、園児を取り巻く環境にも広くみられるようになってきており、このようなことと関連して、戸外で全身を使って遊んだり、群れて遊ぶことや異年齢児と遊んだりすることが少なくなってきているのではないかと考えられる。

4. 教育目標
   ○健康な体の子ども
   ○やさしく豊かな心をもつ子ども
   ○よく考えて最後までやりぬく子ども

5. 学級編制

入園児数

入園児数	男	女	合計
3年保育課程	20名	20名	40名
2年保育課程	10名	10名	20名

学級編制

3歳児	4歳児	5歳児	合計
40名	60名	60名	160名
入園児40名	入園児20名 進級児40名	進級児60名	

6. 教育週数

	1学期	2学期	3学期	合計
週数（週）	14	16	10	40

7. 一日の生活の流れ

8:45	登園
9:00	
	好きな遊び
	学年・学級の活動
10:15	
11:30	3歳児降園（1学期）
12:00	3歳児降園（2学期〜 月・水・金） 4歳児降園（1学期　月・水・金／2学期〜月・水） 5歳児降園（月・水）
	昼食・休息
13:00	3歳児降園（2学期〜2学期後半　火・木）
13:30	3歳児降園（2学期後半〜　火・木） 4歳児降園（1学期　火・木／2学期〜　火・木・金） 5歳児降園（火・木・金）

（3）園の教育目標の実現に向かう

　H幼稚園の教育目標としては、3点があげられており、これらは幼稚園の実情から、子どもの育ちの方向をみきわめて決定されます。どのような子どもを育てていくのかがわかりやすい言葉で端的に書かれています。

　教育目標をみることで、園ではどのような子どもの育ちをめざしているのかという方向性が、園の保育者や職員だけでなく保護者や地域の人々にもわかるようにしていきます。

（4）教育週数や教育時間を確保する

　幼稚園教育要領には、「幼稚園の毎学年の教育課程に係る教育週数は、特別の事情のある場合を除き、39週を下ってはならない」（第1章　総則　第3　教育課程の編成等　3−（2））と書かれています。幼稚園教育要領で定められた教育週数をもとに、園の教育課程には教育週数や保育時間、学級編制などについて明記されます。これらを教育目標とともに園のホームページなどに掲載することで、保護者や地域に園の概要を伝えていきます。

> 園の外にも伝えていくのでしたね。

（5）子どもの育ちの道筋を明らかにする

　園の保育の理念や教育目標にしたがい、子どもの育ちを見通し、その園の保育期間にわたって、どのように保育を展開していくのかを明確にします。そのために、園の保育期間全体を見通して、子どもが育っていく過程を発達の節目に沿って「期」に分けてとらえます。

　H幼稚園の教育課程では、3歳児は3つの「期」、4歳児は4つの「期」、5歳児は4つの「期」に区切られています。「期」の区切りは、「月」の欄に"おおむね"と書かれているように、明確に区切られたり、段階的にとらえられるものではありません。個々の子どもの育ちにゆるやかに配慮して区切られるものです。

　あわせて、「期の特徴」を記し、期の区切りと特徴をみれば、その園でどのような子どもの育ちの道筋を描き、子どもの入園から修了までの保育がなされようとしているのかがわかります（表9−2）。

　指導計画を作成する際には、子どもの育ちの道筋に沿って保育を計画します。指導計画は、教育課程に書かれた「期」と「期の特徴」をもとに作成されることから、それは重要事項となります。

　年度末には月や期の指導計画をもとに、園の子どもの姿や育ちから教育課程の期の区切りや特徴などを評価し、見直すことで、次年度の教育課程を編成します。

第9章 計画の実際② 幼稚園（3〜6歳）

表9−2 「期」と特徴の一覧（H幼稚園教育課程より）

学年	期	期の特徴	月
3歳児	Ⅰ	保育者と触れ合い、園生活に慣れていく時期	おおむね4〜7月頃
	Ⅱ	自分から好きな遊びをみつけ、取り組む時期	おおむね7〜9月頃
	Ⅲ	幼稚園が安心して過ごせる場となり、友だちとのつながりを求めながら、自分らしさを発揮していく時期	おおむね9〜3月頃
4歳児	Ⅳ	新しい環境に慣れ、安定して過ごせるようになる時期（進級児）	おおむね4〜5月頃
		幼稚園の生活を知り、慣れる時期（入園児）	
	Ⅴ	好きな遊びをみつけたり、周囲の人々とかかわったりしながら園生活を楽しむ時期（進級児）	おおむね5〜8月頃
		幼稚園の生活がわかり、心身を開放して遊ぶ時期（入園児）	
	Ⅵ	気の合った友だちと好きな遊びに夢中になる時期	おおむね9〜12月頃
	Ⅶ	進んで活動し、自分の思いを表現しながら友だちとともに生活する時期	おおむね12〜3月頃
5歳児	Ⅷ	5歳児としての喜びをもちながら、安定した生活を送る時期	おおむね4〜5月頃
	Ⅸ	友だちと積極的にかかわりながら、5歳児としての自覚をもち、園生活を豊かに膨らませる時期	おおむね5〜8月頃
	Ⅹ	自分らしさを発揮し、友だちとともに目的に向かって活動する時期	おおむね9〜12月頃
	Ⅺ	周りの人々を受け入れながら、ともに生活をつくる時期	おおむね12〜3月

2. 子どもの育ちと年間指導計画

（1）教育課程から指導計画へ

　教育課程で示された保育の道筋に沿って、具体的な指導計画を作成して保育を進めていくことになります。

　指導計画には、長期の指導計画（年間、期、月）と短期の指導計画（週、日など）があります。これらは、保育の展開につながっていくものです。

　教育課程をもとに、園全体で年間指導計画を作成します。入園から修了までの教育課程に沿って、1年保育の園であれば1年間の年間指導計画、3年保育の園であれば3年間の指導計画を作成します。

　H幼稚園の年間指導計画は、3年間にわたって作成されており、3歳児、4歳児、5歳児の3つに分かれています（表9−3、9−4、9−5）。年間指導計画をみれば、その園では、どのように子どもの育ちを想定し、どのような保育が展開されていくのかがわかります。

表9-3 H幼稚園の年間指導計画（3歳児）

期	Ⅰ　保育者と触れ合い、園生活に慣れていく時期			Ⅱ　自分から好きな遊びをみつけ、取り組む時期	
月	4	5	6	7	8　9
子どもの姿	・園生活に期待はあるが、その反面、新しい環境で緊張感や不安感を抱き、泣いたり不安定な表情をしたりする子どもが多い。 ・保育者が傍にいたり、かかわったりすることで安定するが、一人遊びが中心になる。また自分の思いは主として表情や態度で伝える。 ・園生活の流れがわかり、そのリズムに慣れてくると、自分から遊び始めたり身の回りのことをしようとしたりする。			・夏休み明けには一時的に不安定な状態になるが、園生活や保育者に親しみながら、しだいに落ち着いてくる。 ・一人一人の子どもが自己主張できるようになり、物の取り合いなど友だちとのトラブルが多くなる。 ・園の遊具などに関心を示し、友だちとふれ合いながら自分の好きな遊びに取り組むようになる。	
ねらい	○園生活の流れを知り、できることは自分でしようとする。 ○自分のしたい遊びを見つけ、先生や友だちと一緒に遊ぶことを楽しむ。 ○遊びや生活に必要な約束やきまりのあることを知り、守ろうとする。			○園生活の仕方がわかり、身の回りの整理を自分でしようとする。 ○毎日幼稚園に来ることを楽しみに思い、好きな遊びや好きな場所をみつける。 ○経験したことや感じたことなどをさまざまな方法で表現することを楽しむ。	
内容	・自分の学級名や保育室がわかり、園生活の拠り所であることを知る。 ・担任の保育者を覚え、信頼感をもつ。 ・遊びの片づけや入室など、生活にきまりと流れがあることに気づく。 ・「おはよう」「さようなら」などの簡単なあいさつをしようとする。 ・間食と手洗いなど、食とそれにかかわる衛生の習慣があることを知る。 ・担任の保育者や友だちに親しみをもち、安心して遊ぶ。 ・春の暖かさや初夏の爽やかさを感じながら戸外で身体を動かして遊ぶ。 ・積み木、ブロック、ままごとなどに興味をもち、落ち着いて遊ぶ。 ・飼育動物に餌を与えたり、虫や魚などの小動物に触れたりして、身近な生き物に親しむ。 ・園内の草花を見たり触れたりして、その美しさや変化のおもしろさを感じる。 ・栽培物の世話をし、生長する喜びを感じる。 ・知っている歌を歌ったり、身体でリズムを取ったりすることを楽しむ。 ・絵本を見たり、読んでもらったりする楽しさを知る。			・登降園時の持ち物の整理や衣服の着脱など、身の回りの整理を自分でしようとしたり、できないことを先生に伝えたりする。 ・用便、手洗い、うがいなどの基本的な生活の仕方を知り、自分なりにしようとする。 ・汗の始末や衣服の調整、水分の補給など、健康な園生活の過ごし方を知る。 ・身近な遊具や生活用具の使い方を知り、興味をもって使う。 ・走ったり跳んだりして身体を思いっきり動かすことを楽しむ。 ・固定遊具や運動遊具に触れ、興味をもつ。 ・使った遊具や用具は、元の場所に片づける。 ・友だちに対する関心が高まり、気の合う友だちと遊ぼうとする。 ・遊具の取り合いなど友だちとのトラブルのなかで、自分の思いを伝えようとする。 ・学級や園の集会に参加して話や歌、出し物を楽しみ、たくさんの友だちが集まっている雰囲気に慣れていく。 ・戸外で身近な小動物や草花などをみつけ、その動きや形、色、大きさなどに興味を示す。 ・土や砂、泥、水などの感触に親しむ。 ・パスや絵の具を用いて、のびのびと描く楽しさを味わう。 ・粘土や紙などの素材に親しみ、自分のイメージに合わせて形づくったり、のりやテープで貼り合わせたりする遊びが楽しめることを知る。	
環境構成・保育者の援助	・ロッカーや靴箱などに個人の共通シールを貼り、自分の場所がわかるようにする。 ・便所や水道など共用の場所に表示を付ける。その使い方などは繰り返し指導し、身についていくようにする。 ・保育室に近い砂場や花壇、畑を整え、気軽に戸外へ出て砂や水で遊んだり、身近な小動物や植物に触れたりして親しめるようにする。 ・室内の遊びの場はいくつかのコーナーを設け、家庭的な雰囲気をつくり、好きな遊びができるようにする。 ・いすやゴザを活用し、保育者の話や絵本の読み聞かせを、落ち着いて楽しめるようにする。 ・室内外の遊具の安全点検を定期的（月1回）に行い、子どもが安心して安全に遊べるようにする。			・生活習慣は、個人差に応じて援助していく。 ・子どもの言葉をよく聞き、共感する気持ちをもって受けとめる。 ・一緒に活動をしながら、遊びのなかにもルールがあることを知らせる。 ・水遊びの用具や遊具を工夫し、個々の水への抵抗感に応じて遊びが楽しめるようにする。 ・栽培物に日常的にかかわれるよう置き場所を工夫し、世話に必要な道具や水の準備をする。 ・紙や空き箱、飲料空容器などの廃材や、サインペン、テープ、ハサミなどの製作に必要な道具を準備して、絵画や製作で遊べる環境を整える。 ・月毎の絵本を絵本棚にそろえ、好きな絵本をじっくり読めるようにする。	
家庭・学校・地域との連携	家庭・地域	・担任保育者との信頼関係が得られるように、一人一人の子どもとのかかわりを大切にしていく。 ・親子入園では、園生活を親子で過ごすことにより、保護者に安心感が得られるようにする。 ・登降園時に、園での子どもの姿や家庭での様子を具体的に伝え合う機会を多くもつ。 ・「園だより」「学年・学級通信」保育参観などを通して、園の教育方針や子どもの様子を伝えたり、見る機会を設ける。		・親子活動への参加を呼びかけていく。 ・夏の健康な生活（清潔、衣服の調節、食事、プールなど）について保護者に知らせ、一人一人の子どもに応じた配慮を依頼する。 ・園周辺の園外散歩に出かけ、家庭や地域の人々との交流の機会をもつ。	
	学校	・講師を招き、子どもと一緒に造形遊びを楽しみながら、親子でじっくり触れ合える機会を設ける。 ・教育実習（大学1年生）の学生を受け入れ、幼稚園生活や子どもの姿を知る機会となるようにする。		・教育実習（大学3年生）の学生を受け入れ、教育実践について理解を深め、保育者としての実践的資質能力を高められるようにする。	

第9章 計画の実際② 幼稚園（3〜6歳）

	Ⅲ 幼稚園が安心して過ごせる場となり、友だちとのつながりを求めながら、自分らしさを発揮していく時期	
	10　11　12	1　2　3
	・着替え、排泄、持ち物の整理など生活に必要なことは、時間がかかっても自分でしようとする。 ・友だちに自分の思いや欲求などを話そうとするが、十分に伝えられず、トラブルが起きることがある。 ・友だちやいろいろな物への興味が増し、その子なりにかかわって遊ぶようになる。	・園生活の仕方がわかり、身の回りのことや生活に必要なことなど、自分でできることは自分なりにしようとする。 ・保育者の話や4、5歳児の活動などを通して進級に対する関心や期待がみられる。周囲の友だちの遊びにも関心を向け、グループ同士のかかわりや友だち関係に広がりができ始める。 ・遊びの継続時間が長くなり、落ち着いて取り組むようになる。
	○園生活の仕方がわかり、身の回りの整理を自分でしようとする。 ○毎日幼稚園に来ることを楽しみに思い、好きな遊びや好きな場所をみつける。 ○経験したことや感じたことなどをさまざまな方法で表現することを楽しむ。	○のびのびと園生活を楽しみ、いろいろな活動に意欲的に取り組もうとする。 ○さまざまな遊びに興味や関心を示し、積極的に4、5歳児とかかわって遊ぼうとする。 ○成長の喜びと進級の期待をもって生活する充実感を味わう。
	・食事や衣服の着脱などの手順を知り、自分からしようとする。 ・困っていることやして欲しいことなどを、自分なりの言葉や方法で先生に伝えようとする。 ・並んだり順番を守ったりすることに気づき、自分からしようとする。 ・園内の秋の自然物や生き物に興味をもち、みつけたり、集めたりするなど自分の遊びに取り入れる。 ・栽培物（野菜、草花など）の変化や生長に関心をもち、世話をしたり、収穫をしたりする。 ・砂や土、泥に触れながら、保育者や友だちと一緒に見立てたり、イメージしたりして遊ぶ。 ・学級の保育者や友だちと一緒に、食事をする楽しさを感じる。 ・自分の周囲にさまざまな人がいることに気づき、みんなで一緒に遊ぶ楽しさを感じる。 ・遊びや生活に必要な言葉を知り、喜んで友だちや保育者との会話のやりとりをしようとする。 ・戸外で思いっきり身体を動かしたり、遊具や用具を使ったりして、運動遊びをする。 ・簡単なルールがわかり、それらを意識して遊びや活動に取り組む。 ・いろいろな画材や材料に興味をもち、それらを使ってのびのびと描いたり、つくったりする。 ・音楽やリズムに合わせて、歌を歌ったり、楽器を鳴らしたり、身体を動かしたりするなどさまざまな表現を楽しむ。	・風邪の予防に関心をもち、手洗いやうがい（緑茶うがい）を自分から進んでしようとする。 ・自分でできるという満足感や自信を感じながら、自分の身の回りのことや片づけに取り組む。 ・遊びの遊具や用具などの安全な使い方がわかり、自分から気をつけて遊ぼうとする。 ・雪、氷、霜など冬の自然に触れ、その感触や寒さ、冷たさを感じながら遊ぶ。 ・栽培物や園庭、花壇などの身近な草花の芽や花を見たり、世話をしたりしながら、春を感じる。 ・感じたり、考えたり、みつけたりしたことを、友だちや保育者に言葉で伝えようとする。 ・4、5歳児の遊びを真似たり、一緒に遊んでもらったりすることを楽しみながら、憧れや優しい気持ちをもつ。 ・新入園児が入園することを楽しみにし、自分がお兄さんやお姉さんになることを喜ぶ。 ・冬休みに経験した遊びやさまざまな正月遊びに、挑戦したり、繰り返し遊んだりする。 ・寒さに負けず、戸外で身体を動かして遊び、身体が温かくなる感覚を味わう。 ・自分なりのイメージを膨らませながら、さまざまな方法で表現したり、好きなものになりきったりして遊ぶ。
	・遊びや生活に必要な言葉、きまり、ルールなどがわかり、子どもが意識して取り組めるように、具体的な言葉や保育者の動きなどから、繰り返し伝えていく。 ・園庭やどんぐり広場など、秋の自然物や生き物がみつけられる場所へ子どもとともに出かけ、興味をもって見たり、触れたりして遊べるようなきっかけづくりをしていく。 ・好きな遊びが十分に楽しめるように、子ども一人一人のイメージや見立てをありのまま受けとめ、共感していく。 ・自分の周囲にいる人に親しみをもち、つながりが感じられるように、遊びのなかで子どもなりの思いや気持ちを汲み取り、共感したり、代弁したりしながら、丁寧に仲立ちや橋渡しをしていく。 ・戸外に進んで出て思いっきり身体を動かしたり、遊んだりすることで、心地よさを感じられるようにしていく。	・自分でできたことが実感できるように、一緒に喜んだり、認めたりして、次への意欲につなげていく。 ・暖房、換気、寒さへの対応など健康に過ごせるように環境を整えるとともに、冬の過ごし方について知らせていく。 ・冬の自然現象に興味関心がもてるように、時期、機会を逃さずとらえ、子どもに提示していく。 ・遊びに必要なものや道具を子どもと一緒につくったり、身につけたりして、なりきって遊ぶことを楽しめるようにする。 ・生活発表会では、一人一人の子どもが安心して、喜んで活動に取り組めるように、子どものつぶやきや表現を大切に受けとめ、ごっこ遊びの内容や流れを構成していく。 ・異年齢児ともで触れ合いを喜ぶことができるように、保育者も一緒に遊びながら、雰囲気やきっかけをとらえて関係をつないでいく。
	・さまざまな行事では、事前に活動の意図や経過を知らせ、子どもの遊びや活動を理解してもらうとともに、子どもの取り組むありのままの姿をみて、わが子の成長を感じてもらえるにする。 ・園外保育に出かけ、さまざまな秋の自然にふれたり、地域の人にあいさつをしたりする機会をもてるようにする。 ・地域の高齢者の方々と話をしたり、一緒に遊んだりできるようにかかわりをつないでいく。	・冬の健康的な生活（衣服の調節、風邪の予防など）について保護者に知らせ、一人一人に応じた配慮を依頼する。 ・子ども同士のトラブルでは、保護者にも様子を具体的に知らせ、互いの子どもの思いを受けと止めながら、人とのかかわりが育とうとしていることを一緒に考えていく。 ・進級への期待や喜びを抱くように、学級懇談会や生活発表会の行事を通し、一人一人の子どもの成長を話し合う。
	・時期や機会をとらえて、附属小学校の裏山や運動場に出かけ、秋の自然を感じて遊べるようにする。 ・弁当交流などの交流を通して、高校生とふれ合ううれしさや年長者の優しさを感じられるようにする。	・子どもが安全に過ごせるように、附属小学校との合同避難訓練を行い、緊急時の体制を確立していく。 ・幼稚園・小学校・中学校の保育者・教員が集まり、連携について反省会を行い、来年度の連携につなげていく。

表9−4 H幼稚園の年間指導計画（4歳児）

期		Ⅳ 新しい環境に慣れ、安定して過ごせるようになる時期（進級児） 幼稚園の生活を知り、慣れる時期（入園児）			Ⅳ 好きな遊びをみつけたり、周りの人々とかかわったりしながら園生活を楽しむ時期（進級児） 幼稚園の生活がわかり、心身を開放して遊ぶ時期（入園児）	
月		4	5	6	7	8
子どもの姿	進級児	・園生活のことを自分の力でしようとする気持ちが強くなり、園生活のきまりを入園児に伝えようとする子どももいる。 ・新しい友だちや保育者に不安と期待をもって登園してくる。 ・進級児同士の遊びを大切にしながらも入園児たちへのかかわりもでき始める。			・安定して生活（動植物とのかかわり、他の組との交流、集会活動など）し、体験したことや感じたことを自分なりの方法で伝えるようになってくる。 ・入園児との関係ができ始め、友だちと誘い合って同じ遊びをして遊ぶ楽しさを感じている。 ・興味ある遊びやしたい遊びがみつかり、園内のあちこちに出かけたり、新しい遊びに取り組んだりしている。	
	入園児	・母子分離不安で泣いたり、不安定な表情で過ごしたりしている子どもや園生活に慣れ喜んで登園している子どもなどさまざまな姿がみられるが、園生活の流れや園生活のきまりに気づき始める。 ・学級や先生の名前、顔を知り、あいさつを交わしたり話をしたりすることで親しみをもち始める。 ・園にある遊具や用具に少しずつ目が向き始め、好きな遊びがみつかり活動し始める。			・身の回りの整理や衣服の着脱には、時間や保育者の手助けが必要な子どももいるが、自分でしようとしたり気づいて友だちに教えたり、手伝おうとしたりする姿がみられる。 ・園内の遊具や遊びに興味をもち始め、楽しんで取り組んだり、新しい遊びに挑戦したりしている。	
ねらい	進級児	○新しい環境（学級、友だち、先生など）に親しみをもち、活動しようとする。 ○気の合う友だちと一緒に安心して過ごしながら、新しい友だちにも関心をもち自分なりにかかわっていく。 ○3歳児の時から好きだった遊びや新しい遊びに自分から取り組もうとする。			○園生活のさまざまな出来事を楽しんだり、自分からかかわったりして、いろいろな遊びに興味や関心をもつようになる。 ○気の合う友だちを誘い、同じ遊びを進めていくことを楽しむ。	
	入園児	○園生活に興味や関心をもち、安心して登園する。 ○先生や新しい友だちを知り、親しみをもったりかかわろうとする。 ○園内の遊具や遊びの場を知り、好きな遊びや安心できる場所をみつけて喜んで遊ぶ。			○園生活にさまざまな出来事があることや約束やきまりを知り、興味をもって遊びに取り組もうとする。 ○友だちと一緒に園内のさまざまな場所に行って、遊びを楽しんだり自分からかかわったりする。	
内容		・「おはよう」「さようなら」などの簡単なあいさつを、保育者や友だちと喜んで交わす。 ・園生活の仕方がわかり、約束やきまりがあることを知る。 ・園内を散策し、園内の草花を見たり、触れたりし、園内の自然に目を向ける。 ・近くの園外に出かけ、春の自然のなかで遊んだり、そのなかで遊ぶ心地よさを感じたりする。 ・保育者に親しみをもってかかわったり、友だちのしていることに興味をもって一緒に遊んだりする。 ・保育者や友だちと、楽しんで歌を歌ったり、リズムに合わせて体を動かしたりする。 ・身近な素材で好きなものをつくったり、つくったもので遊んだりする。			・身の回りの整理や片づけなど、自分でできることは自分でしようとする。 ・健康診断や避難訓練などを通し、健康な生活の仕方や安全な生活の仕方を知る。 ・園内の自然に興味をもち、遊びに使ったり、世話をしたりとする。 ・園外保育に出かけ、開放感を感じながら、自然のなかで思いっきり身体を動かして遊ぶ。 ・春から梅雨や夏へ、季節を感じながら過ごす。 ・学級や学年の友だちや保育者に親しみ、思ったことを伝えたり、ふれ合って遊んだりする。 ・身の回りの出来事や経験したことをイメージして描いたり、つくった物で遊んだりする。	
環境構成・保育者の援助		・進級児にも入園児にも、環境が変わり戸惑いがあることを意識し、言葉や行動に表れている個々の子どもの気持ちを受けとめ、子ども理解に努める。 ・生活の仕方を具体的に知らせたり子どもと一緒に行ったりして、園が安心して過ごせる場であることや園生活の楽しさ、生活の仕方を伝えていく。 ・遊びや生活のなかで、保育者が子どもとともに生活する存在であることや、友だちとの接し方や遊び方を伝えていく。 ・子どもが自分なりの遊び方で楽しみながら、興味や関心が継続する遊びの場を準備し、友だちの遊びに興味をもって真似ながら、友だちとのかかわりがもてるようにしていく。			・一人一人の子どもの興味や行動を把握し、さまざまな素材や用具を準備したり、場を再構成したりしていく。 ・自然と十分にふれあいがもてるよう、園内外で遊ぶ機会を設けたり、小動物や栽培物を時期をとらえて適切に活用できるようにしたりする。 ・遊びや生活のなかで、異年齢児とのかかわりがもてるように場や機会を工夫する。 ・友だちとふれ合うなかで、互いの思いの違いや、友だちのよさに気づいたりする機会となるよう、保育者が仲介したり、学級のあたたかい雰囲気づくりをする。	
家庭・学校・地域との連携	家庭・地域	・「園だより」や「学年・学級通信」、保育参観などを通して、園の教育方針や子どもの様子を伝えたり、見る機会をもうけていく。 ・個人懇談や降園時などで保護者と話す機会をもち、保護者の願いを理解したり、不安な気持ちを受けとめ安心感がもてたりできるようにする。 ・「子育てひろば」（子育て支援活動）の意図を伝え、興味や関心がもてるようにする。 ・近隣の田んぼなどに出かけ、地域の自然とふれ合う機会をもつ。			・一人一人の子どもの学級での姿や生活、遊びの姿を伝えたり、家庭での様子を聞いたりしながら、成長や課題を共通理解し、保護者との信頼関係を築いていく。 ・学級懇談会を行い、学級の様子や子どもの姿や育ちなどについて話し合う機会をもち、ともに成長を喜び合ったり、考え合ったりできるようにする。 ・「子育てひろば」の活動を掲示や降園時の話などで伝え、関心を高めていく。 ・園外保育に出かけ出会った地域の人々に挨拶をしたり言葉を交わしたりする機会がもてるようにする。	
	学校	・幼稚園・小学校・中学校の保育者・教員が集まり、さまざまな領域や教科について話し合い、連携の計画をたてる。 ・附属小学校、近隣の高校に協力を求め、近隣の学校に出かけ遊ぶ機会をもつ。 ・教育実習の学生を受け入れ、幼稚園生活や子どもの姿を知る機会となるようにする。			・附属中学3年生との交流を計画し"お兄さん""お姉さん"とふれ合う機会をもつ。 ・教育実習（大学3年生）の学生を受け入れ、実際の園生活や子どもの姿を知ったり、保育者としてのあり方を学んだりする機会となるようにする。	

第9章 計画の実際② 幼稚園（3〜6歳）

Ⅵ 気の合った友だちと好きな遊びに夢中になる時期				Ⅶ 進んで活動し、自分の思いを表現しながら友だちとともに生活する時期		
9	10	11	12	1	2	3
・身の回りのことを自ら進んでしようとしたり、好きな友だちの登園を待ち、誘い合って遊んだりするようになる。 ・保育者や友だちとの会話が活発になり、身近な出来事を話そうとしたり、語彙量が増えたりする。 ・友だちとかかわって遊ぶなかで、自分の思いを通そうとすることもあるが、相手の思いを受けとめたり、友だちのことを思いやったりして優しくできるなど、多様な子どもの姿がみられるようになる。				・身近な自然物や事象に興味をもち、遊びの種類や遊び方も広がったり増えたりし、興味やイメージを自分なりに表現しようとする。 ・集会活動、儀式的行事（お別れ会、修了式）、当番活動の引き継ぎなど、5歳児の姿を見て進級する期待感を膨らませながら過ごす。		
○いろいろな遊びに興味や関心をもち、自分なりの力を発揮しながら活動に取り組む。 ○友だちと触れ合ったり、話し合ったりしながら遊ぶ楽しさを味わう。 ○経験したことや感じたことを自分なりの方法で表現することを楽しむ。				○友だちとイメージや考えを伝え合って遊びを進める楽しさを味わう。 ○身近な自然事象に興味や関心をもってふれたり遊びに取り入れたりする。 ○生活や遊びのきまりを守り、進級することへの期待や自信をもって過ごすようになる。		
・簡単なルールのある遊びを楽しみ、ルールを守りながら遊ぼうとする。 ・遊びのなかで必要な遊具や用具の扱い方を知り、大切に扱おうとする。 ・公共の乗り物や施設を大切に扱ったり、交通ルールを守ったりしながら園外保育に出かける。 ・草花の生長や収穫の喜び、木々の美しさなどを知り、夏から初秋、秋から冬への自然の変化に気づく。 ・身近な自然物に親しみ、自分なりに遊びに取り入れようとする。 ・自分なりのめあてやイメージをもって遊びに取り組みながら、友だちの思いとの違いに気づいたり、一緒に遊び方を考えたりする。 ・いろいろな運動遊びに興味をもち、身体を存分に動かしたり、ルールを決めて競い合ったり、友だちと力を合わせたりする。				・衣服の着脱や手洗い、うがいなど冬の生活や健康のために必要なことが自分でできるようになる。 ・空気の冷たさや霜などの冬の自然現象や木の芽吹きなど、冬から春への季節の移り変わりに興味や関心をもつようになる。 ・友だちと共通のイメージをもって遊びを進めたり、一緒に遊び方を考えたりしながら、遊びを繰り返して楽しむ。 ・"正月"や"節分"などの遊びや生活に興味をもち、意味を聞いたり、自分たちの生活に取り入れたりする。 ・絵本や物語を聞いてイメージを膨らませ、自分の思いや動きを言葉で表現したり、登場人物になりきって遊んだりする。 ・イメージしたものや、遊びに必要なものを、身近な素材やこれまでの経験を活かしてつくって遊ぶ。		
・子どもが興味をもてるように、身近な自然に関する話題を取り入れたり、見たり触れたりする機会をもったりする。 ・異年齢児の遊びに興味をもって参加できるよう遊びの場を工夫したり、保育者が加わって互いのやりとりができるようにしたりして、異年齢児間のかかわりや遊びの伝達が行えるようにする。 ・遊びの内容やおもしろさを伝え合う場をもち、子どもがいろいろな遊びに興味をもったり、互いの遊びを伝達しながら遊びが継続したりするようにする。 ・運動会に向けての活動のなかでは、保育者も一緒に遊びながらルールを考えたり、喜びや悔しさなどの気持ちの揺れ動きを受けとめたりして、友だちと一緒に、目的をもって遊ぶことの楽しさが味わえるようにする。				・保育室内外に、季節が感じられるようなものを置いたり、壁面構成をしたりして、冬から春への季節の移り変わりや生活の変化を感じながら生活できるようにする。 ・ごっこ遊びやお話遊びのなかでは、子どもなりの動きや言葉を引き出し、互いの表現に刺激を受けたり、友だちと一緒に表現したりすることの楽しさを感じながら、子どもが互いのよさを感じ合う機会となるようにする。 ・友だちや異年齢児と一緒に活動することを楽しみながら、かかわりが深まるよう、子ども同士が刺激し合える場や5歳児から4歳児に生活を伝達する場を工夫する。		
・親子愛護作業の協力を求め、気持ちよく2学期が送れるよう、園内環境を一緒に整えていく。 ・運動会などさまざまな行事での活動の経過やねらい、保育者の意図などを具体的に伝え、行事を通して子どもの育ちが感じられるようにする。 ・「子育てひろば」の活動内容やかかわり方などを具体的に伝え、子どもの遊びの世界を知ってもらう機会とする。 ・バスを使って園外保育に出かけ、地域の公共施設や公共物に興味をもったり大切に扱う気持ちをもったりできるようにする。				・大晦日や新年の祝い方など日本古来の風習を親子や家族、地域で楽しむ機会がもてるよう呼びかけていく。 ・寒さに負けない身体づくりや風邪予防のため、手洗いうがいの励行や、薄着で遊べる服装の協力を依頼する。 ・生活発表会や個人懇談を通して、子どもの成長した姿を保護者に具体的に知らせ、子ども、保護者、保育者がともに成長を喜び合ったり、次年度の課題について話し合ったりする。 ・子どもや保護者の進級を期待や不安を受けとめ、支えていくようにする。		
・附属中学3年生と一緒におもちゃをつくって遊んだり、近隣の高校生と一緒にお弁当を食べたり、大学の吹奏楽部の演奏を聴いたりする機会をもち、さまざまな年代の人とかかわりがもてるようにする。				・大学の芸術系の先生の協力を得て、大学美術展に子どもの作品を出展する。 ・幼稚園・小学校・中学校の保育者・教員が集まり、連携について反省会を行い、来年度につなげていく。		

表9−5 H幼稚園の年間指導計画（5歳児）

期	Ⅷ 5歳児としての喜びをもちながら、安定した生活を送る時期	Ⅸ 友だちと積極的にかかわりながら、5歳児としての自覚をもち、園生活を豊かに膨らませる時期
月	4　　5　　6	7　　8　　9
子どもの姿	・5歳児になった喜びから、園内のさまざまな場所の遊び心地を確かめている。時には5歳児だけで遊びの場を独占しようとする姿もみられる。 ・5歳児としての自覚をもって新入園児にかかわり、園での生活の仕方や遊びの場などをやさしく教えることができる。責任をもって遊具や用具の片づけや飼育動物の世話をする。 ・気の合う友だちの登園を待ち、誘い合って好きな遊びを始める。なかなか遊びに集中できない時もあるが、それぞれの遊び場でのルールや片づけなどを試しながら生活している。	・自分なりに遊びのめあてをもって登園してくる。 ・気の合う友だち同士で遊び集団ができ、そのなかでは十分気持ちのやりとりをしながら生活を楽しむ。 ・もち米や夏野菜、落花生、サツマイモの世話をしながら、生長の様子を見たり、収穫する喜びを味わったりしている。園内や家庭で採取したバッタやクワガタを、友だちと一緒に関心をもっている。 ・宿泊保育や運動会など共通の目的に向かって、友だちとイメージを共有しながら遊びを進めていくことができる。そのなかで友だちと共感し合ったり、友だちの刺激を受けて自分も頑張ろうとしたりする。
ねらい	○5歳児になった喜びや期待感をもって遊びや生活に取り組む。 ○友だちとかかわりながら遊びを楽しみ、自分なりの力を発揮する。 ○春の自然や身の回りの環境に興味をもってかかわり、友だちや保育者と一緒に遊ぶ。	○友だちとかかわり合って遊ぶなかで、友だちのよさに気づいたり、一緒に考えたり、工夫したりして遊ぶ。 ○友だちと協力し合ったり、同じ目的に向かって取り組んだりしながら5歳児の自覚をもって遊びや生活を進める。 ○動植物に愛情をもってかかわり、生長に興味や関心をもったり命の大切さを感じたりする。
内容	・新しい保育室の位置を知り、ロッカーや靴箱の場所を決めたり、保育者や友だちと一緒に、生活しやすいように場の使い方を考えたり整理したりする。 ・5歳児として、自分たちの生活に必要な役割や責任があることや、自分たちの力で生活を進めていくことの必要性に気づく。 ・友だちと誘い合い、好きな遊びを一緒に楽しむ。保護者や地域の未就園児、実習生などさまざまな人に親しみながら、楽しんでいろいろな遊びをする。 ・大学の先生の話を興味をもって聞き、動物の鳴き声を英語で言ったり、英語の歌を歌ったりする。 ・飼育動物やリボン花壇の花の世話をしたり園外保育に出かけたりすることにより、身近な自然に関心をもつ。 ・餅米の種まきや夏野菜やカボチャ、落花生、サツマイモの苗植えを行い、生長に関心をもって見たり世話をしたりする。 ・水や砂、土、泥に触れたり、固定遊具などを使ったりして、身体を思いっきり動かして戸外で遊ぶことを楽しむ。	・友だちといろいろな遊びを楽しむなかで、自分の思いを相手に伝えようとしたり、相手の気持ちに気づいたりする。 ・友だちと相談したり工夫したりルールを考えたりして、遊びを進める。 ・約束やきまりがわかり、安全に気をつけてプール遊びを楽しむ。 ・宿泊保育にかかわってくださる周りの人々に感謝の気持ちをもち、喜んで参加する。 ・夏野菜の生長に関心をもち、よく見たり世話をしたり、収穫の喜びを味わったりする。もち米の生長にも関心をもち、収穫への期待感を高める。 ・身近な生き物に親しみ、その生態に関心をもつ。 ・季節の変化に気づき、自分の遊びに取り入れようとする。 ・宿泊保育について、話し合ったり役割を決めたりする。 ・プールや砂場、土山で水や砂、土の感触を十分に味わいながら、さまざまな事象に気づく。 ・自分なりに目標をもち、自分の力を存分に発揮しながらいろいろな運動遊びに取り組む。
環境構成・保育者の援助	・生活の場を自分たちで整えていく気持ちがもてるよう、保育室のいろいろな場を生活がしやすいよう子どもたちが工夫できるようにする。 ・「子育てひろば」や園外保育、実習生と遊ぶ場や時間など、子どもがさまざまな人とかかわる機会をもつ。 ・飼育動物の世話や夏野菜と花の水やりが、子どもの生活の流れや意識のなかに組み込んでいけるようにし、必要感をもって積極的に取り組めるようにする。 ・新しいクラスの友だちとの遊びを楽しみながら子ども同士のかかわりがもてるよう、遊具や材料を整えたり、保育者が遊びに入ったり、遊びの場の使い方を一緒に考えたりしていく。 ・さまざまな動植物を見たりふれたりする機会を見逃さないようにする。逃がすことも伝え命の育みや自然の変化の不思議さを子どもなりに感じられるようにする。	・自分のめあてに合った遊びを広げたり深めたりできるように、教材、教具の提示の方法や場を工夫するとともに、周りの環境にも目が向くように季節に応じた自然物を取り入れた環境構成に努める。 ・動植物の世話を継続して行えるように、登園後夏野菜やサツマイモ、落花生、もち米の様子を見たり水やりや収穫をしたりする時間を十分に確保する。夏休みにも継続して世話ができるように励ましていく。 ・小学生や中学生と一緒に遊ぶ楽しさに共感し、さまざまな人と触れ合ううれしさが感じられるようにする。 ・宿泊保育を通して自分の力に自信をもつと同時に、たくさんの人の協力があってできることを機会をとらえて伝え、感謝の気持ちがもてるようにする。 ・一緒に遊びを進めている子どもに、互いの思いや考えが伝わっているか確認し、必要に応じて言葉を補ったり仲立ちをしたりする。 ・一人一人の頑張っている姿を認め励ましながら、最後まで諦めずに頑張れるように支えていく。
家庭・学校・地域との連携 / 家庭・地域	・「園だより」「学年・学級通信」などで園の様子を知らせ、年長児としての意識をもって園生活が送れるように理解と協力を得る。 ・れんげ畑や近くの田んぼなどに出かけ、地域の自然に触れる機会を多くもつと同時に、地域の人々とあいさつをしたり話したりする機会をつくる。	・宿泊保育に向けて、取り組みの様子を伝えながら、自分のことは自分でしたり、手伝いを進めてしたりしながら意欲を高めていけるように依頼する。 ・学級懇談会や「夏休みのしおり」などで、安全で充実した夏休みが過ごせるように依頼する。 ・親子愛園作業の協力を求め、心地よく2学期の生活が送れるよう一緒に園内の環境を整えていく。
家庭・学校・地域との連携 / 学校	・他校種間の交流については、担当者同士で計画を立案し、互いの育ちについて共通理解を図ったり協力を求めたりする。 ・小学校の栄養士の協力を得て、「早寝・早起き・朝ご飯」の大切さを考える機会を設ける。 ・教育実習（大学1年生）の学生を受け入れ、幼稚園生活や子どもの姿を知る機会となるようにする。	・附属交流会や附属中学校3年生との交流を通して、一緒に遊んだり話したりする楽しさを味わう。 ・附属小学校との交流給食や日常的な交流を幼小連携教育の一環として位置づけ、ねらい設定や評価を綿密に行う。 ・教育実習（大学3年生）の学生を受け入れ、実習を通して子どもと保育者のかかわり方を見直す機会となるようにする。

第9章 計画の実際② 幼稚園（3〜6歳）

	X　自分らしさを発揮し、友だちとともに目的に向かって活動する時期				
10	11	12	1	2	3

・学級共通のめあてに向かって生活するなかで、子ども一人一人が自分の行動に責任をもち、グループや学級のなかで友だちのよいところや苦手なところも含めて、互いのよさを知り、認め合う姿がある。 ・友だちや保育者と遊びをよりおもしろくするために意見を出し合ったり、役割を分担したり、助け合ったりする。計画したことを試しながらやり遂げるおもしろさを知り、自分たちで周囲の環境に働きかけていく。			・修了間近になるとそれぞれの子どもが、小学生になる喜びをもって修了証書授与式の準備をするとともに、自分たちが使った遊具や用具を整理しながら、幼稚園の生活を引き継ぐ準備をする。 ・3、4歳児に対して、手本となるような行動をしようとする気持ちが十分に育ち、集会活動においては、5歳児らしさを発揮する。飼育当番の活動では、仕事を4歳児にしっかり引き継ごうとする意欲もみせる。		

○いろいろな遊びに挑戦し、自分なりの目的をもって遊びに取り組み、力を発揮する。 ○友だちと遊びの楽しさを共有しながら、互いに認め合ったり、ともに考えを出し合ったりしながら取り組む。 ○自然などの身近な環境に積極的に働きかけ、驚いたことや発見したことを探求していく。		○友だちと一緒に共通の目的に向かって遊びを進め、充実感を味わう。 ○友だちとの信頼関係を深め、互いに認め合いながら集団のなかで自信をもって遊ぶ。 ○自然の不思議さや仕組みなどに触れて遊び、感じたことや考えたことを自分らしく表現する。

・友だちと思いや考えを出し合いながら一緒に遊びを進め、遊びを共有する楽しさを感じられるようにしていく。 ・同じ興味や目的をもった友だちと遊びのなかで生じた課題や問題を試したり考えたりして自分たちで解決しながら継続して遊ぶ。 ・友だちや3、4歳児、保護者と一緒に運動会に参加し、思いっきり身体を動かして応援したりする。 ・イメージを伝え合い共有し合いながら、友だちと一緒に演じたり合奏したりさまざまな表現を楽しみ、大学祭での発表に向けて取り組む。 ・さまざまな素材や用具、芝生の園庭を効果的に利用したり、遊具用具を自由な発想で構成したりしてダイナミックに遊ぶ。 ・季節の変化を感じ、自然の美しさや不思議さに触れる。園内外で、木の実、紅葉、秋の虫に触れたり、それらを遊びに取り入れたりする。 ・友だちと協力して、遊びに使ったものを片づけたり、生活の場を整えたりする。 ・病気の予防に関心をもち、健康な生活習慣の必要性を理解して手洗いやうがいを励行し、戸外で身体を十分動かして遊ぶ。		・当番や清掃活動など責任をもって行い、3、4歳児に活動の内容を伝える。 ・自分なりに見通しをもち、状況を考えながら生活する。自分たちの生活に必要なことを考え、自分たちで準備したり整えたりする。 ・自分の成長を感じ、自信をもって過ごしたり新しい生活を楽しみにしたりする。 ・物語や絵本に親しみイメージを膨らませて遊んだり、自分たちでストーリーをつくったりしながら遊びを進めていく。友だちと役割や係を決めながら、劇遊びを進める。 ・自分らしい豊かな表現を楽しめるように身近なことで心を動かしたことを伝え合いながら互いの表現に共感する。 ・冬から春にかけての身近な動植物の変化や自然現象に気づき、季節の変化を知る。 ・正月、節分、雛祭りなど、日本古来の伝統的な遊びを楽しむ。 ・修了に向けての活動に期待や自覚をもって参加する。 ・身近な人に親しみをもってかかわり、尊敬や感謝の気持ちをもつ。

・一人一人の目的に合った環境を準備したり、よさや力が発揮できるような場や時間をもったりして、自信をもって行動していけるようにする。 ・さまざまな体験を通して得た満足感や成功感、挫折感などを次の活動意欲へとつないでいくようにする。 ・いろいろな友だちと遊ぶ楽しさを感じられるように、学級だけでなく学年全体で活動する機会を運動会などを通して設定し、楽しんで遊びを進めていけるようにする。 ・米の実りや収穫の喜びを味わったりできるように時期をとらえて、タイミングよく稲刈りや脱穀ができるように「おやじの会」の方と連携を取り合って進めていく。 ・冬から春に向けてリボン花壇の花や球根をどのようにデザインして植えるか子どもと相談しながら進めていく。 ・保育者も遊びの仲間となり、子どもとともに考え合ったり話し合ったり、アイディアを提案したりしていく。		・互いの持ち味に気づき、認め合い受け入れ合えるように、自分らしさを出しながら友だちとかかわれるように支えていく。 ・友だちと共通の目的を達成する喜びが味わえるように、協力したり役割を分担したりして、見通しをもって取り組めるようにしていく。 ・就学に期待をもち、自覚をもって生活できるように認めたり励ましたりする。 ・冬でも全身を十分に動かして遊ぶことが健康な身体をつくることにつながることを知らせ、積極的に戸外での遊びに誘いかける。 ・さまざまな自然や社会の事象や現象に触れ、その性質や仕組みなどに興味をもち、工夫してかかわれるように援助していく。自分なりに考えたり確かめたりしようとする態度を支えていく。 ・冬の自然に出合えるような工夫をしたり、友だちの気づきが共有できるような場や時間を設けたりする。 ・子どものイメージした世界に保育者も一緒に参加して遊び、思いを共有しながら遊ぶ楽しさが感じられるようにする。

・運動会への取り組みの様子や子どもの育ちを知らせ、理解と協力を得る。 ・「弁当参観」では、わが子の育ちを感じるとともに、食生活に関する基本的生活習慣を見直す機会となるよう保護者と弁当を食べる。 ・季節の変わり目で体調を崩しやすいので、子どもの健康管理を依頼する。 ・就学に対し不安を抱いている保護者には、その気持ち受けとめながらともに考え、安心感がもてるようにする。 ・近隣の高齢者など地域の人とかかわる機会をもつ。		・地域の冬休み中の催しや正月の遊びを地域の情報誌を通して知らせ、家庭で楽しく過ごす機会にしてもらう。 ・健康な冬の生活が送れるよう、手洗いやうがい、衣服の調節など、実際の様子を伝えながら励行してもらうよう依頼する。 ・生活発表会に向けての取り組みや保育者の思い、子どもの育ちなどを降園時に話したり、学年通信で伝えたりする。 ・生活発表会を通して一人一人の成長した姿を保護者に伝えたり感じてもらったりして、ともに子どもの成長を喜び合えるようにする。 ・修了、進学への喜びを子どもを取り巻く人々と共感できるようにする。

・附属小学校との継続した交流計画を立て、親しみながら意義ある活動に発展していくようにする（交流給食実施）。 ・木々の紅葉や自然物にふれたり、拾ったりしながら、散策が楽しめるように計画する。広いサッカー場を借りて存分に身体を動かして、サッカー遊びができるようにする。		・附小合同不審者避難訓練を行い、小学校と協力しながら子どもの安全を見守っていく。 ・幼稚園・小学校・中学校の保育者・教員が集まり、連携について反省会を行い、来年度につなげていく。

（2）年間指導計画の作成

　年間指導計画は、具体的な保育の計画が「期」「月」「子どもの姿」「ねらい」「内容」「環境構成・保育者の援助」「家庭・学校・地域との連携」の項目で記載されています。

　「子どもの姿」には、教育課程に示された「期」ごとに、その時期の子どもの姿が具体的に書かれています。「子どもの姿」に書かれた子どもの実態から、子どもの育ちの方向に沿って、保育の「ねらい」と「内容」があげられています。「ねらい」と「内容」は、保育内容の5領域が総合的に達成されることを意図して書かれています。

　「環境構成」や「保育者の援助」は、「期」全体の保育を見通した内容になるよう留意します。「家庭・学校・地域との連携」には、H幼稚園では保育のなかで重点が置かれている「子育て支援」に関する欄が「親育ちの課題」として設けられています。

　年間指導計画は、月の指導計画や短期の指導計画のもとになるものであり、実際に保育を行った後にまず短期の指導計画が計画・修正され、さらに年度末には年間指導計画も評価・見直しにより保育の実際に沿ったものに修正されていきます。

　H幼稚園の年間指導計画は、オーソドックスな形式です。枠組みに規定はなく、それぞれの園の保育の実情に合わせて独自に作成してよいことになっています。

教育課程から指導計画へと、つながりを意識して保育を計画します。

第2節　指導計画と保育の実際

1. 生活の連続性と月・週の指導計画

（1）月の指導計画の作成

　月の指導計画は、年間指導計画や期の指導計画を月ごとに具体的な計画として表したものです。多くは、3歳児、4歳児、5歳児の学年ごとに作成されます。

　「子どもの姿」は、前月末の子どもの姿や育ちをもとに書かれます。実際の子どもの姿から、その月の保育がどう展開されていくのかを予想し、月の指導計画を立てます。H幼稚園の月の指導計画は、「子どもの姿」「ねらい」「内容」「環境構成」「子どもの活動」「保育者の援助」「家庭・学校・地域との連携」の各欄から成っています（表9-6）。これらの枠組みの重なりからみても、年間指導計画と月の指導計画がつながっていることがわかります。同

第9章 計画の実際② 幼稚園（3～6歳）

じ学年でも、前年度の子どもとは子どもの実態が変わってくるので、自ずと予想される保育の展開も異なります。目の前の子どもの姿に即して具体的に作成していきます。

（2）生活や遊びのつながりと子どもの育ち

　指導計画を立てるうえで留意しておくことは、子どもの生活が連続していることをイメージすることです。「子どもの姿」が、前月末の子どもの生活する姿とともに書かれていることからもわかるように、指導計画は「期」や「月」で区切られていても、子どもの生活は月の初めで区切られたり、保育が全く違ったものになったりしないよう、月末から次月への経過を意識して指導計画を立てていきます。

　運動会が10月中旬に行われるとすれば、運動会に向けての遊びは、9月の保育のなかからすでに展開されているものです。さらに運動会での経験を経て継続した遊びは、秋から冬へと展開していくことが予想されます。そう考えれば、9月から11月の指導計画には、運動会で経験する（または経験した）ことに関する保育が計画されることになります。このように、子どもの生活が連続していることを意識して、指導計画を立てることに留意します。

　同様のことが、週の指導計画を立てる際にもいえます。前週からの子どもの生活や意識の流れをとらえ、次の週の保育において子どもに経験させたいこと、子どもに育ってほしいと思うことを中心に、週の指導計画を立てます。

　週の指導計画が日の指導計画につながっていくよう、H幼稚園では週の指導計画に毎日の「課題」を記述する欄があります（表9－7）。毎日の保育の積み重ねのなかで、週の「ねらい」が達成されていくことをイメージし、その日その日が細切れに終わらないよう、昨日、今日、明日のつながりのうえに保育が計画・実施されていくように計画します。

子どもの姿は、すぐにかわるものではありません。でも毎日同じでもありません。

表9-6 10月指導計画（5歳児）

子どもの姿	・友だちと一緒にいろいろな運動遊びに取り組み、自分のチームやクラスの友だちと競い合って走ったり、ルールや作戦を考えたりする姿がみられる。一輪車や雲梯、竹馬などでは、自分なりのめあてに向かって、繰り返し挑戦しようとする姿もみられる。 ・遊びのなかで、思ったことや考えたこと、感じたことなどを友だちと伝え合う姿とともに、自分の思いが相手に十分に伝わらず、トラブルが生じる場面もみられる。 ・木の実や木の葉など、園内外の秋の自然物をみつけて遊ぶことに興味をもち、みつけた自然物を使って自分のイメージした物をつくったり、友だちと一緒につくったりする姿がみられる。	ねらい	○自分の力を発揮したり、友だちと楽しさを味わう。 ○友だちと思いや考えを出し合いく楽しさを味わう。 ○身近な秋の自然に興味をもち、じたことなどを自分なりに表

内　容	環境構成
・さまざまな運動遊びに取り組み、身体を十分動かして遊ぶ。 ・友だちと力を合わせたり、競ったりしながら、さまざまな運動遊びをする。 ・自分の参加する種目に一生懸命取り組んだり、友だちや異年齢児のがんばりをみつけたりする。 ・体操の先生や放送係、演技準備係の仕事に自信をもって取り組み、その役割を果たす。 ・自分なりのめあてをもっていろいろな遊びに取り組む。 ・遊ぶ場所や遊びに必要な道具を考えながら、つくったり使ったりする。 ・友だちと共通のめあてをもち、遊びのルールや作戦を考える。 ・運動会に必要な物がわかり、万国旗やポスター、未就園児へのプレゼントを楽しみながらつくる。 ・遊びのなかで自分の思いを相手に伝えたり、相手の気持ちに気づいたりする。 ・友だちと一緒にイメージを出し合いながら描いたりつくったりする。 ・友だちと一緒にイメージを膨らませ声を合わせて歌う。 ・見たことや感じたことなどを言葉や音、リズムなどで楽しんで表す。 ・田んぼの稲や空、風の様子を見たり気づいたことを話したりする。 ・稲の実りに興味をもって稲刈りをし、収穫を喜ぶ。 ・木の実や葉などの秋の自然物をみつけたり、みつけたものを遊びのなかに取り入れたりする。 ・話の展開を期待しながら、絵本をみる。 ・友だちの誕生日を祝う気持ちで、誕生会に参加する。 ・「子育てひろば」や弁当参加で「きっずくらぶ」の保護者に親しんだり、未就園児親子や地域の高齢者とふれ合って遊んだりする。	・子どもの遊びの様子をみながら、必要な物を準備したり、場を確保したりする。 ・子どもが自分たちでしたい遊びを始めることができるよう、取り出しやすい場所に用具や遊具を整理しておく（リレーのはちまき、ゴールテープ、巧技台、跳び箱など）。 ・帽子とりやリレーは、遊び方やルールを友だちと話し合ったり決めたりする機会を継続してもつ。 ・運動会に向けてがんばる気持ちが高められるような絵本や紙芝居、歌を用意する。 ・異年齢児と交わって遊べるような場やルールを工夫したり、イメージが浮かびやすいストーリーを用いて遊びを進めたりする。 ・異年齢児の種目では、競技や遊びのイメージが浮かびやすいよう、荷物運びの箱を子ども同士でつくったり、パラバルーンを用いたりする。 ・竹馬に乗れる子どもが次の課題に向かって取り組めるように、障害物になるようなものを準備しておく。 ・子どもとともに運動遊びや運動会について必要な物や必要なことについて話し合う場をもつ。 ・子どもの遊びの様子に応じて、遊びの進め方について子ども同士が話し合う機会をもち、5歳児の遊びの拠点となる場をつくっていく。 ・学級活動で、個々の子どもが体験したことや、そこでの思い、自分の考えなどを伝え合う場を設け、遊びをどのように進めていくのか、共通理解をする。 ・子どもが描いたりつくったりした物を構成して飾り、保育室に秋の雰囲気が感じ取れるようにする。 ・子どものイメージした物がつくれるように、木材やペットボトル、ダンボール、ガムテープ、ビニールテープなどの材料を子どもとともに準備する。 ・さまざまな楽器に自由に触れて遊べるように楽器や舞台などを準備する。 ・稲刈り後は稲木を立てて、田んぼの稲の育ちや、もち米を収穫する過程の変化を興味をもって見る機会となるようにする。 ・自然とふれ合うなかで、わからないことや疑問に思ったことを子ども自身で調べることができるように図鑑や絵本を身近に置いておく。 ・登山する山や雨天時の水族園を踏査し、見学ルートや過ごし方などを検討しておく。 ・「子育てひろば」では、在園児や未就園児が一緒に遊ぶ場を設け、互いにふれ合う機会となるようにする。同時に、「きっずくらぶ」の保護者や地域の高齢者とふれ合える場も設けておく。

第9章 計画の実際② 幼稚園（3〜6歳）

ちと力を合わせたりして運動遊びをする いながら目的に向かって、遊びを進めて 遊びに取り入れたり、気づいたことや感 現する楽しさを感じる。	家庭・学校・地域との連携	・お便りや学年通信、降園時の話などを通して運動会への取り組みの様子や子どもの育ちを知らせ、理解と協力を得る。 ・プログラムには子どもが運動会の絵を描き、保護者や祖父母に配布し、多くの方の参加を呼びかける。 ・季節の変わり目で体調を崩しやすいので、子どもの健康管理を依頼する。 ・「子育てひろば」では「きっずくらぶ」への参加を呼びかけ、子どもの育ちや園生活への理解や保護者同士のつながりを深める機会となるようにする。地域の高齢者とかかわる機会にもなるようにする。

子どもの活動	保育者の援助・配慮
○戸外で体を動かして遊ぶ。 ・リレーや帽子とりをする。 ・4歳児とチームを組んで競争する。 ・3歳児とイメージのなかで遊ぶ。 ・竹馬や一輪車に乗る。 ・サッカーをする。 ・雲梯や登り棒、鉄棒をする。 ○運動遊びや運動会の雰囲気づくりに必要なものをつくったり準備したりする。 ・万国旗やゴールテープ、ポスターの絵を描く。 ・未就園児へのプレゼントをつくる。 ○運動会に参加する。 ・自分の力を発揮していろいろな運動遊びに参加する。 ・異年齢児と一緒に競争や表現遊びをする。 ・友だちと運動会の係活動を分担し、進める。 ・異年齢児の種目を見たり応援したりする。 ○遊び方やルールを考えたり話し合ったりする。 ・リレーや帽子とりのチームやルール、勝敗などを決めたり、作戦を話し合ったりする。 ○稲刈りをする。 ・鎌で稲を刈り、稲木に干す。 ・手伝ってくださる保護者に感謝の気持ちをもつ。 ○園内外の虫や秋の自然物をみつけて遊ぶ。 ・みつけた秋の自然物の名前を調べたり、並べたり、種類別に分けたりする。 ・園外保育に出かけ、木の実を拾ったりする。 ○イメージした物を描いたりつくったりして遊ぶ。 ・木の実を並べたり、音の鳴る楽器や飾りをつくったりする。 ・遊んだことやイメージしたことを絵に描く。 ○いろいろな素材を使って遊ぶ。 ・自分のつくりたい物をつくって遊ぶ。 ・ごちそうづくりや秘密基地づくりなどをする。 ○絵本をみる。『どんぐり』『999ひきのきょうだい』 『むしたちのうんどうかい』『野ばらの音楽家マヌエロ』 ○友だちと一緒に歌ったり、合奏をしたりする。 「ピカピカうんどうかい」「きっと」「スマイル」 ○園外保育（バス遠足）に出かける。 ・山に登る。 ○「子育てひろば」や「弁当参観」に参加する。 ・運動遊びやふれあい遊びをする。 ・未就園児親子や「きっずくらぶ」の保護者、地域の高齢者と一緒に遊ぶ。 ○発育測定（身長、体重）を受ける。	・学年で共通の遊びをすることにより、友だちと一緒に遊ぶ楽しさや、互いのよさを感じる機会になるようにする。 ・リレーや帽子とりは、保育者も加わり、継続した遊びのなかでチーム編成やルール、遊び方などに気づかせていく。また、興味をもった異年齢児に誘いかけたり、5歳児に気づかせたりして一緒に遊べるようにする。 ・一人一人の子どもが力を発揮し、自分なりのめあてに向かって、繰り返し挑戦しようとする気持ちを認める。 ・友だち同士で励まし合い、助け合いながら参加することができるようにする。 ・異年齢児との種目では、かかわり方を実際に見合ったり、具体的に伝えたりして、5歳児が年長児としての姿を意識してかかわれるようにする。 ・異年齢児間での競技は、友だちと力を合わせてがんばったり、他学年の競技を応援したりする姿を認め、体を動かして遊ぶおもしろさを実感する機会となるようにする。 ・縄跳び遊びは、跳ぶことだけでなく、自分たちで遊びをみつける楽しさが味わえるようにする。 ・うれしかったこと、困ったこと、改善点などについて子ども同士で伝え合う場を設け、遊びのめあてをもち、必要なルールを子ども同士でつくり出していくようにする。 ・物事に一生懸命取り組んでいる子どもの姿や、変容した子どもの姿を認め、それを他の子どもに伝えることを通して、友だち同士が認め合うきっかけをつくる。 ・友だちと心を合わせ、歌ったり音を奏でたり、言葉を言ったりして表現しようとする気持ちや姿を受けとめる。 ・子どもと一緒に発見や驚きに共感しながら個々の思いを十分に受けとめたり、周りに広げたりしていく。 ・稲刈りは、鎌の扱い方に留意し、稲穂の匂いや色に気づきながら作業が進められるよう、子どもの気づきや言葉を丁寧に聞き取る。 ・保育者自身も園内外の自然の変化に気づき、話し合いのなかに取り入れたり、子どもの気づきを取り上げたりして、子どもの興味を引き出すようにする。 ・子どもが発見したことや疑問に思ったことなどについて、一緒に確かめたり調べたりする。 ・子どもがみつけた自然物やそれらを使ってつくった作品を一緒に並べたり、飾ったりすることから、子どものイメージを広げていく。 ・未就園児にやさしくしたり、かかわろうとする気持ちを認めたり、地域の高齢者とゆったりふれあえるようにする。 ・体重や身長の変化を知らせ、体の成長を実感できるようにする。

表9-7 週の指導計画の例

H幼稚園5歳児　○○○組　11月第1週指導計画〈11月1日（火）〜 11月4日（金）〉

前週の子どもの姿	今週の主な行事
好きな遊びでは、リレーやサーカスごっこ、どんぐり広場やプール裏などでの秘密基地づくり、砂場や飼育小屋横でのごちそうづくりや家族ごっこなど、気の合う友だちと、イメージやルールを共有しながら、それぞれがしたい遊びを楽しんでいる。学級の活動では、田んぼに散歩に行ったり、学年で、歌をつくることをイメージしながら、散歩での楽しかった出来事を話し合ったりした。	1日（火）：10月月末統計 2日（水）：バス遠足（○○山）

ねらい	内容
○友だちと互いの考えやイメージを出し合いながら、目的をもって遊びを進めていく楽しさを味わう。 ○戸外で身体を十分に動かして遊ぶ楽しさを味わう。 ○季節の移り変わりに気づき、身近な自然を遊びに取り入れたり、秋の自然のなかで過ごしたりすることを楽しむ。	・感じたことや考えたことを相手にわかるように伝えたり、相手の考えを聞いたりしながら、園外保育の歌を考えたり、イメージや目的を共有して遊んだりする。 ・身体を動かす心地よさを感じながら、楽しんでリレーや鬼ごっこをする。 ・自分たちのしている遊びに異年齢児を誘って、かかわりながら遊ぶ。 ・景色に興味をもったり、木の実や落ち葉を拾ったりしながら○○山に登る。 ・園内外の自然に触れ、集めた自然物を目的に応じて遊びに取り入れる。

環境構成	保育者の援助・配慮
○「秘密基地」や「サーカスごっこ」などは、子どものイメージに合わせて使いたい材料を準備したり、場の使い方を子どもと一緒に考えたりする。 ○したい遊びにじっくり取り組み、同年齢や異年齢の子ども同士がかかわりながら遊びを進めていけるよう好きな遊びの時間を十分にとる。 ○遊びが継続していくよう、遊びのなかで子ども同士が話し合う場をもったり、学級で遊びの経過や子ども同士のやりとりなどを振り返る時間をもつ。 ○秋の自然の移り変わりや山の木々の様子、山道を歩くおもしろさなどに関心がもてるよう、○○山にバス遠足に出かける。 ○園外では、周囲の木々の葉の色や風の匂い、気温の変化、落ち葉を踏みしめる音など、さまざまな刺激が感じられる場をタイミングよくとらえる。 ○集めた自然物を種類に分けたり、使いやすいように置いたりし、子どもが必要に応じて遊びに使えるようにする。 ○学年で、園外保育での共通体験を取り上げて話し合い、全員で感じたことや考えたことから歌をつくる過程を体験する機会をもつ。	△リレーや鬼ごっこは、遊び方やルールを自分たちで変化させながら、戸外で身体を動かして遊ぶ心地よさや、勝敗にこだわりすぎずに友だちと競い合うおもしろさ、異年齢児と遊ぶ楽しさが感じられるよう、保育者も加わって遊ぶ。 △子どもがイメージしたことやアイデアを周囲に伝えようとする姿や、うまくいかずに困っていることなどを丁寧に受けとめ、一緒に考えたり、個々の子どもの思いを引き出したりしながら、子ども間のイメージや目的が共有できるようにする。 △自分の思いを表して受けとめられる喜びや相手の気持ちを聞こうとする姿を受けとめ、必要に応じて、遊びの場や振り返りの場で保育者がかかわり、子ども同士で遊びを進めていく楽しさが感じられるようにする。 △○○山にバス遠足に出かけ、子どもとともに周囲の自然の変化に気持ちを向け、季節の移り変わりや山道や山の木々の様子に関心をもったり、子ども同士が互いの姿に刺激を受けながら、最後まで登り切るうれしさを感じたりしている姿を受けとめる。 △園外に出かけて得た経験から、子どもがイメージや目的を感じ、新しい遊びを考えようとするきっかけとなるよう、その時々の子どもの言葉や動きを丁寧に見たり受けとめたりする。 △園外保育での体験から子どもが感じたことに保育者も共感しながら、子どもの言葉や歌が弾き出せるよう、どのような表現もあたたかく丁寧に受けとめる。

	31日（月）	1日（火）	2日（水）	3日（木）	4日（金）
子どもの活動	〈代替休業日〉	○登園し持ち物の整理をする ○好きな遊びをする ○飼育当番をする ○片づける ○歌を歌う ○「くさのすべりだい」の歌をつくる ○弁当を食べる ○降園準備をし、降園する	○バス遠足（○○山）に行く ・バスに乗る ・登山をする ・弁当を食べる ・下山する ・バスに乗って帰園する	〈文化の日〉	○登園し持ち物の整理をする ○好きな遊びをする ○飼育当番をする ○片づける ○歌を歌う ○「山登り」の歌を考える ○弁当を食べる ○降園準備をし、降園する
課題					
反省・評価					

2. 日の指導計画と子どもの体験・学び

　表9-8は、H幼稚園の日の指導計画の例です。指導が計画されている日や保育時間、保育を行う場所等が具体的に書かれています。

　「ねらいと内容」は、その日、子どもに育ってほしいこと、経験させたいことを子どもの実態に即して具体的に書きます。子どもの遊びや生活は、複雑に絡み合っているので限定できるものではありません。指導計画をもとに実際の保育をみれば、保育者が保育をする姿や実際の子どもの姿から、その日の保育で大切にしたいことがわかるような保育が理想です。保育者は保育を行う際には、常にその日の保育の「ねらい」が念頭にあるようにします。

　保育の基本である「環境を通しての保育」という考え方をもとに、H幼稚園では保育の流れの最初に「環境構成」があります。子どもが環境にかかわって、どのような遊びや生活を展開していくのかを「予想される子どもの活動」に書き、必要な配慮や支援を「保育者の援助」に書くという枠組みになっています。環境による保育の営みそのものが、日の指導計画に表されています。

3. 記録と評価

(1) 保育の記録

　「ねらい」を念頭に、計画的に保育を行っていても、その日の子どもの心身の状況や偶然の出来事などの事態により、計画通りにいかない場合も多々あります。計画以上に速い展開になったり、遊びが大きく広がったりすることもあります。保育者が自分の計画を振り返り、次の保育の展開を考えていくために、保育の記録が必要となります。

保育の記録や振り返りによって、子どもの育ちを確かめましょう。

　保育のなかの出来事や子どものつぶやきなどをエピソードとして記録する場合もあれば、誰がどこで何をして遊んでいたかということを園内地図に書き込んだり、写真や映像などで記録したりするやり方もあります（第7章p.119 ～ 122 参照）。

　いずれにしても、保育の評価は、指導計画をもとに行うのであり、「ねらい」をもとに振り返ります。保育の「ねらい」に沿って保育を振り返ることができるような効果的な記録を適切にとることがポイントです。

(2) 指導計画を評価表にする

　週の指導計画は評価表にもなります。月はじめに計画していた保育がどうであったのかを、1か月の保育を経た時点で、週の指導計画から振り返って

みます。週の指導計画に評価表としての機能ももたせるような枠組みを設けておきます。H幼稚園の場合は、その日の保育の「課題」を書き込む欄と、「課題」に基づいて保育を振り返る「反省・評価」の欄があります（表9－7）。月の指導計画の見直しや、次月の指導計画の作成につなげることを意図しています。

表9－8　日の指導計画の例

4歳児　△△組：指導案

1. 日　時：平成○○年1月27日　8：45～11：30
2. 場　所：保育室、テラス、運動場、砂場など
3. 学　級：4歳児　△△組：＊＊名（男児＊＊名、女児＊＊名）
4. 指導者：○○○○・○○○○
5. ねらいと内容
   ○友だちと遊び方やルールを考えたり競い合ったり、自分なりの目的をもって取り組んだりし、満足感を味わう。
   　・進んで戸外に出て、友だちや異年齢児と身体を動かして遊ぶ。
   　・自分なりの目的をもって、こま回しやボール遊び、氷探しなどに取り組んだり、友だちの姿を見て真似たり挑戦したり、思ったことを伝え合ったりして遊ぶ。
   ○考えたことを話したり友だちの思いを聞いたりし、浮かべたイメージのなかで遊ぶ楽しさを味わう。
   　・友だちとイメージしたことを話したり聞いたりしながら物語の世界を膨らませて遊ぶ。
   　・友だちと遊ぶ楽しさを感じながら、身体を動かしたり、言葉のやりとりをしたりする。
6. 本日の流れ

時間	環境構成	予想される子どもの活動	保育者の援助・配慮
8：45〜9：00　　　　　　　　　　　　　10：20　　　　　　　　11：30	・保育室を暖めておきスムーズに朝の準備ができるようにし、こま回しやままごとなど、すぐに遊び始められる場と雰囲気をつくっておく。 ・こま回しは、遊び始める子どもが多くなるタイミングを見計らって、活動の場を東側テラスに移動し、ひまわり組の子どもとも一緒に遊びが続けられるようにする。 ・ころがしドッジやサッカーなど、戸外での遊びが継続したり異年齢児との遊びにつながるよう、遊びの場を変化させる。 ・雨天時は、保育室や周辺に遊びの場をつくる。 ・手洗い、うがいは時間を十分にとり丁寧に行う。 ・話し合いは、子ども同士が互いの話を聞こうと思える雰囲気をつくる。 ・子どものイメージが広がるようピアノの音や言葉を用いたり、必要な道具を保育室内から子どもと探して用いたりする。 ・一日を振り返り、明日の遊びを楽しみに降園できるよう、穏やかに降園時刻を迎える。	○登園する。 ・持ち物の整理をする。 ・イチゴの水やりをする。 ○好きな遊びをする。 ・ボールで遊ぶ。 　・ころがしドッジやバスケットボールをする。 　・サッカーをする。 ・氷や霜をみつけたり集めたりする。 ・こま回しをする。 ・土山を掘ったり、ごちそうをつくったりする。 ・描いたりつくったりして遊ぶ。 　・空き容器や新聞紙でつくる。 ・毛糸でマフラーをつくる。 ・ままごとをする。 ○片づけをする。 ・遊んだ玩具を片づける。 ○手洗い、うがい、用便をする。 ○遊びについて話し合う。 ・絵本『てぶくろ』を見る。 ・リズムに合わせて体を動かす（スキップなど）。 ○お話遊びをする。 ・王様の一日を想像する。 ・王様が朝ご飯を食べたり、散歩に行ったりする場面で遊ぶ。 ・けらいとのやりとりを言葉や身振りで行う。 ○降園準備をする。 ○降園する。	・空気の冷たさや氷ができていることなど個々の子どもの気づきや話したいことを受けとめながら迎え、気持ちよく一日を始める。 ・持ち物の整理に集中しにくいAや時間のかかるC、E、Gらには、遊びを始めたい気持ちを高めてスムーズにできるようにする。 ・戸外で存分に遊ぶことが楽しめるよう、保育者が子どもと一緒に早めに戸外に出て遊び始める。 ・保育者も一つの遊びにじっくりかかわり、子ども同士がやりとりをして遊びを進める過程を大事にしながら、子どもと一緒に遊び方やルールを考え、遊びが変化していく過程を楽しむ。 ・サッカーなど5歳児の遊びに入ったり、ボール遊びに3歳児を誘ったりするきっかけをつくる。 ・話し合いでは、その日に共有しておきたい遊びや出来事を話題に取り上げ、子どもが相手の思いを受けとめようとする気持ちで聞けるように進める。 ・王様の気分に入り込めるような言葉をかけたり、子どものさまざまな発想を柔軟に受けとめたりしながら進め、子どもが思うままに考えを言ってみようと思えるような雰囲気をつくるようにする。 ・個々の子どもと向かい合い、気持ちを落ち着け、身だしなみを整えて降園準備をする。

第9章 計画の実際② 幼稚園（3〜6歳）

第3節　預かり保育の指導計画

　幼稚園での預かり保育は、教育課程外の教育活動として位置づけられています[1]。地域の実情や保護者の要請により実施されるもので、すべての幼稚園で行われるものではありませんが、預かり保育を実施する園は年々増えています。実際に預かり保育を行う場合には、教育課程に基づいて行われる保育とのつながりや家庭との連携をふまえて、計画を立てる必要があります。子どもの心身の負担にならないようにするために、できるだけ子どもがゆったりと過ごせるよう計画し、異年齢児の活動を中心にするなど、家庭や地域での生活とつながっていくよう配慮します。

　預かり保育の指導計画の例として、異年齢児での活動を組み込んだ預かり保育の遊びをあげます（表9-9）[2]。

表9-9　預かり保育の指導計画の例

```
                    預かり保育指導案
1. 日　時：平成○○年11月20日　13：45〜16：00
2. 場　所：保育室（預かり保育）、テラス、運動場など
3. 対象児：3・4・5歳児　△△組：＊＊名（男児＊＊名、女児＊＊名）
4. 指導者：○○○○・○○○○
5. ねらいと内容
  ○友だちや異年齢児と目的をもったり、互いの思いを伝え合ったりして遊び、親しみを深める。
  ○身近な秋の自然に触れて遊びに取り入れ、季節の移り変わりに関心を深めるようになる。
  　・同年齢や異年齢の友だちと、ルールを考えたりしながら、鬼ごっこやサッカーをする。
  　・落ち葉や木の実を喜んで拾ったり、触れたりし、色や形、匂いに気づく。
  　・園庭の木の実や草花を、ままごとや草木染めなどで工夫して遊びに使う。
  　・秋の自然物や身近な素材を工夫して使って遊んだり、作品をつくったりする。
  　・冬に向けて風邪や病気の予防や生活の仕方を知り、身につける。
6. 本日の流れ
```

時間	環境構成	予想される子どもの活動	保育者の援助・配慮
13：45 14：00 15：00 15：15 16：00	・肌寒い日には部屋を暖めておき、子どもが穏やかな気持ちで午睡に入っていけるようにする。 ・個々の子どもの状況をみながらゆったりした時間をもつ。 ・中庭に草木染めの場を設けたり、染めた布を近くに干したりすることで、興味をもった子どもがいつでも参加できるようにする。	○保育室に移動する。 ・持ち物の整理をする。 ○午睡する。 ・午睡の準備をする。 ・午睡する。 ○間食をとる。 ○絵本を見る。 ○思い思いの遊びをする。 ・鬼ごっこやサッカーをする。 ・秘密基地やままごとで遊ぶ。 ・草木染め遊びをする。 ・木のオブジェをつくる。 ○随時降園する。	・個々の子どもの話を聞き、状況を把握する。 ・サッカーや鬼ごっこなどでは、3・4歳児が傍でボールを蹴ったり、リレーに加わろうとしたりする姿を見守り、5歳児が誘いかけ一緒に遊べるよう促す。 ・それぞれの場で遊びが展開されている様子を見守りながら、子どもの思いが遊びのなかで表されるよう、必要に応じて保育者も加わる。

　預かり保育では、子どもの利用時間やその日の状況に配慮して、家庭的な雰囲気を大切にしながら、子どもがさまざまな遊びを経験したり、異年齢児とのかかわりをもったりすることができるようにしています。この日の計画のなかから、2つの遊びを取り上げてみます。

草木染め遊び

- 夏の終わりから摘んでおいたマリーゴールドの花で草木染めが楽しめるよう、鍋やIHコンロ、ミョウバン液、木綿布などの必要な材料や道具を準備する。湯や溶剤などは、危険のないよう置き場所や扱い方に留意する。
- 異年齢児が関わることのできる中庭に場を設け、染めた布をすぐそばに干したり、興味をもった子どもがいつでも参加したりできるようにする。
- 木綿布の端を結んだり、輪ゴムで絞ったりするなどは、5歳児が3歳児を手伝ったり、方法を伝え合ったりしながら、異年齢児の関わりにより展開されるように配慮する。また、染め上がった布を互いに見合って、美しさや模様の違いなど、気づいたことを伝え合う姿を受けとめる。

　草木染めは、異年齢児が一緒に遊ぶ場で行えるように場を設定しています。5歳児が午前中の保育で経験した遊びを、預かり保育の時間帯に3・4歳児に伝える機会にもなっています。幼稚園ならではの遊びでもあり、家庭生活との連携も視野に入れています。

木のオブジェ作り

- 木の実や落ち葉、木の枝などを容器に分類して入れておいたり、毛糸やひも類、布やモール、接着剤などを使いやすく置いておいたりしておく。子どもがいろいろな素材を使って木を飾ることを楽しむ姿を受けとめ、イメージが広がっていくようにする。
- できあがった作品を、積み木や椅子などに固定して並べ、並んだ作品を見ながら、「こことあっちをつなげてみよう」「ななめにおいてみようよ」などと、子どもがさらにアイデアを浮かべて遊びを進めていけるようにする。
- 5歳児が3・4歳児に材料や用具の使い方を知らせたり、3・4歳児のイメージしていることを感じて一緒につくろうとしたりする姿を受けとめていく。
- 作品展では、それぞれの作品のよさが生かされるように配置したり、作品ができあがるまでの過程の写真や言葉を添えたりして、子どもと保護者が作品を見てともに楽しめるようにする。

　室内で、ゆったりした時間のなかで活動できる内容となっています。年齢に関係なく楽しめる遊びなので、異年齢児が一緒に過ごす預かり保育のなかで行うことができます。園の作品展で展示することも計画されており、ゆるやかに教育課程に基づく生活につながることが意図されています。

第9章 計画の実際② 幼稚園（3～6歳）

　　　　　　　　　　　　　　演習課題

Q 本章に計画を掲載したH幼稚園では、保育の流れの最初に「環境構成」を置いています。これについて考えてみましょう。

ホップ　最初に「環境構成」がある理由は何でしょうか。また、その根拠はどこにあるのでしょうか。

....

....

....

ステップ　指導計画を作成した保育者が、どのような気持ちで「環境構成」を記入したかを想像して周囲の人と話し合ってみましょう。

....

....

....

ジャンプ　表9-8「日の指導計画の例」の「環境構成」の文章を読んで、想像して環境構成図をできるかぎり具体的に描いてみましょう。

....

....

....

【引用文献】
1）文部科学省『幼稚園教育要領解説』フレーベル館　2018年　p.8
2）ひかりのくに『月刊保育とカリキュラム11月号』2012年　pp.78-79より、兵庫教育大学附属幼稚園グループ執筆箇所一部抜粋

【参考文献】
兵庫教育大学附属幼稚園『平成23年度教育課程・指導計画』2011年

第10章
計画の実際③　認定こども園

エクササイズ　　自由にイメージしてみてください

学校である幼稚園にはいわゆる夏休みがありますが、保育所にはそれほど長期の休みはありません。では、認定こども園ではどうなっていると思いますか？

第10章 計画の実際③　認定こども園

この章のまとめ！ 学びのロードマップ

- 第1節
  認定こども園の特徴を説明します。

- 第2節
  認定こども園の指導計画と保育の実際を具体的に説明します。

この章の なるほど キーワード

■**保育教諭**…幼保連携型認定こども園で働く先生は、「保育教諭」と称されます。幼稚園教諭免許状と保育士資格の両方の免許・資格を有していることが求められます。

いろんな状況の子どもが在籍していることが認定こども園の良さでもあります。

第1節　認定こども園の特徴

認定こども園についておさらいしましょう。

1. 認定こども園の機能

認定こども園は 2006（平成 18）年、「就学前の子どもに関する教育、保育等の総合的な提供の推進に関する法律」（以下、認定こども園法という）によって創設されました。わが国における急速な少子化の進行、家庭および地域を取り巻く環境の変化など、子どもや子育てをめぐるさまざまな問題状況に対応するため、2012（平成 24）年8月に子ども・子育て関連3法[*1]が成立しました。それに伴って、幼児教育・保育・地域の子ども・子育て支援を総合的に推進する、「子ども・子育て支援新制度」が 2015（平成 27）年4月にスタートしています。

認定こども園は教育・保育を一体的に行う施設で、幼稚園と保育所の両方の特徴をあわせもっている施設です。認定こども園は、図 10 - 1 に示すような①と②の機能を備えています。

*1
「子ども・子育て支援法」「認定こども園法の一部改正法」「子ども・子育て支援法及び認定こども園法の一部改正法の施行に伴う関係法律の整備等に関する法律」をさします。

① 就学前の子どもに幼児教育・保育を提供する機能
（保護者が働いている、いないにかかわらず受け入れて、教育・保育を一体的に行う機能）

② 地域における子育て支援を行う機能
（すべての子育て家庭を対象に、子育て不安に対応した相談活動や、親子の集いの場の提供などを行う機能）

図 10 - 1　認定こども園の概要

出典：内閣府ホームページ「認定こども園概要」より
　　　http://www8.cao.go.jp/shoushi/kodomoen/gaiyou.html

認定こども園には、地域の実情や保護者の保育のニーズに応じて保育時間や保育内容などの選択が可能となるよう「幼保連携型」「幼稚園型」「保育所型」「地方裁量型」の4つのタイプがあります（表 10 - 1）。

第10章 計画の実際③ 認定こども園

表10-1 認定こども園の種類

総合施設の類型	特徴
幼保連携型	幼稚園的機能と保育所的機能の両方の機能をあわせ持つ単一の施設として、認定こども園としての機能を果たすタイプ。
幼稚園型	認可幼稚園が、保育が必要な子どものための保育時間を確保するなど、保育所的な機能を備えて認定こども園としての機能を果たすタイプ。
保育所型	認可保育所が、保育が必要な子ども以外の子どもも受け入れるなど、幼稚園的な機能を備えることで認定こども園としての機能を果たすタイプ。
地方裁量型	幼稚園・保育所いずれの認可もない地域の教育・保育施設が、認定こども園としての必要な機能を果たすタイプ。

出典：内閣府ホームページ「認定こども園概要」より筆者作成

　認定こども園は保護者の就労状況等により、入園時期や在園時間の異なる子どもを受け入れる施設です。表10-2、10-3に示すように、いろいろな認定区分の子どもが混在しています。満3歳児以上では教育時間を園で過ごす子どもや、教育時間を過ごした後に保育を受ける子どもがいます。つまり降園時間や長期休暇等に違いがみられる子どもが混在することになります。

表10-2 施設型給付の支給を受ける子どもの認定区分

認定区分		年齢	施設
1号認定	教育標準時間認定[*2]	満3歳以上小学校就学前の子ども	認定こども園 幼稚園
2号認定	保育認定（保育標準時間[*3]・保育短時間[*4]）	満3歳以上小学校就学前の子ども	認定こども園 保育所
3号認定	保育認定（保育標準時間・保育短時間）	満3歳未満の子ども	認定こども園 保育所 地域型保育

出典：内閣府ホームページ「認定こども園概要」より筆者作成

 エピソード（1）　異年齢児との関わりで広がる生活・遊び

　幼稚園から移行した、幼保連携型認定こども園A幼稚園の満3歳児以上では、教育標準時間までは同年齢の子どもによるクラスが編成されています。昼食が終わり、教育標準時間が終了した子どもは、降園時間の14：00を迎える前に同年齢クラスの子どもと「さようなら」の挨拶を交わします。

　保育短時間、保育標準時間の子どもたちは、場所を移動して、異年齢クラスのひまわり組に集まります。今年度のひまわり組は、常時11人の保育を必要とする子ども、教育標準時間の預かり保育に参加する子ども数名のそれぞれの立場の子どもが混在する異年齢で構成されます。

　ひまわり組に子どもが集まると、担当のユウジ先生は満3歳児から5歳児までの子どもの出席を確認し、「今日のクイズはだれかな？」と声をか

*2
教育標準時間とは、原則4時間の教育課程に係る教育時間をいいます。

*3
保育標準時間とは、主に原則的な保育時間8時間とフルタイムの就労を想定した11時間の利用可能な時間帯（保育必要量）をいいます。

*4
保育短時間とは、主に原則的な保育時間8時間とパートタイムの就労を想定した8時間の利用可能な時間帯（保育必要量）をいいます。以上は内閣府ホームページ「保育の必要性の認定・確認制度」を参照。

けます。5歳児を中心に「はい」と口々に言いながら手が上がります。指名されたタケルくんはみんなの前に出て、四つ這いの生き物になりきって表現をします。答えのわかったほかの子どもが手をあげて、「バッタ！」「カエル」などと答えます。ユウジ先生の「正解は？」の問いかけで、タケルくんはうれしそうに「バッタ」と答えます。年長児の表現を見て、次に出題者になった3歳児のトモちゃんは、みんなに注目されて得意気な様子で、何かになりきってぴょんぴょん跳ねて見せます。「正解は？」「ウサギ」と、ここ数日間の異年齢クラスの始まりの楽しいひと時です。

　ユウジ先生は「おやつになったらお知らせしまーす。それまで好きなところで遊んでください。お昼寝をする人はコット*5のあるお部屋に行きましょう」と声を掛けます。すると、担当保育者とお昼寝に行く3歳児、異年齢児で家族ごっこの続きをする女児、園庭できょうだいや友達のいつものメンバーで虫探しをするグループが見られます。いずれもひまわり組に来て楽しみにしていたお目当ての遊びを見つけたり、休息をとったりなどして、緩やかな午後の時間が始まります。

*5
コットとは午睡用の簡易ベッドのことです。

　以上の事例は満3歳以上児のクラスの事例です。子どもが在園時間の異なる異年齢の友達と出会い、保育教諭が子ども同士をつなぐ役割をしている姿がみられます。子どもは慣れた安心できる環境で異年齢児や保育教諭と遊びながら、通常の保育とは違う活動の展開の楽しさを味わう様子がうかがえます。まだ午睡が必要な満3歳児および3歳等のためにコット等を用意し、休息がとれるように配慮します。このように認定こども園では、入園時期や保育時間の異なる子どもと過ごすことから、指導計画では子ども一人一人の生活の仕方やリズムに配慮して、柔軟な保育活動の流れを考える必要があります。

表10－3　幼保連携型認定こども園 A 幼稚園　園児の生活のイメージ

0歳児	1歳児	2歳児	満3歳児・3歳児	4歳児	5歳児
3号認定			1号認定・2号認定		
3・2号認定児　随時登園					
午前睡 給食 午睡 おやつ 遊び　等	遊び おやつ 排泄 遊び 給食 午睡 おやつ 遊び　等	集まり 遊び おやつ 排泄 遊び 給食 午睡 おやつ 遊び　等	1号認定児登園　　　　　　　　　　　　　　　　　　　　　　　　　　　　　　　　　　　　　教育時間 クラス活動・全体活動 異年齢活動・好きな遊び等		
			昼食・好きな遊び		
					1号認定児降園
			ひまわり組（異年齢児クラス） 午睡・好きな遊び・おやつなど ・2号認定児保育時間 ・1号認定児預かり保育		
随時降園					

第10章 計画の実際③ 認定こども園

2. 認定こども園の教育・保育の内容を実現するための計画

(1) 認定こども園の全体的な計画の概要

　幼保連携型認定こども園（以下、認定こども園）では、幼保連携型認定こども園教育・保育要領（以下、教育・保育要領）を踏まえて教育・保育を計画し実施します。ここでは、教育・保育要領に沿った、教育・保育の計画と実際について述べていきます。

　2017年に教育・保育要領が改訂され、内閣府・文部科学省・厚生労働省の告示によって公示されました。認定こども園の目的は以下のように示されています。

認定こども園法

第2条7　この法律において「幼保連携型認定こども園」とは、義務教育及びその後の教育の基礎を培うものとしての満3歳以上の子どもに対する教育並びに保育を必要とする子どもに対する保育を一体的に行い、これらの子どもの健やかな成長が図られるよう適当な環境を与えて、その心身の発達を助長するとともに、保護者に対する子育ての支援を行うことを目的として、この法律の定めるところにより設置される施設をいう[1]。

　第9条では、目的を実現するために、子どもに対する教育および保育、ならびにその実施する保護者に対する子育て支援事業の相互の有機的な連携を図りながら、当該教育および当該保育を行うとして次の6つの目標が示されています。

認定こども園法

第9条（抜粋）
1　健康、安全で幸福な生活のために必要な基本的な習慣を養い、身体諸機能の調和的発達を図ること。
2　集団生活を通じて、喜んでこれに参加する態度を養うとともに家族や身近な人への信頼感を深め、自主、自律及び協同の精神並びに規範意識の芽生えを養うこと。
3　身近な社会生活、生命及び自然に対する興味を養い、それらに対する正しい理解と態度及び思考力の芽生えを養うこと。
4　日常の会話や、絵本、童話等に親しむことを通じて、言葉の使い方を正しく導とともに、相手の話を理解しようとする態度を養うこと。
5　音楽、身体による表現、造形等に親しむことを通じて、豊かな感性と表現力の芽生えを養うこと。

6　快適な生活環境の実現及び子どもと保育教諭その他の職員との信頼関係の構築を通じて、心身の健康の確保及び増進を図ること[2]。

　第10条に示される認定こども園の教育課程その他の教育および保育の内容に関する事項については、幼稚園教育要領および保育所保育指針との整合性、小学校教育との円滑な接続についても配慮して教育・保育を行うことが求められています。これらを踏まえながら全体的な計画や指導計画を立てていきます。

　全体的な計画は、教育と保育を一体的にとらえ、園児の入園から修了までの在園期間の全体にわたり、認定こども園の目的に向かってどのような過程をたどって教育および保育を進めていくのかを明らかにするものです。子育ての支援も有機的に連携させながら、園児の園生活全体をとらえて作成する計画もあります。全体的な計画は、5歳児の修了時の「幼児期の終わりまでに育ってほしい姿」[*6]をふまえ、質の高い教育および保育ならびに子育ての支援等をめざして、認定こども園の全体像を包括的に示した園の基本構想でもあります。在園児のための教育および保育の計画と、在園する子どもの保護者と地域の保護者への子育て支援の計画が、双方向的な関係を保ちながら実践されていきます。

（2）全体的な計画の事例

　幼稚園から幼保連携型認定こども園に移行したO市のキリスト教主義（プロテスタント系）の認定こども園の全体的な計画の例です。「教育および保育の内容ならびに子育ての支援等に関する全体的な計画」（表10－4）には、認定こども園の全体像としての計画が示されています。ホームページなどには他にも他園の全体的な計画のモデルが掲載されています。いろいろな事例を参照してみましょう。

　全体的な計画には、次の計画等が含まれています。

・満3歳以上の園児の教育課程に係る教育時間の教育活動のための計画
・満3歳以上の保育を必要とする子どもに該当する園児の保育のための計画
・満3歳未満の保育を必要とする子どもに該当する園児の保育のための計画
・学校安全計画
・学校保健計画
・食育の計画
・子育て支援等の内容の計画

＊6
小学校との接続については「幼児期の終わりまでに育ってほしい姿」が幼保連携型認定こども園教育・保育要領　第1章総則　第1　3（3）に示され、A幼稚園の全体的な計画にも示されています。

第10章 計画の実際③ 認定こども園

　認定こども園では、地域の実情に応じた子育ての支援などを行う役割があります。教育標準時間の後に行う一時預かり事業のほかに延長保育、夜間保育、休日保育を実施している場合には、それらも含めた子どもの生活全体をとらえた計画が重要となります。これらの計画は、個別のものではなく教育および保育の内容についての相互関連を図り、調和と統一の取れたものであることが重要です。

　全体的な計画の作成は園長のリーダーシップの下で、保育教諭等が十分に話し合い共有する必要があります。さまざまな発達の状況、保育経験の子どもがいることを生かしながら、子どもの生活や発達を見通し、無理なく自然な流れで教育および保育を一体的に提供するための創意工夫が求められます。園の規模、職員や施設設備の状況等の園の実態、取り巻く地域社会の実態を考慮して作成していきます。園はもとより保育実践を通して地域や家庭に教育・保育の方針や活動を発信し、理解を深めていくことが大切です。

第2節　指導計画と保育の実際
－さまざまな子どものいることの長所を生かす－

1. 指導計画の考え方

　指導計画の考え方について、教育・保育要領には以下のように示されています。

幼保連携型認定こども園教育・保育要領
第1章　総則　第2　教育及び保育の内容並びに子育ての支援等に関する全体的な計画等　2　指導計画の作成と園児の理解に基づいた評価
（1）指導計画の考え方
　幼保連携型認定こども園における教育及び保育は、園児が自ら意欲をもって環境と関わることによりつくり出される具体的な活動を通して、その目標の達成を図るものである。
　幼保連携型認定こども園においてはこのことを踏まえ、乳幼児期にふさわしい生活が展開され、適切な指導が行われるよう、調和のとれた組織的、発展的な指導計画を作成し、園児の活動に沿った柔軟な指導を行わなければならない[3]。

　指導計画の作成は、子どもの発達に必要な経験や活動を見通しながら、「全体的な計画」に基づいて、具体的なねらいや内容、配慮事項、環境の構成、

＊7
指導とは幼児が「幼児期にふさわしい生活をすることより主体的に活動し、その心身の発達に必要な体験を得ることを促すための保育者の営み」4)であり、保育者の「援助」と同じ意味です。

保育教諭等の援助など指導＊7の内容や方法を明らかにするために作成されます。つまり全体的な計画を具現化したものといえます。指導計画は実際に園児が展開する生活に応じて、常に改善されていくものです。そのため、保育実践の積み重ねのなかで「全体的な計画」も改善されていく必要があります。

　子ども一人一人が環境に関わって展開する活動はさまざまです。指導計画はあくまでも子どもの活動における展開の予想です。保育教諭の予想とは異なった展開が実際に起こります。子どもの内面に寄り添い、主体的な活動の展開を大切にしながら、ねらいや内容、援助を軌道修正したり、環境を再構成したりして、一人一人が生かされるような柔軟で適切な指導を展開していきます。

表10-4　A幼稚園教育および保育の内容ならびに子育ての支援等に関する全体的な計画

基本理念 教育・保育理念	子どもが主役喜ばれる人として 思いやり・勇気・責任感・自主性を育くむ保育			
教育・保育方針	○健康で安全な生活に必要な習慣や態度を育くむ。 ○友達と親しみ、助け合って生活するために、自立心を育て、人と関わる力を養う。 ○周囲の様々な環境に好奇心や探究心をもって関わる態度を育成する。			
教育・保育目標	いきいき （環境と出会う）		のびのび （積極的に取り組む）	おもいっきり （夢中で遊ぶ）
社会における役割	一人一人を大切に ・子どもの一人一人の個性と仲間の育ちを大切にする。	適切なかかわりや対応 ・子ども理解に基づいた、援助によって、その子なりの経験を広げ、深める。	保護者に寄り添いながら子育てに関する情報交換や交流、相談・支援を行う。	地域に開かれた施設として地域に開放し、地域と共に子育てに取り組む。
保育の取り組みの重点	・0歳から就学前までの一貫した教育・保育 ・個性を受け止め支援が必要な子どもと共に育ち合う		・多様な保育時間の子どもへの配慮と対応 ・保護者、地域の子育て・親育ちの支援の充実	・健康的な生活、安全の確保、食育を重視 ・異年齢、多世代、地域との交流による体験
年齢別保育目標	0歳児	・居心地の良い環境の中で生理的な欲求が満たされ、生活リズムが整い、心身ともに安定して過ごす。 ・保育者との温かいふれ合いや周りとの関わりの中で伸び伸びと育つ。		
	1歳児	・食事を喜んで食べ、排泄や睡眠などの生活活動を保育者と一緒に行いながら、生活リズムが安定する。 ・親しみのある保育者の応答や体験を通して少しずつ言葉を覚え、自分の意思や欲求を簡単な言葉で伝えようとする ・保育者と一緒に遊ぶ中で、周りの環境や友達に関心を持ち、関わろうする。		
	2歳児	・保育者の援助を受けながら、基本的生活習慣を身につけ、簡単な身の回りのことを自分でしようとする。 ・思うように体を動かしたり、したいことして欲しいことを言葉で伝えたりして、自分なりの活動を広げる。 ・保育者や友達の行動に興味を持ち、親しんだり、まねたりなりきったりして一緒に遊びを楽しむ。		
	3歳児	・園生活の流れや生活の仕方がわかり、身の回りのことをしようとする。 ・体を十分に動かしていろいろな動きのある遊びを楽しみ、心地良さを味わう。 ・保育者や友達に親しみを持ち、ふれ合いながら、安心して自分のしたい遊びに取り組む。 ・遊びや生活の中で、簡単なきまりや約束があることを知り、守ろうとする。 ・自分の興味・関心・思いを自分なりの方法で表現する。		
	4歳児	・日常生活に必要な習慣や態度を身につけ、喜んで活動に取り組む。 ・全身を使って体を動かして遊ぶ楽しさを味わう。 ・いろいろな遊びに興味を持ち、遊びながら保育者や友達との関わりを広げる。 ・身近な社会や自然の事象に興味や関心を持ち、発見を楽しむ、考える、生活に取り入れるなどして親しむ。 ・生活や遊びに必要な言葉を使って伝えたり、感じたことをいろいろな方法で表現したりして楽しむ。		
	5歳児	・健康な生活リズムを身につけ、体を十分に動かし、進んで運動する。 ・友達との関わりを通して、遊びのルールや社会生活におけるきまりを守るなどの態度を身につける。 ・自然や身近な事象に好奇心や探究心をもち、遊びや生活に取り入れたり、命に気付いたりして活動を深める。 ・生活の中で必要な言葉を身につけ、友達に伝える喜びや伝え合う心地良さを味わう。 ・自主的、意欲的、創造的に遊びや行事などに取り組み豊かな園生活を送る。 ・様々な体験を通して感動したり、友達と共通のイメージを持って、共同で表現する楽しさを味わう		
幼児期に育てたい10の姿	〈健康な心と体〉〈自立心〉〈協同性〉〈道徳性・規範意識の芽生え〉〈社会生活との関わり〉〈思考力の芽生え〉〈自然との関わり、生命尊重〉〈数量や図形、標識や文字などへの関心・感覚〉〈言葉による伝え合い〉〈豊かな感性と表現〉			

第10章 計画の実際③ 認定こども園

保育のねらい（◎）と内容（・）							
年齢		0歳	～1歳	～2歳	～3歳	～4歳	～5歳　～6歳
養護	生命の保持	◎生理的欲求が満たされ、健康で安全に過ごせるようにする。 ・一人ひとりの子どもの健康状態、発達を把握し、異常を感じた時は速やかに適切に対応する。	◎発達に応じた適切な生活のリズムが形成されるようにする。 ・適度な運動と休息、基本的な生活習慣が身につくよう援助する。 ・生活の中で自分でできたことに喜ぶ姿を受容し、子どもが意欲的に生活できるようにする。		◎健康安全な生活の仕方がわかり、健康な生活を送ろうとする姿が育つようにする。 ・食事、排泄、清潔、衣服の着脱など必要に応じて援助し、自分でしようとする姿を認めていく。 ・生活リズム在園時間などに応じて適切な生活ができるよう、活動や休息に配慮する。	◎健康な生活習慣や運動を進んで行えるような環境を整える。 ・子どもが健康的に過ごそうとする姿を受け止め、意欲的に生活や運動、遊び等の活動ができるよう適切に援助する。	
	情緒の安定	◎身近な保育者に語り掛けられたり、ふれあったり、受け止められて基本的信頼感が芽生え、主体として育まれる。 ・保育者との信頼関係を深め愛着関係を育むよう、気持ちを受容しながら適切に働きかける。	◎一人一人の子どもが安心してまわりと関わり、気持ちを表すことができるようにする。 ・様々な自己主張を受け止め、一人一人の気持ちに共感し、自信を感じられるようにする		◎保育者や友達、環境と関わり、主体的的に活動することを通して自己を肯定する気持ちが育まれるようにする。 ・一人一人の活動を受け止めながら支援し、意欲を育むように援助する。	◎経験を通して、自己肯定感や、他者を受け入れようとする気持ちが育まれていくようにする。 ・一人一人の子どもが主体的に活動し、自分に自信を持つことができるように見守り援助する。	
年齢		0歳児	1歳児	2歳児	3歳児	4歳児	5歳児
教育	健康		◎歩行が安定し自分から体を動かすことを楽しむ。 ・一人歩きを十分に行い、まわりの環境に関わり、探索活動を楽しむ。	◎遊びや運動、休息等を通して、健康に過ごす。 ・遊具で遊ぶ、簡単な運動遊び等を通して様々な体の動きを身につける。	◎いろいろに体を動かす心地よさを感じる。 ・戸外で遊具や用具を使った遊びを通して様々な体の動きを楽しむ。	◎友達や保育者といろいろな活動に取り組み、伸び伸びと行動する。 ・遊びに思い思いに取り組み十分に体を動かす。	◎健康、安全な生活を送り、見通しをもって行動する。 ・園の生活習慣を守る、戸外で十分に体を動かすなど進んで行い健康に過ごす。
	人間関係	◎保育者との関わりにより信頼関係を育み、安心して健康に過ごす。 ・保育者とのふれ合いを通して、心地よさを感じる。 ・這う、立つ、歩く、探索遊びなどをして十分に体を動かす。	◎保育者に親しみ、友達に関心を持って関わろうとする。 ・保育者等や友達とふれ合い、関わって遊ぼうとする。	◎生活や遊びの中できまりがあることに気付く。 ・保育者に援助されながら、生活のきまりや友達との関わりかたを身につける。	◎身近な人と親しみ関わりを深める。 ・新しい出会いや友達と一緒に行動する喜びを味わう。	◎友達とルールのある遊びを楽しみ、きまりを守ることの大切に気付く。 ・ルールがわかり、守りながら、友達との遊びを楽しむ。	◎友達と関わりを深め、一緒に活動する楽しさを味わい、信頼感をもつ。 ・遊びや行事で、友達と力を合わせたり、やり遂げたりする達成感を味わう。

区分								
教育	環境		◎身の回りと関わり、感じたことを表情や手足、体で表現する。	◎自然物や玩具、遊具などに興味を持ち関わろうとする。 ・身近な自然物、慣れた玩具、遊具、絵本等に興味を持ち、それらを使った遊びを楽しむ。	◎自然物やいろいろな素材にふれ、見立てたり、使って遊んだりする。 ・草花、砂、水、等身の回りの環境に興味を持ち、触れたり遊んだりする。	◎身近な環境に興味を持ち自分から関わって親しむ。 ・遊具、用具、自然物、砂、土・水等に親しみ、遊びを楽しむ。	◎遊びや生活を通して、ものの性質に触れたり興味を持ったりして自分なりに、親しむ。 ・様々なものに触れ性質などに興味や関心を持ち、自分なりに考えて遊びに取り入れる。	◎身近な環境に自分から関わり生活に取り入れる。 ・身の回りの環境に関心を持ち、自分なりに生活に取り入れる。 ・動植物に親しみ命の不思議さや大切さに気付く。
	言葉		・身近な生活用具、玩具や絵本等に出会い興味や好奇心をもつ。 ・生活や遊びで様々なものに触れ、いろいろに感じる。	◎保育者の言葉や話しを聞き、思ったことを伝えようとする。 ・生活に必要な事、要求や自分の気持ちを言葉や仕草で伝えようとする。	◎保育者や友達と簡単な言葉のやり取りを楽しむ。 ・ものの名前等が分かり、言葉を使って伝え合う楽しさを感じる。	◎日常生活に必要な言葉がわかり正しく使う。 ・生活に必要な言葉を使う、絵本や物語に親しむなどして、言葉を豊かにする。	◎保育者や友達の話を聞く、したいことやしてほしいことを言葉で話す、気持ちを伝える等して、会話を楽しむ。 ・人の話を聞く、わかるように話すなどして会話を楽しむ。	◎思ったこと感じたことを言葉や文字記号などで伝える楽しさを味わう。 ・体験したり、感じたイメージを自分なりに言葉や文字などで表現して伝えることを楽しむ。
	表現		◎体の動きや表情、喃語、指さしなどで思いを伝えようとする。 ・保育者の応答的なふれ合いややり取りを楽しむ。	◎保育者に受け止められながら、感じたままに表現する。 ・身近なもの、歌やリズムに親しみ、思い思いに表現して楽しむ。	◎歌う、描く、見立てるなど自分なりの表現を楽しむ。 ・知っている歌を歌う、クレヨンで描く等、自分なりに表現して喜ぶ。	◎音、色、動き等に触れ、感じたことをいろいろに表現して喜ぶ。 ・環境に関わり、いろいろな方法で自分なりに表現する楽しさを味わう。	◎経験したこと、感じたこと、想像したこと等を表現して楽しむ。 ・自分のイメージになりきる、音楽に親しんだり、素材や用具を使って表現したりすることを楽しむ。	◎環境に関わり感じたり考えたりしたことを表現し伝え合う楽しさを味わう。 ・友達とイメージを共有して動きや言葉で表現する、演じて遊ぶ等いろいろな表現を楽しむ。
食育	食を営む力の基礎		◎食事のリズムが形成される。 ・個人差に配慮されながら、授乳、離乳、食べることへの意欲が育つ。	◎食べることに興味を持つ。 ・保育者の援助を受けながらゆったりとした雰囲気の中で食事や間食を楽しむ。	◎保育者や友達と一緒に食事を楽しむ。 ・穏やかでくつろいだ雰囲気の中で保育者や友達と一緒に食事をする。	◎園の食事のマナーを知り、友達や保育者と楽しく食べる。 ・安心した雰囲気の中で保育者や友達と一緒に食べることを楽しむ。	◎楽しく食事し、食べ物に興味や関心を持つ。 ・食べ物や調理の職員の働き等を知り、感謝の気持ちを持つ。	◎食を通して、進んで健康な生活を送ろうとする。 ・友達と食事を楽しみ、日常の食事を大切にし、健康な生活を送ろうとする。

健康支援	○健康発育発達状態の把握　○年2回の嘱託医による内科検診・歯科検診 ○異常が認められた時の適切な対応　○尿検査・眼科検診・耳鼻科検診の実施（3歳以上）
衛生・環境管理	○施設内外の設備・用具等の清掃および消毒、安全管理及び自主点検
安全対策・事故防止	○毎月の避難訓練（火災・地震等）　○消防署や警察との連携（消防訓練・消防点検・防犯教室・交通安全教室等）
保護者・地域等への支援	○長時間・延長保育の実施　○育児相談の実施　○子育てサークル・園庭開放の実施
配慮すべき事項	○保育時間が異なるそれぞれの園児への配慮　○長時間保育の過ごし方の工夫 ○支援が必要なこどもに対する加配や指導計画の作成、学校、施設との連携
特色ある保育	○キリスト教主義に基づいた教育・保育
小学校との連携	○園児・児童との交流　○教師間の連携　○合同研修の開催などによる教諭の資質向上 ○教育課程の接続に向けた検討

出典：幼保連携型認定こども園A幼稚園の計画を筆者が再検討した。

第10章 計画の実際③ 認定こども園

2. 指導計画と保育の実際

（1）長期の指導計画

　A幼稚園では年齢別に1年間を見通し、年の指導計画を作成しています。ここでは3歳児の年間指導計画の例を示します。表10−5は3歳児の年の指導計画のⅠ～Ⅳ期の月の主題*8を抜粋したものです。全体的な計画の年齢別保育目標をもとに発達の節*9を想定して期とし、月の主題によって子どもの姿の方向性を示しています。

　表10−6は3歳児の年の指導計画におけるⅠ期の抜粋です。

　事例では、期のねらいと指導内容の視点、環境構成の要点、保育者の関わり・養護への配慮、長時間過ごすための配慮と援助、家庭・地域・小学校（5歳児のみ）との連携のそれぞれの項目によって指導計画が示されています。

　指導計画の作成では、子ども一人一人の生活する姿や発達などの実態をふまえながら、成長・発達の過程を見通して、子どもの姿をとらえることが基本です。そのうえで、期のねらいは園児の生活の連続性、興味・関心・季節の変化などを考慮してどのような育ちを期待するのか、いろいろな子どもの姿を想定しながら設定します。指導内容の視点は、そのために子どもがどのような経験をする必要があるかが示されています。環境構成の要点は、場や空間、人やものとの出会いを通して、子どもが主体的に活動しながら、必要な体験が得られるような状況をつくり出していくための視点です。保育者の関わりや配慮は、子どもが環境に関わりながら展開する活動をどう援助していくか、もしくは養護的な視点での配慮です。長時間過ごすための配慮は、保育時間が異なる子どもたちへの配慮や保育での工夫の視点が示されています。

　認定こども園の生活は、家庭および地域社会との連続性のなかにあります。保護者と連絡を取り合ったり、日々の関わりでコミュニケーションを取ったりして、互いに子どもの理解を深めていくことも計画には欠かせません。

＊8
月の主題は「月ごとに、その時期にどのような子どもの姿を求め、保育者がどのような思いをめぐらしていくことが望まれるかを短く表したもの」[5]のことです。

＊9
発達の節は、園生活と子どもの姿の育てたい方向性を想定する節目のことです。

表10-5　A幼稚園　○○○○年度　3歳児の年の指導計画（一部抜粋）

発達の節	Ⅰ期		Ⅱ期				Ⅲ期			Ⅳ期		
月	4月	5月	6月	7月	8月	9月	10月	11月	12月	1月	2月	3月
主題	包まれる	動く	感じる	交わる	ゆったりと	弾む	取り組む	遊びこむ	喜び合う	夢中になる	響き合う	期待する

出典：一般社団法人キリスト教保育連盟「3・4・5歳児　月主題 月のねがい」『キリスト教保育』2018年4月号をもとに園作成。

表10-6　A幼稚園○○○○年度　3歳児の年の指導計画（Ⅰ期のみ抜粋）

年間目標	・いつも神様に守られていることを知り感謝する。 ・園生活の流れや生活の仕方がわかり、身の回りのことをしようとする。 ・体を十分に動かしていろいろな動きのある遊びを楽しみ、心地良さを味わう。 ・保育者や友達に親しみを持ち、ふれ合いながら、安心して自分のしたい遊びに取り組む。 ・遊びや生活の中で、簡単なきまりや約束があることを知り、守ろうとする。 ・自分の興味・関心・思いを自分なりの方法で表現する。	
発達の節	Ⅰ期	
月	4月	5月
主題	包まれる	動く
ねらい	・喜んで登園し、保育者に親しみを持つ。	
指導内容の視点　心と体の健康	・保育者に愛されていることを感じて安心して過ごす。 ・園の食事、排泄、手洗い、うがい、着脱、持ち物の始末などの基本的な生活の仕方を知り、保育者に手伝ってもらいながら自分でしようとする。 ・はじめての弁当や給食、おやつなどを友達や保育者と楽しく食べる。	
指導内容の視点　人との関わり	・室内や戸外で遊具や玩具を使ったり、体を動かしたりして遊ぶ。 ・自分のクラスがわかり、担任や友達を覚え、親しみをもって生活や遊びをする。 ・保育者と気持ちよく挨拶をしたり、関わりを持ったりして親しむ。	
指導内容の視点　環境との関わり	・自分のロッカーがわかり、簡単な身の回りの始末を保育者に手伝ってもらいながら、自分でしようとする。 ・自分の好きな遊びや場所を見つけて遊ぶ。	
指導内容の視点　言葉の育ち	・したいこととほしいことを保育者に仕草や言葉で伝えようとする。 ・みんなで聖書のお話を聞き、触れて親しむ。 ・クラスの友達と絵本や紙芝居等を見て楽しむ。	
指導内容の視点　表現する力	・知っている歌や手遊びをみんなと一緒に楽しむ。 ・土、砂、粘土などで遊ぶことを通して感触を味わう。 ・積み木、ブロック、ままごとなどに興味を持ち、楽しんで遊ぶ。 ・誕生会や身体計測、避難訓練等の行事に3歳児なりの取り組み方で参加する。	
環境構成の要点	・靴箱、ロッカーなどは一人一人のマークを付ける。食事、排泄、持ち物の整理などは繰り返し行い、安心してゆっくりと身に付けられるようにする。 ・生活の仕方は一人一人の経験に応じて援助する。年長児の様子を見たり、手伝ってもらったりしながら自分でやってみようとする気持ちが持てるようにする。 ・戸外の遊具、砂場を安全で清潔に整備し、保育者の見守りの中で、子どもが自由につかえるようにする。 ・室内の遊びは思い思いに取り組めるような場や時間確保して、安心して好きな遊びができるようにする。	
保育者の関わり・養護への配慮	・一人一人を温かく受け入れ、素振りや表情を見逃さないように関わり、子どもが安心して過ごせるように配慮する。 ・一緒に遊んだり、環境に興味を持つような言葉を掛けたりして、好きな遊びや安心して過ごせる場が見つけられるようにする。 ・新しい環境に興味を持ち、活動が広がってくる姿を受け止めながら、安全に過ごせるように配慮する。	
長時間過ごすための配慮と援助	・新しい環境の中で少しずつ安心して自分なりのペースで過ごせるように、一人一人の状況に応じて配慮していく。 ・困ったことや分からないことは、担当の保育者に聞いたり手伝ってもらったりすることを通して、担当の保育者が安心の拠り所になるようにする。 ・保育時間が長くなる子どもは、個々の体調を見ながら体を休める場を作ったり、絵本・パズル・描画等静かに遊べるものを用意したりしておく。	
家庭や地域との連携	・子どもをはじめて集団生活に入れる保護者の思いや気持ちを受け止めて、子育ての困難や喜びなどに共感し、信頼関係を築いていく。 ・登降園時に家庭での様子を聞いたり園での姿を伝えたり、園だよりや写真の掲示などで保育の様子を発信したりして情報を共有し安心できるようにする。また保護者会等で話し合う機会を持つ。 ・調査票でアレルギーなどを把握し、日々の健康状態を情報交換することで保護者との連絡を密にしていく。 ・保護者会や避難訓練時等の機会に、緊急時の避難方法や対応を説明し、緊急連絡先の確認や連絡がとれない場合の引き取り方法等を具体的に確認しておく。	

出典：「年の計画」『ひかりのくに』2018年4月号特別付録 pp.28-29を参照し、園が作成したものを筆者が再検討した。

第10章 計画の実際③　認定こども園

（2）短期の指導計画

　3歳児クラスの短期の指導計画として、週日の指導計画の形式のものを取り上げます（表10－7）。認定こども園にはさまざまな保育時間の子どもがいます。特に4月の保育は経験の違う子どもが入り混じるなかで、スタートします。短期の指導計画は長期の指導計画との関連を保ちながら、より具体的に園児の生活に即したものとして立案されます。4月は子どもが期待感や安心感をもって入園、進級し、新しいクラスに移行できるように、経験の違いに考慮し、一人一人が生かされるような計画を立案します。入園前に園児が在籍した地域の保育所、諸施設との連携も必要です。

　週日の指導計画の作成では、1週間の見通しをもって学年ごとにねらい、内容を検討し、行事や主な予定を確認します。そのうえで各担任がクラスの子どもの状況に合わせて、日々の活動予定を記入します。4月当初の子どもの姿は園生活の新しい流れがわかってくる子ども、まだ不安定な様子がみられる子どもを想定しています。1週間区切りの子どもの実際の姿の理解に基づいて、数日間の姿や活動の継続を見通しながら立案したものが表10－7です。予想される幼児の活動では、教育時間および午後からの活動内容をゆったりと過ごすことができるように考慮されている点に、子どもの健康などへの配慮がみられます。保育者の援助では、異年齢児の活動を見たり関わったりするなど、さまざまな子どもがふれ合うための仲立ちをし、新学期の子どもの経験や活動の広がりに期待しています。さらに園庭開放や地域活動とのつながりの機会についても計画として取り上げられています。午後からの保育への配慮である、「長時間過ごすための配慮と援助」の事項も週単位で見通しをもちながら、検討・計画されています。

4月の不安な子どもにどんな援助をしているか、計画からよみとれるかな？

3. 保育の評価と指導計画の改善

　週日の指導計画の振り返りと評価では、子どもの活動にみられる興味・関心や内面理解、保育教諭の指導の改善の視点が示されています。保育時間の違う子どもへの対応と今後の課題についても記載されています。別に記録された個人記録や実際の指導の過程を振り返りながら、個々の子どもの育ちを確認することにつなげていきます。これらの振り返りによって、次週の保育の指導内容や方法の改善に活かし、次の指導計画の立案につなげていくことが期待されます。

表10－7　4月　4週の指導計画（週日の指導計画）

○○○○年度　4月23日（月）～28日（土）の週日の指導計画

前週の子どもの姿	・地域や園庭にこいのぼりがあがり、風にたなびく姿を保護者や保育者とみて喜んでいる。 ・園内探検を経験して、異年齢児に気付いたり、戸外の遊具等に興味をもって遊ぼうとしている。 ・クラスのみんなで紙芝居を見たりおやつを食べることを楽しみにしている。 ・休み明けは不安になる新入園児の姿が見られる。		今週のねらい	○好きな遊びや場を見つけて保育者や友達と遊ぶことを楽しむ。 ○園生活の流れがわかり、安心して過ごす。		
			内容	○自分の気に入った遊びや場を見つけて過ごしたり遊んだりする。 ○荷物の整理、排泄、手洗い等の仕方がわかり、保育者と一緒にしようとする。		

	23日（月）	24日（火）	25日（水）	26日（木）	27日（金）	28日（土）	今週の歌
予定等園行事			・保護者会、総会 ・園庭開放		・こいのぼり製作持ち帰り ・身体計測	29日（日）地域連携活動のための人形劇会場準備（年長児）	・こいのぼり ・せんせいとおともだち
ねらい	○保育者や友達と好きな遊びを楽しむ。	・戸外で好きな遊びを楽しむ。 ・こいのぼりに興味を持ち楽しんで作る。	・保育者や友達と春の自然に触れながら好きな遊びを楽しむ。	・保育者や友達と春の自然に触れながら好きな遊びを楽しむ。	・好きな遊びを見つけて楽しむ。 ・保育者や年長児に手伝ってもらい身体計測を受ける。	・保育者や友達と安心して好きな遊びを楽しむ。	今週の振り返りと評価 ・それぞれに好きな遊びや場を見つけたり、友達や異年齢児と出会ったりして、関わろうとする姿が見られた。中には保育者と一緒にいることで安心する子どもがいるので、自分のやりたい遊びが見つけられるように環境構成、再構成をしていきたい。 ・生活の繰り返しの中で、園生活の流れがわかってきているが、遊びに夢中になり排泄を嫌がる子ども見られる。個々のペースに配慮しながらゆったりと声掛けをしていく必要がある。 ・心地よい天候が続き、戸外遊びに興味を持ち楽しむ姿が見られた。園庭での異年齢児との交わりの中で興味の広がりが見られた。さらに今後の活動につなげていく。 ・教育時間で降園する子どもと保育時間を過ごす子どもの、休息と午睡については、今までの習慣を踏まえて、2通りを行っている。個々の健康に配慮し、保護者と連携しながら個々に応じて、整えていくことが課題である。
予想される幼児の活動	・登園する。 ・荷物の整理をする。 ・室内で好きな遊びをする。 ・歌「せんせいとおともだち」を歌う。 ・園庭で遊ぶ。 ・排泄・手洗い、うがいをする。 ・食事をとる。 ・紙芝居を見たり好きな遊びをする。 ・排泄・手洗いをする。 ・午睡や休息を取る。 ・降園準備をする。 ・降園する。（教育時間） ・ひまわりルームに行く。（保育時間） ・おやつを食べる。 ・好きな遊びをする。 ・順次降園する。	・登園する。 ・荷物の整理をする。 ・室内で好きな遊びをする。 ・こいのぼりの台紙にスタンピングをする。 ・園庭で遊ぶ ・たけのこ体操をする。 ・排泄・手洗い、うがいをする。 ・食事をとる。 ・紙芝居を見たり好きな遊びをする。 ・午睡や休息を取る。 ・降園準備をする。 ・降園する。（教育時間） ・ひまわりルームでおやつを食べる。（保育時間） ・好きな遊びをする。 ・順次降園する。	・園庭で遊ぶ。 ・たけのこ体操をする。 ・固定遊具、砂遊び、虫探しなどをする。 ・排泄、手洗いをする。 ・紙芝居を見たり好きな遊びをしたりする。 ・降園する。（教育時間） ・ひまわりルームに行く。 ・食事をとる。 ・午睡をする。 ・おやつを食べる。 ・好きな遊びをする。 ・順次降園する。	・登園する。 ・荷物の整理をする。 ・室内で好きな遊びをする。 ・こいのぼりの目を糊で貼る。 ・園庭で遊ぶ。 ・たけのこ体操をする。 ・キヌサヤの収穫を見る等。 ・排泄・手洗い、うがいをする。 ・食事をとる。 ・好きな遊びをする。 ・午睡や休息を取る。 ・降園する。（教育時間） ・ひまわりルームでおやつを食べる。（保育時間） ・好きな遊びをする。 ・順次降園する。	・登園する。 ・荷物の整理をする。 ・室内で好きな遊びをする。 ・身体計測を受ける。 ・歌「こいのぼり」を歌う。 ・園庭で遊ぶ ・たけのこ体操をする。 ・追いかけっこ、サクランボとり、虫探し、固定遊具等。 ・排泄、手洗いうがいをする。 ・食事をとる。 ・降園する。（教育時間） ・午睡や休息を取る。 ・絵本等を見る。 ・おやつを食べる。 ・好きな遊びをする。 ・順次降園する。	・登園する。 ・荷物の整理をする。 ・室内や園庭でで好きな遊びをする。 ・お家ごっこ、ブロック、絵を描く、製作、追いかけっこ、虫探し、固定遊具、乗り物、砂遊び等をする。 ・排泄、手洗いうがいをする。 ・昼食を食べる ・午睡や休息を取る。 ・おやつを食べる。 ・絵本等を見る。 ・降園準備後、好きな遊びをする。 ・順次降園する。	
具体的な環境（○）と保育者の援助（★）	○先週末に興味を示していた遊具や玩具などは絵カードで印を付けたかごに入れておくなど、取り出しやすくしておく。 ○保育者の製作したこいのぼりを飾り、個別にこいのぼりの台紙、たんぽ、スタンプ台、製作コーナーを準備しておく。 ★週明けの登園で不安を感じる子どもが安心して過ごせるように、仕草や表情を捉えて一人ひとりに関わっていく。 ★体操は年長、年中児が行う姿を見て保育者も一緒に行い、やってみようとする気持ちが持てるようにする。 ★保育者や友達と歌ったり、紙芝居を見ることで、クラスのみんなで過ごす楽しさを感じられるようにしていく。	○固定遊具の安全点検を行い、砂場の遊具の数や取り出しやすい置き場所などを整えておく。 ★栽培物や身近な草花に触れたり、話題にしたりして、春の自然に親しめるようにする。 ★園庭で遊ぶ異年齢児の活動に興味をもち、誘われたりして関わろうとする機会を大切にし、仲立ちをする。	○好きに重ねてこいのぼりの目が貼れるように、大きさの違う丸形の色紙、糊、敷紙手拭きなどを準備しておく。 ・できたこいのぼりはぶら下げて飾り、できた喜びが感じられるようにする。 ★年長児の収穫したキヌサヤを触ったり匂いを嗅いだりして、食べることを話題にして一緒に収穫を楽しむ。 ★いろいろなものや、異年齢児、友達と関わる経験を丁寧に捉えて仲立ちをし、安心して過ごせるようにする。	○こいのぼりは、矢車や棒をつけて、飾ったり、遊んだりできるように準備しておく。 ○身体計測の器具で実際に年長児に見本を見せてもらったり、着替えを手伝ってもらいながら、安心して計測が受けられるようにする。 ★着替えを手伝ったり、できたことは褒めたりしながら、大きくなることの喜びを共感する。 ★週末の疲れに配慮し、休息を取り入れ、安全面に注意を払う。	○自分の好きな遊びや場が見つかるように、一人一人の思いを汲みとって、環境の再構成をしていく。 ★少人数の異年齢保育になるため、3歳児が不安にならないように、保育者も一緒に遊びながら関わっていく。 ★明日開催される地域の行事のことを話題にしながら、保育者と共に、年長児を中心に椅子を並べ、場を整える。		
長時間過ごすための配慮と援助	○安心して過ごせるように、家庭で親しんでいる人形や車、ブロック等を用意し、絨毯などを敷いてくつろげる場を作っておく。 ○午後の保育担当者に午前中の子どもの様子を口頭で伝えたり、連絡ノートに記載しておくなど、連絡を密にする。 ○午睡や休息は個々の習慣や疲れ具合等の様子に配慮して設定し、徐々に習慣づくようにする。 ○日中の保育の写真を掲示したり、降園時には保護者と本日の園児の活動の様子や体調について話題にしたりして、園生活に安心感が持てるようにする。						

第10章 計画の実際③　認定こども園

　　　　　　　　　　　　　演習課題

Q 本章に掲載している認定こども園の指導計画をもとに考えてみましょう。

 それぞれの指導計画をみて、認定こども園における保育時間の違い、生活経験の違い、興味・関心の違いについて、保育者の援助や環境の構成にどのような配慮事項が示されていますか。気がついた点を箇条書きにしてみましょう。

 気がついたこと、書き出したことについて周囲の人と話し合ってみましょう。

 表10－7の指導計画から、今週の振り返りと評価をもとに、3歳児クラスの週日案の次週（5月初め）のねらいと内容を考えてみましょう。

【引用文献】
1）内閣府・文部科学省・厚生労働省『幼保連携型認定こども園教育・保育要領解説』2018年　p.25
2）前掲書1）　p.25
3）前掲書1）　p.87
4）森上史郎・柏女霊峰編『保育用語辞典　第8版』2015年　p.101
5）『キリスト教保育　4月号』キリスト教保育連盟　2018年　p.27

【参考文献】
内閣府・文部科学省・厚生労働省『幼保連携型認定こども園教育・保育要領解説』2018年
文部科学省『幼稚園教育指導資料　第1集　指導計画の作成と保育の展開』2013年
月刊『保育とカリキュラム　2018年4月号特別付録』ひかりのくに　2018年
キリスト教保育連盟『キリスト教保育　4月号』2018年
内閣府ホームページ「子ども・子育て関連3法について」
　https：//www8.cao.go.jp/shoushi/shinseido/law/kodomo3houan/pdf/s-about.pdf
内閣府ホームページ「保育の必要性の認定・確認制度」
　https：//www8.cao.go.jp/shoushi/shinseido/outline/pdf/setsumei5.pdf

第11章
計画の実際④　異年齢児保育

エクササイズ　　自由にイメージしてみてください

　かつて日本では、子ども同士で遊ぶときに、年下の子どもやハンデのある子どもには特別ルールを設けるなどして一緒に楽しく遊ぶ工夫がありました。これを「とうふ」「みそ」「まめ」などと呼んでいます（地方によって異なります）。聞いたことがありますか？

第11章 計画の実際④　異年齢児保育

この章のまとめ！

学びのロードマップ

- 第1節
  異年齢児保育の意義について説明します。

- 第2節
  異年齢児保育の計画の実際を具体的に説明します。

- 第3節
  異年齢児保育の指導計画の立て方のポイントを説明します。

この章の なるほど キーワード

■**少子化**…子どもの数が減り、異年齢の子どもと関わることの少なくなった現代では、異年齢児保育で子ども同士が学び合う機会は貴重です。一方で、異年齢ゆえに気をつけなければならない面もいろいろとあるので、しっかり学びましょう。

意図的に、さまざまな年齢の子ども同士が交われるようにしていきましょう。

第1節 異年齢児保育の意義

　異年齢児保育とは、クラスを同年齢同士で横割にするのではなく、いくつかの年齢（2学年以上）にわたって縦割で編成し、そのなかで保育をすることです。つまり、年齢や発達の違う乳幼児が同じ集団のなかで生活や遊びをともにするということです。

1. 異年齢児保育の実施形態の種類

　異児年齢保育の主な実施形態を紹介します。母体となるクラス編成自体を縦割にして保育を実施している幼稚園や保育所は、ごく少数です。

- ・毎日の保育を縦割で行う
- ・週1度ないし2度程度、縦割保育を行う
- ・行事や時間帯、保育の内容によって縦割保育を行う
- ・基本的には縦割保育であるが、活動内容によって年齢別に分ける
- ・延長保育・預かり保育・土曜保育の時間のみ、縦割保育を行う

2. 異年齢児保育の長所

（1）昔の乳幼児の家庭環境

　昔の家庭における子どもたちの環境は、きょうだいが1家族に3～4人と多く、家族構成が6～7人という家庭も珍しくはありませんでした。そうしたなかで、日常的に子ども同士で異年齢の関わりを自然に学び、自分の立場から年上のきょうだいのさまざまな言動をみることで尊敬の気持ちや、年下の子どもに対するいたわりの心などが育まれていました。

（2）現在の乳幼児の家庭環境

　少子化が加速し、出生率は1.43（2017年の合計特殊出生率）となり、一人っ子も増加しています。家庭で異年齢のきょうだいとの関わりを体験することが難しくなってきたという現状があります。

（3）3つの資質・能力との関係性について

　これからの時代を生き抜いていくためには、「生きる力」をより、一層培うことが求められます。そのためには次に示す資質・能力の3つの柱を生活や遊びのなかで育んでいかなければなりません。異年齢児保育には、そのた

めの要素がたくさん含まれていると考えられています。

> 1）豊かな体験を通して、感じたり、気付いたり、分かったり、できるようになったりする（「知識及び技能の基礎」）
> 2）気付いたことや、できるようになったことなどを使い、考えたり、試したり、工夫したり、表現したりする（「思考力、判断力、表現力等の基礎」）
> 3）心情、意欲、態度が育つ中で、よりよい生活を営もうとする（「学びに向かう力、人間性等」）

　異年齢の子どもたちが日々過ごすなかで、たとえば、年長児の生活や遊びをみながらそれを手本とし、試行錯誤を繰り返しながらそれらを生活や遊びに取り入れていこうとするなかで思考力や表現力を働かせていきます。年長の子どもたちは、年下の子どもたちに対して、遊びのなかで自分の気持ちを抑えたり、遊んでいるものを譲ったり、やりたいことをがまんすることにより、思いやりやいたわりの気持ちが芽生え、それが豊かな人間性につながっていくことが期待されます。これらのことが、「幼児期の終わりまでに育ってほしい姿」（10の姿）につながっていくのです。具体的には次のような意義があります。

異年齢児の活動の様子

（4）異年齢児保育の意義
①年長の子どもには責任感が芽生える
　異年齢の子どもが一緒に活動することで、年長の子どもには年下の子どもの面倒をみるという意識が芽生え、責任感が育っていきます。

> 年下の子どもから、自分のできないことを「やって」「教えて」と頼られることにより、自分の得意なものを自分なりに教えます。年上の子どもには、そうしたなかで責任感が芽生え、育っていきます。

②年長の子どもには、いたわる気持ち、思いやりの心、我慢する気持ちがもてるようになる
　年下の子どもに対する思いやりやいたわりの気持ちが、身近にいることによって芽生えます。

異年齢児保育の良いところと課題をみていきましょう。

年長児と年中児がブロックの取り合いをしています。ついに年中児が泣き出してしまいました。保育者がやってきて、「どうしたの？」とお互いの言い分を聞きます。年長児が２つあるブロックのうちの１つを貸してほしいと年中児に言ったのですが、遊ぶには２つのブロックが必要だと年中児は泣いています。その様子を年長児がみて、「一番いいのは、ぼくがほかの遊びをすることだね」と言い、ブロックを使用して遊ぶことをがまんして年中児に譲りました。

③**年下の子どもが、年上の子どもに信頼感をもつようになる**

　年上の子どもといると自分のできないことができたり、手伝ってもらったりすることで、憧れや尊敬する気持ちをもち、信頼するようになります。

　製作活動で、年少児がうまく丸の形を切ることができずに苦労しています。年長児がその子どものところに来て、「紙をこうやってまわしながら切るとうまく切れるよ」と言い、手を添えながら切ってくれました。年少児は、それから年長児のお兄さんのところに、自分のできないことを「教えて」と素直に言いに来るようになりました。

④**異年齢でも、発達段階が近い子ども同士で友人関係を結ぶことができる**

　乳幼児期は発達の個人差が著しいため、異年齢児同士でも発達段階の近い子ども同士の関わりがもてる場合があります。

　３月生まれの４歳児と４月生まれの３歳児であれば、発達段階が近い場合があります。年齢別クラス編成では違う学年になりますが、異年齢児保育ならば、同じクラスのなかで活動ができ、身近に関わりをもつことができます。

　逆に発達が早い子どもは、年上の年齢の同じくらいの発達の子どもとの関わりをもつことができます。

⑤クラスのなかに、常に自分たちの手本（年長児）が存在する

年長児と遊びや生活をするなかで、年下の子どもは年長児の真似をすることにより、適切な日常生活の過ごし方などを身につけていくことができます。

> 朝、年少児は制服からスモックへの着替えの時、自分ではなかなかうまくたためないけれども、年長児が制服をきれいにたたんでいるのをみて、みようみまねで制服をたたむ習慣を徐々に身につけていきました。

3. 異年齢児保育の課題

異年齢児保育には多くの長所と短所があります。保育を行うにあたっては、長所ばかりではないことを理解し、どのように保育を行うのかを考えることも必要です。

（1）保育者の立場から

保育を実践する際には、異年齢のそれぞれの子どもの生活する姿や発達段階に考慮しながら、活動を計画しなければならないという難しさがあります。

> 活動の展開を3歳児に合わせてしまうと、5歳児は物足りなさを感じてしまうし、5歳児に合わせてしまうと3歳児には難し過ぎたりすることもあります。こうしたことを考慮し、役割分担を年齢に合わせて決めたりするなど、活動に幅をもたせたりするような保育者の配慮が必要となります。

（2）子どもの立場から

体力の差から年長児に年少児がついていけず、けがをする場合があります。

> 手つなぎ鬼を異年齢でしている時、年長児が夢中になりすぎて自分のペースで走ってしまったため、年少児がその速さについていけず転んでひざをすりむいてしまいました。

異年齢児保育の短所をふまえ、その幼稚園や保育所などの子どもの家庭環境や社会環境、地域環境、保護者の願いなどを考えて、異年齢児保育をどのような時に、どのように取り入れるかなどを検討します。

第2節　異年齢児保育の計画の実際

1. 幼稚園における異年齢児保育の指導計画

　異年齢児保育の特徴や長所が生かされるよう、明確なねらいをもって保育を行うことが重要になります。

(1) S県H幼稚園の教育目標（一部抜粋）

> ・集団生活を通して、規範意識、あいさつ等のマナーを身に付ける。
> ・異年齢環境で互いの気づきによる育ちや思いやる心を身に付ける。
> 　など、自立心を育て、人とかかわる力を養う。

　H幼稚園の例のように、異年齢児保育に対する教育目標も含めて、幼稚園教育要領・関係法令、園の子どもの実態、保護者の願い、地域の実態を考慮し、教育課程・指導計画を編成・作成していきます。そのうえで、異年齢児保育のねらいを達成しつつ、年齢に応じたねらいや内容を配慮して指導計画を作成します。図11－1は、その手順を図式化したものです。

第11章 計画の実際④ 異年齢児保育

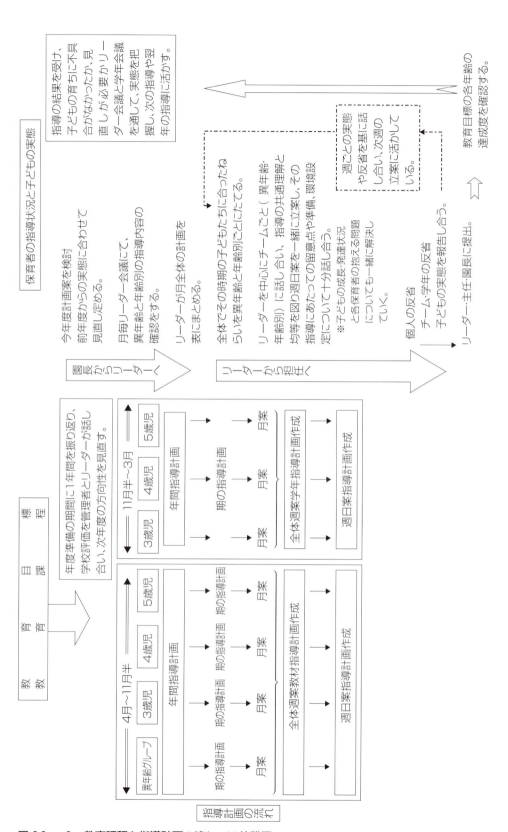

図11-1 教育課程と指導計画の流れ　H幼稚園

表 11-1 異年齢児保育の月の指導計画

異年齢教育

	ねらい	子どもの姿
5月	年長児）年少児を思いやり、年長児としての役割を認識する。 年中児）新しいグループや保育者、環境に慣れ、自分の遊びを十分に楽しむ。 年少児）保育者や異年齢児とのペアに親しみをもち、安心感をもって過ごす。	年長児）新入園児に対し、世話をしたい気持ちはあるが、伝え方がわからず、何もできなかったり、やりすぎてしまう姿がみられる。 年中児）年長とかかわることで、刺激を受け、年中としての自覚が少しずつ芽生え始めてきた。年少に対しては個人差があり、気遣う子ども、自分のことで精一杯の子どもがいる。 年少児）ペアにも関心が向き、身の回りの始末を手伝ってもらいながら、徐々に手順を知る。ペアに対して親近感をもち、探すようになる。

展開＊5月は縦割重視期間のため、木・金曜日の学年活動は、各学年同士話し合って計画する

保育教材	課題	時間	留意点	教育課程
行事	誕生会	40	・遊びを工夫し発表に結ぶ。できる子からやり、周囲の子どもたちの刺激となるようにしていく。 ・各基本動作のポイントを抑え、統一した指導を行う。 【年長】SB「朝顔咲いたよ」 ・SB 朝顔の植え込み前に30分お話し会の仕組みをよく理解させて、年長組などのお話し会を新入園児にも知らせていく。 ・母の顔の絵は、事前に母の顔を見たり、触ったりしてくるように言葉がけをする。 ・かけっこゲームなど運動遊びを縦割で行い、ルールを理解し基本動作の体力をつける。 【年中】SB「どの虫みつけた」 【年中】SB「風と一緒に〜」 ・SB を利用して遊びを発展させられるように、指示しておく。 ・お父さん先生を利用し、ダイナミックに遊べるよう工夫する。 ・下旬から、いろいろなチャレンジのゲームを設定しておく。	・進級児は生活に慣れ、ペアの存在を認め、リードしようとする気持ちもしっかりとしたものに向かっていくが、負担に思う面も出てくると思うので気持ちを汲み取りながら、向上を図る。 ・年長児の自覚を育てるような、グループ担当の声かけが必要となる。グループのなかで年長児を見本となるように声かける。 ・新入園児は、ようやく園生活も連休明けから本格的に慣れ、ペアを追いかけながらも周囲の遊びに目を向け始め、傍観の子・積極的にかかわろうとする子に分かれ、盛んになってくる。子どもたちの心の個人的な伸びをみつめながら、遊びに誘い入れて行くよう配慮する。 ・年中児には役割を与え精神的成長をうながす。 ・《母の日》にちなみ、読み聞かせや製作活動など連携をもたせていく。お世話になっている感謝の気持ちをもたせ、気づくようにうながしていく。 ・保育者の話をするとき、友だちの話を聞くときなど、生活習慣の修得のなかにもけじめを意識して取り組んでいく。 ・お話し会を意識した生活発表を年長児からはじめ、年下の子たちの導入・手本となるように設定する。聞く態度などに留意。 ・グループの活動のなかに、リズム遊びやお話し会の練習、読み聞かせからお話づくりなどの活動を時間をみて必要に応じて入れられると好ましい。 ・チャレンジゲームの興味づけのゲームの遊びを取り入れていく。
	参観日			
	交通安全指導			
保育時間	17 日間	2125		
グループ		1360		
	整理整頓			
	各基本動作			
	種まき			
	お話（母の日）			
	読み聞かせ			
	生活発表・遊び			
	歌			
	絵（お母さんの顔）			
	製作（グループで体験）			
両方	リズムあそび			
	カード遊び			
課題活動				
	SB　アリさん迷路			
	SB　風と一緒に〜			
	SB　朝顔咲いたよ			
	その他　コーナー遊び			
	ゲーム遊び			

※ SB は市販の幼児教材の略称です。

（2）異年齢児保育の月の指導計画

異年齢児の月の指導計画（表11－1）では、ねらいが次のように設定されています。

> 年長児…新入園児に対し、思いやりをもち、最年長の自覚をもつ。
> 年中児…年長児とかかわることにより、それに刺激を受け、年齢が1つ上がったことへの自覚をもつ。
> 年少児…園の環境に慣れ、年長児や保育者とかかわることで安心して過ごす。

異年齢児保育の月案では、これらの点に配慮しながら指導案を立てていきます。これらのねらいが設定された背景には、次のような考え方があります。

①それぞれの異年齢の子どもが互いに意識できる計画を立てる。
②発達段階に応じたねらいをもたせ、良い刺激を受けることができるようにする。
③月の行事を意識しながら、年齢差を配慮した活動に取り組めるよう計画を立てる。

一人一人の発達をしっかり把握します。

（3）異年齢児の週日案

表11－2は、5月の週の指導計画における各異年齢児のねらいです。5月中旬になると年長児は、4月当初のような、年下の子どもとの関わり方が未熟で威圧的であったり、何でもやってしまったりという状態から、少しずつ見守ることができるようになっています。そうしたことをふまえて、週案のねらいが立てられています。年中児は、少しお兄さんやお姉さんになったという自覚がもてるようになり、自分のことを自分でやろうとしたり、年少児のことも少しずつ意識できるようになります。そうした子どもの状態に合わせたねらいが立てられています。年少児は、園の生活の流れや決まりがあることを理解できるようになり、それを守ろうとする意識が出てくるため、それらに沿ったねらいが設定されています。

表11－2の週日の指導計画では、園の子どもの実態から導き出された課題に対するねらいをふまえて、具体的な指導計画を立てるよう工夫がされています。

表11−2 異年齢児保育の週日の指導計画

○○○○年　週案（5/14～5/18）
ひよこグループ　さくら2クラス　　　　　　　　　　　　　　　　　報告者　　　　印

グループ	ねらい　㋐　年少児を思いやり、最後まで責任をもって取り組む。 　　　　㋑　自分のことは、自分で行い、進んで活動に取り組む。 　　　　㋒　園の流れや決まりを知り、それを守る大切さを知る。
〈今週のカリキュラム〉 1．各基本動作 2．整理整頓 3．歌 4．カード遊び 5．読み聞かせ 6．生活発表・遊び 7．リズム遊び 　・体操　　　10：35～11：00 　・5/17（木）13：15～新体操	〈メモ〉 1．年少も自分でできるように　年長児は見守る 2．ロッカー・マークの識別、グループと学年の違いを伝える 　　できている子はほめる 4．引き続き、ゲームで 6．前に1人出て行う 　　遊びや表情　SBも使用 〈準備物〉 靴と帽子の表示　絵カード　絵本　SB

※ SBは市販の幼児教材の略称です。

　表11−3は、指導計画の煩雑さに対応するために考慮された異年齢児指導計画の1週間を簡単に見通すことができる表です。大きくは次のような流れの指導計画になっています。

```
時系列に沿ったその日の活動の流れを書く
          ↓
      その計画案の実施
          ↓
その日の子どもの姿と指導を評価し、反省点を書く
```

　その日の子どもの姿と指導の反省点を書くことで、翌日の保育の流れを予想しやすく、適切なものにするという工夫がなされています。このように、異年齢児の指導計画では、まず一人一人の子どもの実態を正確に把握します。そのうえで学年ごとのその時期の特徴的な子どもの発達の姿を把握し、それぞれの年齢の子どもが楽しく充実した活動になるように保育者は配慮しなければなりません。

どんな芽が出て、なにが育つかな？

第11章 計画の実際④ 異年齢児保育

表11-3 異年齢児の指導計画

	〈今日の取り組み〉	〈子どもの姿〉	〈指導の反省〉
5/14日(月)	11:10 入室、トイレ 　　　　・整理整頓（ロッカー） 　　　　・歌、リズム遊び 　　　　・各基本動作 11:20 出席 　　　　・生活発表 　　　　・遊び 11:55 トイレ 　　　　・カード遊び（色） 12:15 昼食（ビデオ録り） 13:05 降園準備 　　　　・読み聞かせ 　　　　　（おむすびころりん） 13:35 降園	・参観では、年長男児は母親が来ていて喜んではいた。普段通りの姿がみられた。 　年少児は自分の親がいないと泣く子はおらず、落ち着いていた。 ・カードゲームでは、3人ペアで行ったが年長児が楽しんでいて、年少児はわけがわからず終わっている子が多かった。 ・K君らの3人ペアは整列も早く、一緒に行動できていて、委員長として良い見本となっていた。	参観はやや緊張しながらも、普段の姿がみられた。それも良いことだが、もう少し「頑張ろう」という気持ちを引き出せるように声をかけられると良かった。カード遊びは、年少児も一緒にゲームに参加できるよう、もう少し継続していきながら、レベルを上げていこうと思う。
15日(火)	11:10 入室、トイレ 　　　　・整理整頓 　　　　　（ロッカー・布袋） 　　　　・歌、リズム遊び 　　　　・各基本動作 11:20 出席 　　　　・生活発表 　　　　・遊び 11:50 カード遊び（色） 12:10 昼食 13:55 降園準備 　　　　・読み聞かせ 　　　　　（せんたくかあちゃん） 13:55 降園	・参観では、女児は母親を意識して頑張ろうとしていた。やや緊張気味で、いつもより元気さに欠けていた。 ・生活発表では、年少児も質問時に手を挙げるようになった。具体的に考えてはいないが、N君は毎回手を挙げている。N君やT君が指されると、ペアのKo君、Ke君が自ら「お兄ちゃんと一緒に考える？」と声をかけており、一緒に考えて、年少児が発表していた。言えたことを皆が認めていた。	参観では、女児と男児の違いを感じた。前に出る機会を設けられたことは良かったと思う。生活発表は意欲的な子が多いが、話したいことがたくさんありすぎて1人の時間がとても長く、1日にたくさんの子ができないことが残念である。意欲が大きいことは認めていきたい。
16日(水)	〈今日の取り組み〉 10:00 入室、トイレ 　　　　・各基本動作（整列） 10:20 赤十字登録式 10:30 降園準備 10:40 降園 　　　・子ども赤十字や、アンリ・デュナンの話 　　　・やくそく 　　　・バッジつけ	・赤十字登録式では、なぜ自分たちのバッジがないのかと聞く年中長児が多かった。以前にもらっていることを伝えられると、I君は「なくした」と言っていたり、あまりピンと来ない様子だった。 　年長児はペアにバッジをつけてあげたいと自ら申し出て、懸命につけていた。	年中長児の様子をみていて意識が足りないことを反省し、普段から赤十字の一員であることや約束に触れることが足りていないのだと感じた。 　私自身も意識と誇りをもって、普段から伝えていきたいと思う。

	〈今日の取り組み〉	〈子どもの姿〉	〈指導の反省〉
5/17日（木）	10：00　入室、トイレ 　　　　　・整理整頓 　　　　　　（ロッカー・服） 　　　　　・各基本動作（整列） 10：35　体操　・かけっこ 11：00　トイレ　・鉄棒 　　　　　・着替え　・縄とび 　　　　　・自由遊び 11：35　歌、リズム遊び 　　　　　・遊び 　　　　　・日食について 12：00　昼食 12：45　降園準備 13：10　外あそび→リズミック 13：35　降園	・体操では、いつも行わずに見ていた年少のI君とM君だったが、初めて一緒に行った。ペアの年長児がやっている姿をみつけ出し、「あれが僕のお兄ちゃん」「Fお兄ちゃん頑張れ」と応援し、真似してやろうとしていた。そのような年少児の姿を見て、ペアの年長児もうれしそうにしていた。 ・日食については、やはり年長児はかなり興味をもっていたが、直接見たらいけないという話をすると、年中児のK君の「メガネ買った」の一言で、年中児もつられてたくさん発言していた。	体操では、援助の必要な年少児ばかりに気をとられ、新入の年中児Oちゃんが学年ごとに取り組んだ鉄棒で、自分の出番がわからず、出て行けずにいることにすぐに気づけなかった。 　新入年中児に対する配慮に、いつも気を配れるように気をつけたい。
18日（金）	〈今日の取り組み〉 10：00　入室、トイレ 　　　　　・歌 　　　　　・出席 　　　　　・生活発表 　　　　　・遊び 10：50　トイレ 　　　　　・郵便ごっこ 　　　　　（今日はリズム〜） 　　　　　・積み木・かず遊び 　　　　　　（5まで） 11：55　トイレ 　　　　　・基本動作、組体操 12：30　昼食 13：10　降園準備 13：20　花壇の話 13：35　降園	〈子どもの姿〉 ・組体操は、年長児クラスにならなければできないという憧れがあり、始めてしばらくは、動きも機敏で集中して行おうとしていた。しかし、2人組…と人数が増えると楽しくなってしまっている。今は、できることが楽しいため、「もっとやりたい」「まだ今日は○○やってない」と意欲が大いにある。 ・花壇では、意欲のある子が材料や設計図に自主的に取り組んでおり、Nちゃんが家で描いてきたものを貼っておくと、Hちゃん、Wちゃんらの女児を中心に声をかけ合って進めようとしていた。	〈指導の反省〉 　組体操については、いつも約束している危険性について忘れずに取り組めるよう、引き続き伝えていく必要がある。 　力がない子、どこに力を入れたらよいかわからない子が多いため、体力の育つ遊びなどが必要である。

〈総合所見〉
　ペアの様子では、少しずつ「○○お兄ちゃん」と呼んで慕う様子もみられ、園の生活になかなか慣れない年少児も、それなりに成長がみられている。また、年長児のなかには、世話の仕方に変化がみられる子どももいる。そして、年少児ができるようになったことがあると、うれしそうに認め、心から喜ぶ年長児が多いことがとても良い所だと思う。そのことが励みにもなっているため、私も意識してできるようになったことをペアや皆に伝え、一緒に喜んでいる。年少児の自信になると思うため、続けていきたい。
　学年については、先週から組体操も入ってきて、チャレンジャー大会のDVDをみて確認したり、組体操に限らず、O先生に相談して確認しているが、"これでよいのか…"という保育の迷いが大きい。そういうところが子どもへの保育に影響を与えることはよくわかっているので、なくしていかなければならない。

第11章 計画の実際④ 異年齢児保育

2. 保育所における異年齢児保育の指導計画

(1) Y県K保育園の保育方針と保育目標

> ・保育方針
>   あたたかい人間関係のなかで、愛情と専門的技術をもって安全と保健のための環境構成に充分意をはらい日常の保育につとめる。
>
> ・保育目標
>   1. 身体の丈夫な子ども
>   2. 友だちと仲よくあそび思いやりのある子ども
>   3. 粘り強く最後まで頑張る子ども
>   4. 人とかかわる力、聞く力が育つ子ども

　少子化の時代に直面し、年齢の異なる子ども同士の遊ぶ機会が減少しています。そうした背景に考慮し、独自の取り組みを体系化し、異年齢児保育に取り組んでいる園です。

(2) K保育園の全体的な計画

　表11-4は、K保育園の全体的な計画です。各年齢の発達段階における保育の目標・内容があり、そのうえで個々の生活環境に即した異年齢児保育がめざされています。

表11-4　K保育園の全体的な計画

○○○○　年　度

保育理念 (事業運営方針)	心と心がここで出会い通い響き合う　　大切にしよう「信じる心」　　伝えよう「ありがとうの気持ち」 みんなが笑顔でいたいからK保育園は心の居場所であり続けます。 一、私たちは、移ろいゆく豊かな自然環境のなかで、子どもたちの感性をみつめます。　　　感 一、私たちは、笑顔でいられる幸せを感じながら、子どもたちとのかかわりを大切にします。　関 一、私たちは、志高く、大切な仲間と信頼し合い、ともに成長していきます。　　　　　　　信
保育方針	あたたかい人間関係のなかで、愛情と専門的技術をもって安全と保健のための環境設営に充分意をはらい日常の保育につとめる。

☆発達過程とクラスの相関性 　3歳未満児は、個々の成長発達に添いながら保育を行う。3歳以上児は、個々の生活環境に即したクラス編成を行う。また、異年齢混合保育で園生活を送るなかで、後半より就学に備えて、5歳児は10時から15時までは単独の活動となるが、異年齢の特徴をより子どもたちの成長に生かすため、15時以降は異年齢クラスでの生活となる。	☆基本的社会的責任 　児童福祉施設としての役割を自覚し、子育て家庭や地域に対し保育園の役割を果たし、地域社会に貢献する適切な施設運営。

子どもの 保育目標	0歳児	一人一人の生活リズムを大切にし受け入れられる安心感のなかで、園生活を楽しめるようにする	2歳児	遊びのイメージを広げ、友だちとかかわって遊ぶ楽しさを知る
	1歳児	一人一人の遊びへの意欲を引き出し、育ち合いふれ合い楽しく過ごす	3歳児	保育者や友だちと遊ぶなかで、自分のしたいこと、言いたいことを言葉や行動で表現する

保育の内容

	年齢	0歳児	1歳児	2歳児
養護	生命の保持	○人への基本的信頼感が芽生える ○一人一人の生活リズムが整うよう配慮する	○特定の保育者との信頼関係がさらに深まり、愛着関係が育まれるように接する	○生活や遊びのなかで自我が育つようかかわりをもつ ○気候に応じて体調管理をする
	情緒の安定	○発達過程などを的確に把握し、応答的なふれあいや言葉がけを行う	○スキンシップにより、保育者とのかかわりの心地よさや安心感を得られるように接する	○子どもの気持ちを受容し共感しながら継続的な信頼関係を築いていく
教育	健康	○清潔になることの心地よさを感じる	○身の回りの簡単なことを自分でしようとする気持ちが芽生える	○生活のなかで援助してもらいながら自分でできたことに喜びを感じる
	人間関係	○特定の保育者とのかかわりにより信頼関係が生まれる	○保育者や友だちに関心をもち、真似をしたりして自らかかわろうとする	○生活や遊びのなかで順番を待つなどの決まりがあることを知る
	環境	○安心できる人的および物的環境のもとで、感覚の働きを活発にする	○好きな玩具や道具に興味をもってかかわり、さまざまな遊びを楽しむ	○自然とふれ合うなかで好奇心や探求心が生まれてくる
	言葉	○語りかけられることにより声を出したり応えようとする	○話しかけややりとりのなかで、声や言葉で気持ちを表そうとする	○生活や遊びのなかで簡単な言葉でのやりとりを楽しむ
	表現	○土や水などの素材に触れ、全身で感触を楽しみ、感性を育む	○保育者と一緒に歌ったり、手遊びをしたり、リズムに合わせて体を動かして遊ぶ	○保育者や友だちと遊ぶなかで自分なりのイメージを膨らませ楽しんで遊ぶ
食育	食を営む力の基礎	○食べることに意欲をもつ	○食育に興味をもつ	○意欲的に食べるようになる

健康支援	年2回嘱託医による内科健診、年1回嘱託歯科医による歯科検診、健康状態・発育発達状態の定期的・継続的な把握、異常が認められた時の適切な対応
環境・衛生管	施設内外の設備、用具の清掃、消毒、安全管理および自主点検、子どもおよび職員の清潔保持、職員検便
安全対策事故防止	毎月避難訓練（火災・地震等）を実施、年2回の消防点検、消防署査察
保護者・地域への支援	地域子育て支援センター開設、子育て公開講座開催、実習生の受け入れ、保健だより配布

第11章 計画の実際④ 異年齢児保育

K 保 育 園　全 体 的 な 計 画

感じよう「つながる幸せ」
一、私たちは、一人一人を大切に、子どもたちの生きる力を育みます。　　　　　　　　　　　　　生 一、私たちは、いつもあなたのそばに寄り添い、支え合い、ともに歩みます。　　　　　　　　　　　歩

保育目標	1. 身体の丈夫な子ども　2. 友だちと仲よくあそび、思いやりのある子ども　3. 粘り強く最後まで頑張る子ども 4. 人とかかわる力、聞く力が育つ子ども

☆地域子育て支援センター　ネットワークぽけっと（小規模型） 　オープンルーム・はなまるくらぶ他（月～金　9時～15時） ☆地域活動事業 　デイサービスセンターN苑訪問、障害者サービスセンター訪問、地域敬老会他	☆保育時間 　開園時間　7時～19時 　通常保育　8時30分～16時30分 　延長保育　18時～19時 ☆主な行事 　入園式、花祭り、春の遠足、お泊まり保育、夏まつり、おたのしみ会、地域敬老会、運動会、秋の遠足、生活発表会、もちつき、お別れ遠足、卒園式、N苑訪問、障害者サービスセンター訪問、クッキング保育、誕生会、あゆみ展、井戸端会、リボンの日
4歳児　保育者や友だちと一緒に遊びながらつながりを広げ、集団としての行動ができるようになる	
5歳児　生活や遊びのなかで一つの目標に向かい力を合わせて活動し、達成感や充実感をみんなで味わう	

3歳児	4歳児	5歳児
○基本的な生活習慣を身につけられるように援助する ○運動機能が高まるようにする	○自ら体調の変化に気づく ○運動量が増し、活発に活動できるように配慮する	○健康に関心をもち、生活に必要な習慣を身につけられるようにする
○主体的な活動を促す環境を構成し、探索意欲が高められるよう見守る	○多様な経験を通し、自己肯定感を育み、自信や保育者への信頼を獲得できるようにする	○生活リズムに応じた活動内容の調和を図り、休息がとれるようにする
○身の回りを清潔にし、生活に必要な活動を自分でしようとする	○自分の体に関心をもち、異常を感じたら自分から保育者等に知らせる	○室内外の危険な物や場所・危険な行動を知り、気をつけて行動する
○友だちと簡単なルールのある遊びをするなかで、ルールを守れる	○友だちと共同で使う物を使い、楽しく遊ぶ経験をしたり、大切に扱うことを知る	○遊びや行動を通して、友だちを応援したり、力を合わせることの大切さを知る
○身近な動植物に親しみをもち、世話をすることで、生命の尊さに気づく	○身近な物や道具に興味をもってかかわり、考えたり試したりして、工夫して遊ぶ	○生活や遊びのなかで、簡単な標識や文字などに関心をもつ
○友だちの話を聞いたり、保育者に質問したり、興味をもった言葉によりイメージを楽しむ	○保育者や友だちとの会話を楽しみ、相手に伝わるように話す工夫をする	○人の話を聞いたり、身近な文字に触れたりして、言葉への興味をひろげる
○いろいろな素材や用具に親しみ、友だちと工夫して遊ぶ	○音楽に親しみ、友だちと歌ったり合奏したりして、一つの物をつくり上げる楽しさを味わう	○自分のイメージを動きや言葉などで表現したり、演じて遊ぶ楽しさを味わう
○食べることの楽しさを知る	○食べることにより、すべての命の大切さを知る	○食事と栄養のバランスをとる

郷土料理・伝承料理について知り、興味関心をもつ

研修計画	園内研修（公開保育）、園外研修への計画的参加、職員会における研修
特色ある保育	異年齢縦割保育、美術保育、体育教室
町への行事参加	K地区運動会等、地域行事への参加
自己評価	事故チェックリストの実施と危機管理マニュアルの作成

第3節　異年齢児保育の指導計画作成のまとめ

　異年齢児保育の指導計画の立て方を簡単にまとめます。
　異年齢児保育の計画は、同年齢保育以上に一人一人の子どもの実態を把握し、その時期の子どもの姿をとらえ、保育の計画を立てなければなりません。同じ活動をしているなかでも、異なる年齢の子どもがそれぞれに充実した活動となるよう、一人一人に対して的確な援助ができるよう配慮し、計画をより良いものにしていきます。

年間の指導計画

教育課程・全体的な計画
↓

年間の指導計画の目標を設定

［例］
・生活や遊びを通し、友達への関心をもち意識をしながら支え合って生活をする。
・異年齢児の関わりのなかでそれぞれの年齢により、「憧れ」「やさしさ」「思いやり」を大切にし、社会性を育てる。
・経験したことや考えたことを自分なりの言葉で表現し、相手に伝えることや、創造力などを豊かにする。

↓

年間の目標から、幼稚園・保育所などの子どもの活動・発達段階を考慮して、期に分割

［例］
1期－信頼関係を築く（4～5月）。
2期－のびのびと活動するとともに友達とのつながりを広げる（6～8月）。
3期－友達や異年齢児とともに一緒に考え、協力し合う。友達とのつながりを深める（9～12月）。
4期－自分でできることは自信をもって行い、活動し、進級に対して期待をもちながら過ごす（1～3月）。

↓

第11章 計画の実際④ 異年齢児保育

```
┌─────────────────────────────────────────┐
│         それぞれの異年齢児の関わりを明記              │
│ [例]                                        │
│ 1期－年長児が年少児の身の回りのことについて手助けをし、関わる。  │
│ 2期－夏祭りに参加し、さまざまなところで仲間と協力する。         │
│     年少児は、年長児を頼りにし、憧れをもつ。               │
│ 3期－運動会や発表会を通して友達同士で協力し合う大切さを味わう。  │
│     生活や遊びを通して年長児への憧れをもつ。               │
│ 4期－年中児・年少児は、ともに過ごした年長児に親しみや感謝の気持ち │
│     をもつ。                                │
└─────────────────────────────────────────┘
                    ↓
┌─────────────────────────────────────────┐
│       それぞれの異年齢児の生活や遊びの内容を            │
│         季節・時期・行事などに配慮し、計画を立案          │
│ [例]                                        │
│ 第1期－新しいクラスでの生活の仕方を自分で確認したり、年長児や年中 │
│       児は年少児と一緒に遊ぶなかで、生活に関することの手助けをす │
│       る。さまざまな刺激を受け、異年齢の友達に親しみをもって一緒 │
│       に遊ぶなど。                           │
└─────────────────────────────────────────┘
                    ↓
┌─────────────────────────────────────────┐
│ 子どもの活動が誘発され、遊びが発展するような環境構成を考え、計画を立案 │
│ 「製作コーナー」「積み木コーナー」「ままごとコーナー」など。       │
└─────────────────────────────────────────┘
                    ↓
┌─────────────────────────────────────────┐
│ 異年齢児に即した月の指導案をその月の子どもの姿から考慮し、ねらいを設定 │
│ [例]                                        │
│ 子どもの姿（4月）                               │
│ ○進級したことや新しい環境に喜びを感じている反面、不安や緊張も感じ │
│   ている。                                  │
│   年少児：新しい環境、友達、保育者に興味をもつ子どもがいる反面、保 │
│          護者から離れられない子どももいる。               │
│   年中児：年中になった喜びにあふれ、気の合う友達との遊びを楽しむ姿 │
│          がみられる。                          │
│   年長児：最上級の学年になったことで、生活をすることや遊ぶことを積 │
│          極的に楽しんでいる。保育者の手伝い、年少児の手助けや関わ │
│          りを楽しむ姿がみられる。                    │
│              ↓ねらいを立てる                    │
│ ○新しい環境に慣れ、友達や保育者と興味ある遊びを楽しむ。          │
│ ○一人一人の子どもの気持ちを受けとめつつ情緒の安定を図り、異年齢児 │
│   の子ども同士の関わりが自然にもてるようにする。              │
└─────────────────────────────────────────┘
                    ↓
```

月の指導計画

ねらいを立てた後、ねらいをより具体的にするための内容を検討

［例］
内容（4月）
○新しい生活の仕方を知り、身の回りのことを自分でしようとする。
○新入園児や異年齢児に親しみをもち、関わり、そのなかでできる手助けをする。
○あいさつや返事など生活に必要な言葉を使う。
○身近な素材・用具を使用し、描いたり、製作したりする等。

週・日の指導計画

月の指導計画を立案した後、さらに具体的な週・日のねらいを明確にした週日の指導計画を作成

［例］
4月第1週（1日～6日）
ねらい
　○新しい環境に慣れ、安心して過ごす。
環境構成
　○新しい生活環境に慣れ、安心感がもてるように、保育室は明るく、清潔に整えるようにする。
　○安心できる小さなスペースを設け、異年齢児や保育者とふれ合ったり、くつろいだりすることのできる場所を工夫し、設ける。
予想される子どもの活動
　○進級したことを喜び、新入園児や年下の子どもの手伝いをしようとする。
　○生活の仕方がわかり、朝の支度や着替え、手洗い、排せつの仕方など、身の回りのことを自分で行おうとする。
　○新しい保育室の場所や担任保育者、友達の名前を知り、覚える。
　○春の自然や身近な動植物に触れ、遊んだり、世話をしたり、散歩に行ったりする。
保育者の援助・配慮
　○一人一人の気持ちを受けとめ、あたたかく接し、信頼関係が築けるように心がけ、安心して園生活が送れるようにする。
　○生活の仕方や流れは、一人一人の発達・ペースに配慮し、その子どもに合った援助をし、丁寧に伝えるように心がける。
　○子どもの目線や動線を子どもの目の高さに立って、危険はないかなど環境構成を確認する。
　○春の自然のなかで、芽吹いている草花や動物に触れ、子どもの驚き、発見を大切に受けとめ、より深く興味をもてるような援助や言葉がけを行う。

第11章 計画の実際④ 異年齢児保育

 　　　　　　　　　　演習課題

Q 3、4、5歳の子どもたち（各年齢3人ずつで計9人）が鬼ごっこをすることになりました。どうすればみんなが楽しく遊ぶことでできるでしょうか？

ホップ　　あなたのアイデアを箇条書きで書き出してみましょう。

ステップ　周りの人と自分のアイデアを発表したり、話し合ってみましょう。

ジャンプ　話し合ったアイデアを参考にしながら、自分なりに部分案としてまとめてみましょう。

索引

あ行

アカウンタビリティ　15
アクティブ・ラーニング　111
預かり保育　128,183
アプローチカリキュラム　131
異年齢児保育　204
ヴェーバー　14
エスノグラフィー　46
エピソード記録　119
横断的記録　94

か行

カリキュラム　14,42
カリキュラム・マネジメント　126
環境　30
環境マップ型記録　120
キャリアパス　65
教育課程　14,32,74
教育基本法　65
教育装置　14
教育目標　44,77
教材　51
倉橋惣三　55
顕在カリキュラム　43
子ども・子育て支援新制度　63
個別の指導計画　155

さ行

シークエンス　44,77
思考力、判断力、表現力等の基礎　35
自己評価　123
資質・能力　35,67
実践記録　119
指導　49
指導計画　32,70,88
社会情動的スキル　64
就学前の子どもに関する教育、保育等の総合的な提供の推進に関する法律（認定こども園法）　188
縦断的記録　93
情報リテラシー　18
スコープ　44,77
スタートカリキュラム　131
「生活を、生活で、生活へ」　55,165
省察　118
全国保育士会倫理綱領　27
潜在カリキュラム（ヒドゥン・カリキュラム）　43
全体的な計画　32,69,75

た行

第三者評価　125

大綱化　64
短期の指導計画　89
知識及び技能の基礎　35
長期の指導計画　89
津守真　118
デューイ　25
ドキュメンテーション　119

な行

内容　34
認定区分　189
認定こども園　188
ねらい　34

は行

反省的実践家　122
非認知能力　64
振り返り　118
文化的麻薬　14
ペスタロッチ　45
保育者の役割　49
保育所児童保育要録　131
保育所保育指針　62
保育日誌　119
保育の実施に関わる配慮事項　104
保育要領　63
方向目標　35

ま行

学びに向かう力、人間性等　35

や行

ユニット　44,77

幼児期の終わりまでに育ってほしい姿　67,108

幼児教育施設　65

幼稚園教育要領　62

幼稚園幼児指導要録　131

幼保連携型認定こども園園児指導要録　131

幼保連携型認定こども園教育・保育要領　62

ら行

領域　34

ルソー　48

・編著者紹介

田中　亨胤 （たなか　ゆきたね）

1947年生まれ。京都府宇治市在住。博士（教育学）。兵庫教育大学名誉教授。広島大学大学院教育学研究科博士課程中途退学。専門は、教育学（教育社会学・幼児教育学）。兵庫教育大学連合大学院（博士課程）教授・附属小学校校長、大学評価・学位授与機構学位審査会専門委員（主査）などを経て、2016年から、岐阜聖徳学園大学短期大学部教授。

・最近の著書
『改訂　未来に生きる教育学　変動期の教育の構築』（編著）あいり出版　2018年
『改訂新版　実習の記録と指導案』（監修）ひかりのくに　2018年

・メッセージ
学校は、「朝来たときよりも、学校から帰るときに、心も体も大きく賢くなっていく不思議な学びの生活の玉手箱（教育装置）です。」このようなことを、附属小学校の児童に、大学や短期大学の学生に、大学院のゼミ生に、そして幼稚園や保育園の子どもたちに言い続けてきました。手ごたえを感じることのできる学校園の生活は、実に楽しいものです。

三宅　茂夫 （みやけ　しげお）

兵庫教育大学　連合学校教育学研究科　学校教育実践学専攻博士課程修了。博士（学校教育学）。広島市立小学校教諭、幼稚園教諭、幼稚園長等を経て、現在神戸女子大学教授。
日本乳幼児教育学会常任理事、日本保育学会評議委員、兵庫県明石市教育スーパーバイザー。

・最近の著書
『幼児期の道徳性を培うコミュニケーション環境の構築』（単著）みらい　2011年
『子どものいまとみらいを考える教育課程・保育課程論』（編著）みらい　2014年
『新・保育原理　－すばらしき保育の世界へ－　第4版』（編著）みらい　2018年
『新　基本保育シリーズ14　保育内容総論』（共著）中央法規出版　2019年

・メッセージ
子どもの育ちの場に身をおくこと、それは至極素晴らしい瞬間に遭遇することと言えます。子どもたちにとっては一生に一度しかない「その瞬間」を幾度となく共にしながら、子どものみならず自らの育ちの機会ともなります。どうか、感動的な「その瞬間」を見過ごすことなく、共に育つことの楽しさを存分に味わって下さい。

シリーズ 知のゆりかご
教育・保育カリキュラム論

2019年 4月 1日　初版第1刷発行
2023年10月 1日　初版第5刷発行

編　　集	田中　亨胤
	三宅　茂夫
発 行 者	竹鼻　均之
発 行 所	株式会社みらい
	〒500-8137　岐阜市東興町40　第5澤田ビル
	TEL　058 - 247 - 1227 (代)
	FAX　058 - 247 - 1218
	http://www.mirai-inc.jp/
印刷・製本	サンメッセ株式会社

ISBN978-4-86015-478-3 C3337
Printed in Japan　　　　　　　　乱丁本・落丁本はお取り替え致します。